하느님과
만난 동
성
애

여음 –
숨 프로젝트

하느님과
만난 동
성
애

한울

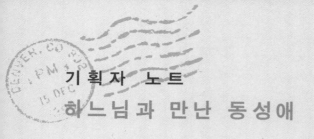

기 획 자 노 트
하느님과 만난 동성애

"저… 괜찮을까요?"

벌써 7년이 훌쩍 지난 일입니다. 마침 반지하의 월세방으로 이사를 한 날이라 밤늦게까지 짐을 풀고 있는데 한 통의 전화가 걸려 왔습니다. 피곤했지만 너무나도 가늘게 떨고 있는 목소리에 차마 상담을 거절할 수 없었죠. "저, 저는 아무래도 동성애자인 거 같은데"라고 말한 뒤 그가 물은 것은 단 하나였습니다.

"저는 하느님을 믿는데 그래도 괜찮은 걸까요?"

모태 신앙으로 자랐다는 그는 자신의 정체성과 신앙 사이에서 갈등하고 있었습니다. 하느님을 사랑하지만 교회를 갈 때마다 느끼는 죄책감 때문에 오랫동안 괴로워했다고 말했습니다. 그런 그가 제게 물었습니다. 동성애자라도 괜찮은지, 이렇게 살아도 괜찮은 건지. 늦은 밤에 전화를 건 것을 미안해하면서도 질문을 멈추지 않는 그의 모습에서 저는 어렴풋이 그에게 정말 필요한 것이 무엇인지 느낄 수 있었습니다. 그것은 단 하나의 대답이었습니다.

"괜찮아요. 하느님은 다른 사람들과 똑같이 당신을 사랑하고 계실 거예요. 동성애자인 것도 하느님의 뜻일 테니까요."

30여 분간의 통화가 끝나고 마지막 인사를 나눌 때쯤의 그는 처음 전화를 걸었을 때와는 달리 불씨가 되살아난 듯 반짝거렸습니다. 고마워하는 그의 목소리 덕에 짐 정리가 뒤로 미뤄진 것은 아무래도 좋았습니다. 오히려 뭔가 굉장히 유익한 일을 한 것 같아 뿌듯해지기까지 했습니다. 세상에, 이렇게 쉬울 수가! 그저 괜찮다는 말만 힘주어 이야기했을 뿐인데 누군가에게 큰 힘을 줄 수 있다니!

하지만 시간이 흐른 후 한 가지 의문이 생겼습니다. '괜찮다'는 말 한마디가 그에겐 왜 그리 절박했을까요? 그 말을 제가 아닌 그의 부모님이나 목사님이 해주셨다면 더 좋았을 텐데 하는 아쉬움과, 생면부지인 저의 위로가 얼마나 오랫동안 그를 위로해줄 수 있을지 걱정도 들었습니다. 괜찮다, 당신이 당신 그대로여도 괜찮다, 하느님이 원하시는 것은 거짓된 삶이 아니라 서로 사랑하며 사는 삶이다, 이 지지의 말 한마디를 듣는 것이 왜 이리도 어려운 일이 되었을까요?

얼마나 잔인하고 반성경적이며 반인류적인지

2003년 봄을 우리는 기억합니다. 4월 2일, 국가인권위원회는 「청소년보호법 시행령」 제7조에 청소년 유해 매체물 심의기준으로 '동성애'를 표방한 것은 헌법이 보장하는 국민의 행복추구권, 평등권 등을 침해한 행위이므로 삭제해야 한다는 의견을 내놓았습니다. 그리고 다음 날 청소년보호위원회는 이 권고를 받아들이겠다고 공식 발표했지요. 그러자 한국기독교총연합회^{이하 한기총}가 즉각적인 반대에 나섰습니다. 한기총은 그 이튿날인 4월 4일에 '동성애 사이트가 유해 매체가 아니다라는 결정에 관한 철회 요청'의 건이란 공문을 보냈고, 4월 7일에는 '국가기관이 청소년들에게 동성애를 권장하는가?'라는 제목으로 소돔과 고모라가 동성애 때문에 유황불 심판을 받았다는 내용의 성명서를 발표했습니다. 여기에 국민일보 등 일부 언론사도 기독교적 가치관을 근거로 비난 일색의 기사를 쏟아냈지요.

결국 4월 26일에 우리는 엄청난 비보를 접해야 했습니다. 한 청년이 이러한 종교의 편협함에 분노하며 "수많은 성적 소수자를 낭떠러지로 내모는 것이 얼마나 잔인하고 반성경적이며 반인류적인지……"라는 내용의 유서를 남기고 스스로 목숨을 끊은 것입니다. 시조시인을 꿈꾸던 열아홉 살 청년, 그의 호는 '육우당'이었습니다. 육우당을 죽음으로 몰았던 한기총은 사과는커녕 최소한의 유감표명조차 거부했습니다. 그리고 3년 뒤인 2006년, 우리는 또 다른 불행한 사건을 접해야 했습니다.

　이화여자대학교에서 벌어진 일입니다. 이화여자대학교 내 동성애자 동아리인 '변태소녀, 하늘을 날다'는 2001년부터 교내 문화제를 개최해왔습니다. 하지만 그들의 문화제에는 매번 빠짐없이 불미스러운 일이 생겼습니다. 문화제 기간에 붙인 벽보는 밤새 갈기갈기 찢겨 바닥에 버려졌고, 나무 사이에 걸어둔 현수막은 훼손되었으며, 동성애자 인권의 상징인 무지개 깃발은 도난당하곤 했습니다. 해마다 계획적으로 반복되던 이 일의 범인들은 2008년에야 비로소 밝혀졌습니다. 그들이 밤에 몰래 무지개 깃발을 가져가는 장면이 CCTV에 찍히면서 꼬리가 밟힌 것입니다. 그들 세 사람은 모두 기독교 동아리 소속이었습니다. 깃발 반환과 사과를 요구하자 그들 중 한 명은 벽보를 붙여 자신이 한 행동의 정당성을 이렇게 설명했습니다.

　"하느님은 불완전한 죄인까지도 사랑하시지만 죄는 미워하시기에 하나님의 기준에서 동성애 행위는 분명 잘못된 것입니다. 저는 이에 대해 애통함을 느꼈고 기독교 정신으로 세워진 이화에서 레즈비언 문화제가 이루어지고 있다는 것에 마음이 아팠습니다. 저는 저의 신앙적 양심에 의해 '하느님이 기뻐하시지 않는' 동성애를 상징하는 무지개 깃발이 이화인이 가장 많이 이용하는 학문관의 모든 방향에서 보이도록 걸려 있는 것에 가만히 있을 수가 없었습니다."

저는 하느님이 기뻐하지 않으실 거라는 추측으로 십계명에서 금지한 도둑질을 감행하는 기독교인을 어떻게 받아들여야 할지 모르겠습니다. 그리고 이와 유사한 논리는 또 다른 곳에서도 벌어지고 있었습니다.

2007년 10월, 인권선진국으로 나아가기 위해 4년여 동안 국가인권위원회에서 공들여 만든 '차별금지법'이 드디어 입법 예고되었습니다. 하지만 일부 기독교인의 극심한 반대로 인해 법안은 급히 수정되어버렸죠('대한민국국가조찬기독회'가 주축이 되어 '동성애자차별금지법안 저지를 위한 의회선교연합'이 발족되었고 동성애조항삭제 청원팩스운동이 조직적으로 전개되었습니다. 이후 '동성애허용차별법안 반대국민연합'이 결성되어 지금까지 동성애혐오 광고를 내는 등 활동을 이어오고 있습니다). 반대의 핵심은 간단했습니다. 차별금지법에 '성적 지향'이 포함되어 있는데 이것은 동성애자에 대한 차별까지 금지하는 것이므로 하느님의 뜻에 어긋난다는 것이었습니다. 동성애를 금하지 않으면 동성애자가 늘어나서 사회와 가정이 파괴된다는 것이죠. 이에 동의하는 분들은 대체로 비슷한 말씀을 하십니다. 신앙에 근거해 도저히 용납할 수 없는 일이라고요. 하지만 저는 신을 향한 전적인 신뢰와 절대적 복종을 의미하는 신앙이, 어떻게 사람을 향한 무시와 공격을 합리화하는 도구로 쓰이고 있는지 도무지 알 수가 없습니다. 신의 이름 뒤에 숨어서 우리 인간들이 대체 무슨 일을 저지르고 있는 것일까요?

엄마, 정말 이런 것이 사랑 받는 느낌인가요?

이 말은 2009년 1월 24일 미국 전역에 개봉된 <Prayers Of Bobby 바비를 위한 기도>란 실화를 바탕으로 한 영화에 나오는 대사입니다. 독실한 기독교인이었던 바비의 어머니는 동성애자라고 커밍아웃한 아들을 치료하기 위해 애씁니다. 바비도 엄마의 노력에 부응하려 하지만 결과는 늘 좋지 않았고, 두 사람은 어느 날 말다툼을 하게 되지요. "내가 너를 사랑하기에 끝까지 고치려고 노력하고 있고 늘 지켜보고 있다는 것을 모르느냐"는 엄마의 말에 아들 바비는 절규하듯 되묻습니다.

"정말 그런가요? 엄마, 이게 사랑 받는 느낌인가요?"

몇 개월 후 바비는 고속도로 난간에서 뛰어내려 자살합니다. 사랑하는 어머니의 완벽한 자식이 될 수 없다는 죄책감 때문입니다. 아들이 죽은 다음에야 그의 어머니는 비로소 깨닫습니다. 어느 날 밤 목사님 앞에서 그녀는 이렇게 목 놓아 오열합니다.

"이제야 알겠어요, 하나님이 왜 바비를 치료하지 않으셨는지. 하느님이 바비를 치료하지 않으신 이유는 그 아이에게 아무런 문제가 없었기 때문이었어요. 아! 내가 그 아이를 죽인 거예요."

바비의 엄마는 바비가 동성애에서 벗어나지 못하는 것을 의지가 부족한 탓이라고만 생각했지요. 하지만 아무리 노력해도 바비가 바뀔 수 없었던 것은 그것이 바로 하느님의 뜻이었기 때문임을, 그 뜻을 의심하고 비난했던 것이 오히려 자신의 무지와 두려움 때문이었음을 뒤늦게 깨달은 것입니다.

저는 이 영화를 몇 번이나 반복해서 보았지만 그때마다 눈물이 흐르는 것을 주체할 수 없었습니다. 화목한 가족을 꿈꾸었지만 절망으로 인해 죽음을 택할 수밖에 없었던 바비와 후회하며 살아갈 수밖에 없는 그의 어머니에 대한 안타까움과 애도의 눈물이었겠죠. 어쩌면 1970년대 말에 벌어졌던 일이 지금 이 땅에서 여전히 벌어지고 있기에 슬픔이 쉽게 무뎌지지 않는 것일지도 모르겠습니다. 바비의 어머니는 그 후로 동성애자의 인권을 옹호하는 활동가가 됩니다. 그녀는 동성애가 자신의 신앙에 어긋나지 않음을 믿으며, 동성애자들을 향한 비난은 사람들의 편협함과 비인간적인 태도로부터 나온다는 것을 전하려 애씁니다.

우리나라에도 바비의 어머니와 같은 깨달음을 실천하고 있는 분들이 많습니다. 「차별금지법」에서 성적 지향을 삭제하라고 요구하는 일부 기독교인들의 편견과 오만에 맞서기 위해 '차별없는세상을위한기독인연대'가 2007년에 결성된 것입니다.

"숨 프로젝트라고 이름을 붙이죠."

'숨'은 '쉼'과 '숨'의 의미를 담아 만든 이름입니다. 차별없는 세상을위한기독인연대에 참여하고 계신 목사님들과 평신도들 그리고 한국성적소수자문화인권센터는 기독교와 동성애의 만남, 기독교인의 실천과 동성애자 인권운동 간의 연대가 절실히 필요한 시기라고 생각했습니다. 그래서 '숨 프로젝트'라는 이름의 모임을 만들었고, 그 가운데 우리의 고민을 더 많은 사람과 공유할 수 있도록 책을 펴내자는 아이디어가 나왔습니다. 이 책의 첫 기획회의가 2008년 9월에 열렸으니 출간하기까지 꼬박 2년의 시간이 걸린 셈입니다.

이 책의 내용은 크게 두 가지입니다. 하나는 목사님이 말하는 동성애와 성경에 대한 이야기이고, 다른 하나는 동성애자 기독교인들이 들려주는 하느님과의 만남에 대한 이야기입니다. 수줍은 고백과 가슴 시린 통탄이 있고, 절박한 호소와 눈물겨운 아픔이 있으며, 준열한 꾸짖음과 날선 반성이 있는 이야기들입니다. 저마다 다른 사연을 지닌 필자들이 나름의 방식으로 풀어낸 다양한 이야기가 독자들의 가슴에 다가가리라 믿습니다.

그동안 우리는 줄곧 동성애는 죄악이라고 들었습니다. 성경에 그리 적혀 있다고 배웠고, 그런 까닭에 동성애자들을 회개와 심판의 대상으로 대하는 것이 당연하다고 여겼습니다. 동성애는 치료해야 낫는 병이라고 보았습니다. 이런 현실 속에서 자칫 이 책에 쓰인 목회자들과 신학자들의 이야기는 어쩌면 종교에 대한 불경한 반란으로, 동성애자들의 고백은 죄인의 자기변명으로 여겨질지도 모릅니다. 하지만 저는 이렇게 말하고 싶습니다. 이 책에는 하느님에게 버림받았다고 여겼고 하느님의 교회에서 모욕과 내침을 당했지만, 자신은 차마 하느님을 버릴 수 없었던 이들의 진심과 사랑이 담겨 있습니다. 오래전 사도 바울이 외쳤던 "유대인이나 그리스인이나, 종이나 자유인이나, 여자나 남자나 아무런 차별이 없습니다. 그리스도 예수 안에서 여러분은 모두 한 몸을 이루었기 때문입니다"라는 말씀을 오늘날에도 실천하기 위해 애쓰는 이들의 갈망이 담긴 책입니다. 단지 그것뿐입니다.

그러고 보면 그간 동성애자를 단죄해야 한다는 말도 인간의 주장이었고 괜찮다는 위로도 인간의 말이었으며, 이런 갈등 가운데 고통받아온 이도 인간이었습니다. 모두가 너무 쉽게 "주님의 뜻과 어긋난다", "죄를 짓는 것이다", "심판 받을 것이다"라고 말하지만, 정작 한 영혼을 파괴하고 기도조차 할 수 없게 만든 것은 신의 '의지' 때문이 아니라 한낱 인간들의 어떤 '의도'가 작용한 탓이 아닐까요?

우리가 정말 신의 가르침을 찬양하고 싶다면, 이렇듯 멀리서 심판하는 권위만을 좇을 것이 아니라 가까이 다가가 무릎을 맞대고 앉는 겸양을 따라야 하지 않을까요? 우리가 정말 세상만물을 창조하신 신의 깊은 의지를 알고 싶다면 먼저 모든 창조물에 깃든 존재의 존엄성을 존중해야 하지 않을까요? 이 책은 단지 이런 메시지를 전하고자 할 뿐입니다.

　무엇보다 자신을 털어내는, 힘들고도 큰 용기가 필요한 작업에 함께해주신 필자 분들께 감사의 인사를 드립니다. 기획 초반에 원고를 쓰신 분들은 2년간 계속되는 수정 요구와 더딘 진행에도 되레 저를 격려하며 기다려주셨습니다. 첫 만남에 마감이 촉박한 원고청탁서를 갑작스레 내밀었는데도 타박의 말 한마디 없이 바쁜 시간을 쪼개 원고를 써주신 분들도 계십니다. 모든 분께 진심으로 감사드립니다. 애초에 함께하려고 했으나 갑작스러운 사정으로 빠진 분들도 계십니다. 저는 분명 다시 함께할 기회가 있으리라 믿습니다. 또한 격한 논쟁이 예상되는 부담스러운 기획임에도 출간을 결정해준 도서출판 한울에도 감사를 드립니다. 그리고 숨 프로젝트의 모든 분과도 감사 인사와 결실 맺음의 축하를 나누고 싶습니다.

　이 책의 완성은 독자 여러분을 통해 비로소 이루어질 것입니다. 이 책을 읽으실 독자 한 분, 한 분에게 여기에 담긴 따뜻한 메시지와 고마움이 온전히 전해지길 기도합니다.

2010년 11월, 숨 프로젝트의 조심을 담아

한채윤이 드립니다.

차 례

14

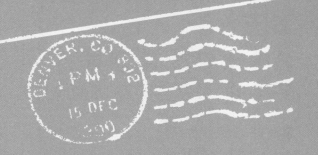

1부

목회로 만난
동성애

모태 신앙인 내 아이, 무엇이 잘못된 걸까요?

임보라

임 목사님께

어젯밤에도 잠을 설쳤습니다. 요즘 통 잠을 이룰 수 없어서 처방전을 받아다 수면제를 복용하기 시작했어요. 그 일이 있은 지 벌써 3개월이 다 되어가네요. 그 사이 정말 많은 일이 있었습니다. 3개월이 아니라 요즘 애들 말처럼 3만 년은 흐른 것 같은 기분이에요. 저뿐만 아니라 J도 마찬가지일 것 같아요. 요즘 J는 제 누나나 동생하고는 종종 이야기를 나눕니다. 저와는 아직 좀 서먹하긴 하지만 애써 간간이

미소를 보여주기도 하지요. 마음으로는 가득 미소를 보낸다고 하지만 이상스레 얼굴 가득 미소가 번지진 않는 것 같아요. 무표정하고 초점이 없는 것 같다고 큰딸이 이야기하더라고요.

처음으로 목사님께 전화를 건 날, 사실 묻고 싶고 호소하고 싶은 것들이 가득했는데, 막상 "여보세요"라는 목사님의 목소리를 듣고 나니 무슨 말을 해야 할지 모르겠더라고요. 순간 휴대전화기를 쥐고 있는 것조차 무척 힘들었어요. 그 작은 전화기가 쇳덩이처럼 느껴졌거든요. 그리고 고마운 마음도 들었어요. 보통 여보세요, 여보세요 하다가 툭 하고 전화를 끊잖아요. 그런데 목사님은 여보세요 하고는 한참 기다리시다 또 여보세요 하고…… . 제가 한마디라도 하기를 기다리고 계시는구나 하는 생각이 들더라고요. 그렇게 기다려주신 덕분에 용기를 낼 수 있었어요.

목사님, 어느 날인가부터 J의 얼굴에 광채가 나면서 그 아이가 달라 보였어요. 헤헤거리면서 웃을 때는 영락없는 어린아이 같은데, 이제는 내 품의 아이만은 아닌 것 같다는 느낌이 번쩍 들면서 J가 부쩍 컸다는 생각을 했어요. 아무래도 J가 첫사랑을 시작하는 모양이라고 친구들에게 이야기했는데 다들 코웃음만 치더라고요. 요즘은 초등학생, 아니 유치원생 때부터 데이트하고 커플링도 나눠 끼면서 서로 사귄다고 하는데 뭐가 첫사랑이냐고요. 네가 몰라서 그렇지 연애 경험이 한두 번은 아닐 테니 걱정 놓으라는 핀잔까지 들었어요. 그런데 우리 J는 한 번도 누구를 좋아한다는 이야기를 한 적이 없었고 커플

링처럼 생긴 반지를 낀 적도 없거든요. 사실 제게는 J의 여자 친구로 마음속에 그려놓은 아이가 있었어요. 얼굴이 하얗고 요즘 아이답지 않게 다소곳하며 말하는 품새가 귀티 나 보이는, '지 아버지를 닮아 사람 보는 눈은 있어' 하면서 속으로 흐뭇하게 여길 상상 속의 아이 말이에요. 그날 그 일이 터지기 전까지만 해도 저는 그런 생각을 했어요.

J는 시험공부를 한다며 친구인 W를 집으로 데려오는 일이 잦아졌습니다. 한창 공부할 때인데 쏙닥쏙닥, 키득키득하는 소리가 나는 게 신경 쓰이긴 했지만 잔소리를 하진 않았어요. 오히려 틈을 보다가 W에게 J의 여자 친구에 대해 물어봐야지 하며 호시탐탐 기회를 엿보고 있었지요. 그런데 좀처럼 그런 기회가 생기질 않았어요. 지금 생각해 보면 둘이 꼭 붙어 다닌다는 말이 딱 들어맞는 상황이었는데 그땐 잘 몰랐던 거예요. 그저 말 한마디 넌지시 물어볼 틈이 없네, 없네 하면서 제 눈길은 그저 W와 J를 따라다닌 것이었지요.

그런데 수학시험을 보던 날인가, 그날도 둘이 와서 시험공부를 한다고 하더니만 웬일인지 J가 가게에 가서 음료수를 사오겠다고 하더군요. 평소 자신들이 먹을 간식거리를 이것저것 잘 챙겨 왔던 아이들이었는데 그날따라 그랬어요. 저는 J가 문을 닫고 나가는 소리를 확인한 후, 기회는 이때다 하고 W에게 말을 붙여보았어요. 어렵사리 "혹시 J가 요즘 사귀는 아이에 대해서 말해줄 수 있겠니?"라고 물었는데 W가 무척 당황스러워했어요. 그럴 수 있다고 생각했지요. 그래서 "아니,

통 집에 데려오지를 않으니 그저 궁금해서. 이름은 뭔지 어떻게 생겼는지 궁금해하는 내 마음 알지?" 하며 대답을 기다렸는데 W는 저를 쳐다보지도 않고 묵묵부답인 거예요. 조바심이 나서 "너한테 들었다고 절대 말 안 할게. 이름만이라도 알려다오" 이랬는데, 말 떨어지기가 무섭게 갑자기 W가 주섬주섬 짐을 챙기더니 "안녕히 계세요" 하고 나가버리는 거예요.

어디까지 가서 사왔는지 뻘뻘 땀을 흘리며 간식을 한 보따리 챙겨온 J는 제 친구가 가버린 것 때문에 상심이 컸던 모양이에요. W가 전화도 안 받는다면서 무슨 일이 있었냐고 묻는데 처음엔 몰라, 몰라 하다가 아이고 모르쇠로 일관하는 것도 능사가 아니다 싶어서 그때의 자초지종을 이야기했더니, 어머 J가 불처럼 화를 내는 거예요. 전 그애가 그렇게 화를 내는 건 처음 보았어요. 엄마는 궁금한 게 있으면 나한테 물어야지 왜 그런 것을 W한테 물어보냐고, W가 엄마 친구냐고 막 몰아붙이는데 처음엔 어안이 벙벙하다가 나중엔 섭섭해지더라고요. 네가 먼저 말해주었으면 내가 왜 그 아이에게 묻겠냐고, 내 아들 여자 친구에 대해 궁금해하는 것이 무에 그리 잘못된 것이냐고 저도 참다 참다 냅다 소리를 질러버렸어요.

그 후로 한동안 W는 우리 집에 오지 않았어요. 아이들이 W의 집으로 공부방을 바꿔버린 거예요. 얼마간 시간이 지나자 왠지 서먹했던 J와 저의 관계는 예전처럼 돌아간 것 같았고, J도 얼굴이 발그레하게 상기되어 입가에 고운 웃음이 담겨 있던 그때로 되돌아간 듯했어요. 그렇게 몇 달이 흐르고 다시 기말고사 때가 된 거예요. 그때부터 다시 W가 J와 함께 재잘거리며 저희 집에 드나들기 시작했어요.

사실 W가 왜 그렇게 나가버렸는지 처음에는 좀 궁금했는데 어느새 궁금함은 사라지고 대신 사과를 해야 할 것 같더라고요. 그래서 그랬던 거예요. 남자아이들이 간식을 뭐 많이 먹기나 하나요. 그래도 뭔가 말을 붙일 구실이 되지 않을까 싶어서 이것저것 들고 들어간 것인데…… . 그날 그 순간 이후로 모든 것이 엉망이 되어 버렸어요. 그 방에 들어가는 것이 아니었는데…… . 왜 전 노크할 생각을 못했을까요? "J야, W야, 간식 먹어라!" 이렇게 불러도 되었을 텐데 말이에요.

목사님, 저는 그때 생각만 하면 심장이 멈춰버릴 것만 같아요. 잊어버릴 수가 없어요. 발그레하게 상기된 얼굴, 한눈에 보아도 J는 사랑에 빠진 게 분명했어요. 그런데 그 아이의 첫사랑 상대가 바로 W라는 것을 저는 받아들이기가 너무 힘들어요. 저 혼자 삼 남매를 키우긴 했지만 그래도 열심히 살았어요. 부족한 것이 없었다고 자신할 수는 없어도 J가 동성애자가 될 만큼 잘못한 것은 아무리 생각해도 없는 것 같아요. 아버지와 한 집에 살지 못한 것이 원인일까요?

아시잖아요. 제가 J를 가졌을 때 힘든 상황 속에서도 매일 기도로 그 아이를 키웠다는 것을요. 그때 신앙심이 깊어지기도 했지만 철없이 큰아이를 가졌을 때와는 달리 뭔가 처음부터 준비해야 한다는 생각에 얼마나 많이 기도를 했는데요. 그런데 그날 제 눈앞에 펼쳐졌던 광경은 도대체 무엇인가요? 어떻게 낳은 아이인데, 얼마나 기도하면서 태교한 아이인데 그 아이가 동성애자라뇨? 기독교인이 어떻게 동성애자가 될 수 있는 거지요?

그 당시에는 무슨 일이 있었는지, 제가 어떤 행동을 했는지 전혀 생각나지 않았는데 이제는 하나둘 떠올라요. 접시와 컵은 산산조각이 나고, 두 아이는 놀란 토끼처럼 눈이 동그랗게 되어서는 벌떡 일어나 있고, 소리를 지르다가 두 아이를 잡아 뜯다가, 그다음에는 그 다음에는…… 그 자리에 주저앉은 것 같아요. "네 여자 친구, 네 여자 친구"라고 제가 되풀이하는 것을 보고 J는 정말 하늘이 노랗게 보이더래요. 우리 엄마가 미쳤구나 하는 생각이 들더라나요.

처음에 저는 제가 뭘 잘못 본 거라고 생각했어요. 어떻게 남자아이들끼리 키스를 할 수 있겠어요? 어떻게 두 남자아이가 서로를 그렇게 뜨겁게 끌어안을 수 있냐고요. 포옹하고 키스하는 것은 여자와 남자 사이에서만 할 수 있는 것 아닌가요? 하나님이 아담과 이브를 만드셨다고 성경에 쓰여 있잖아요. 그게 정상 아닌가요? 아담과 이브처럼 서로 만나 사랑하고, 아이 낳고, 그렇게 살고…… .

목사님, J가 지금 사춘기라서 그런 거지요? 누가 그러더라고요. 이렇게 잠깐 동성애자가 될 수도 있다고, 그렇지만 곧 돌아온다고요. 그런 사람 많다고요. 어느 목사님은 원래 동성애자였는데 회개하고 목사가 되었다고도 했어요. 그러니 J랑 W를 떼어놓으면 금세 정상으로 돌아올 거라고요. 그런데요, 교회에서는 벌써부터 소문이 있었대요. J하고 W는 만날 저렇게 붙어 다닌다고, 둘이 사귀는 거라고 고등부에 소문이 파다했다는 거예요. 목사님, 제가 뭘 잘못한 걸까요? 기도가 부족했나요? 그나저나 하나님이 J에게 벌을 내리시지는 않을까요? 어떡해요…… 어떡해요.

이제 약 기운이 도는지 졸음이 밀려오네요. 이럴 때 자지 않으면 잠을 놓치게 되더라고요. 그래서 이만 줄일까 해요. 이렇게 막 마음을 풀어놓으니까 긴장도 동시에 풀어지는 것 같아요. 늘 바쁘게 지내시는데 제가 짐을 하나 더 얹어드리는 건 아닌지 죄송하지만 저는 지금 너무 다급해요. 이러다가 갑자기 벼락이 떨어지는 건 아닌가 하는 생각도 들고…… . 저에게 이 아이들밖에 없다는 걸 잘 아시잖아요. 좋은 말씀 부탁드려요. 샬롬.

J의 못난 엄마 올림.

L 집사님께

집사님의 평안함과 건강을 기원합니다. 며칠 새 잠들기 어려운 상황은 좀 나아지셨는지요? 스스로 깊은 잠에 들 수 있을 때까지 수면제 복용은 불가피한 것 같으니 잠이 오지 않는 것을 믿음이 부족해서라고 여기지 마시고, 당분간은 약의 도움을 받아서라도 수면을 취하시는 것이 좋겠습니다. 약 먹는 것에서조차 집사님 자신을 다그치지 마세요.

지난번 통화에서 휴대전화기를 들고 있는 것조차도 너무 힘들다고, 그래서 전화를 끊어야겠다고 하신 말씀이 떠오릅니다. 막상 전화는 했지만 내가 왜 전화를 걸었는지, 이 사람은 내 말을 어떻게 받아줄지 갑자기 가늠이 안 되어 한참 망설일 수밖에 없는 그 머뭇거림이 무엇을 의미하는지, 그리고 그 마음의 고통이 어떠할지는 수화기 너머로 들려오는 불규칙적인 숨소리만으로도 느낄 수 있었어요.

많이 놀라셨지요? 이제는 다 컸다 싶으면서도 여전히 품 안의 어린 아이인 것 같고, 한창 공부할 때라 안쓰럽긴 해도 제 몫을 잘 해내고 있는 것 같아 J가 믿음직하셨을 거예요. 그런 J가 첫사랑의 열병을 앓고 있다는 것을 아시고 얼마나 뿌듯해하셨겠어요. 아들의 여자 친구가 누구인지 무척이나 궁금해하시는 것을 보고 집사님이 많이 개방적인 분이라는 것도 느꼈어요. 그러나 왜 그날, 그 일이 생긴 것이냐며 절망 섞인 울음을 쏟아내는 집사님의 목소리에는 자신에 대한 원망과 J에 대한 실망이 뒤엉켜 있었지요.

집사님께서 충격을 받으신 것만큼 J 또한 많이 놀랐을 거예요. 예상하지 못했던 일이 순식간에 벌어진 셈이니까요. 서로 준비되지 않은 상태에서 돌발적인 일이 생긴 것이잖아요. 집사님께서는 자신이 본 상황보다 정신을 놓은 듯 소리를 지르고 두 아이에게 달려들었던 자신의 모습에 더 기가 막혔다고, 그러고 나서 계속 잠을 못 이루셨다고 했지요. 친구들에게는 무슨 말을 해야 할지, 아이들에 대한 소문이 이미 꽤 나 있었는데 자신은 그것도 모르고 있었으니 교회는 다녀야 할지 말아야 할지 등등…… 한참 말을 잇지 못하시다가도 갑자기 폭포수처럼 질문을 쏟아놓으시는 집사님의 목소리에는 당시의 모든 상황이 고스란히 담겨 있었어요.

먼저 가족 모두가 독실한 기독교인이고 J도 모태 신앙으로 자랐다고 하니, 신앙 이야기부터 시작해볼까 합니다. J를 잉태하신 후 매일 새벽기도회에 나가서서 기도의 제단을 쌓으셨고, 태동이 유달리 강했던 J를 주님의 일꾼으로 써달라고 서원기도까지 하셨다는 말씀이 기억에 남습니다. 태중 내내 기도로 키우셨다는 말씀을 여러 번 강조하시는 것으로 미루어보아 J가 집사님이 드렸던 기도 내용과는 전혀 다른 현재를 살고 있다고 여기셔서 더욱 힘들어하시는 것 같아요. 게다가 동성애자와 기독교인은 상극이라 생각하고 계시고요.

그런데 집사님, 동성애자라고 해서 기독교 신앙을 갖고 있지 않을 것이라고 여기는 것은 일종의 편견이랍니다. 동성애자면서 교회에서 신앙생활을 하는 분들이 많거든요. 집사님이 알고 계신 대로 동성애자였다가 목사가 되신 분도 계시지만 동성애자면서 동시에 목회를 하는 목사, 신부도 계십니다. 동성애자이며 기독교인일 수 있다는 것이지요. 기독교 집안에 '동성애자'가 있을 수 있냐고 물으신다면 저는 "그렇습니다"라고 대답할 수 있습니다.

물론 자신의 정체성에 대한 고민을 시작하면서 '하나님에 대한 믿음에는 변함이 없지만 도저히 교회에는 나갈 수 없다'고 하는 사람들도 있고, '신앙에 회의가 생겼고 또 동성애자라는 정체성 때문에 기독교인인 걸 포기할 수밖에 없었다'고 하는 사람들도 있고, '변함없이 신앙생활을 계속하고 있다'고 하는 사람들도 있습니다. 동시에 동성애자인 자기 정체성을 찾고 나서 장로, 권사, 집사이신 부모님과 심하게 부딪혔거나 혹은 목사의 자녀로서 교회 안팎에서 심하게 핍박을 받은 경험으로 인해 아직도 아물지 않은 깊은 상처를 갖고 있는 이들도 많이 있습니다.

'동성애'와 '기독교'는 오랜 기간 서로 극과 극인 지점에 서 있어 왔던 것이 사실이고 또 현재도 그러합니다. '사랑'과 '용서'의 하나님을 말하면서도 동시에 '벌'하시고 '노NO' 하시는 하나님의 모습을 동성애자에게 더욱 강조하기도 하지요. 도저히 있을 수 없는, 받아들일 수 없는 것이라고요. 그러나 집사님도 잘 알고 계시듯 기독교의 핵심은 다름 아닌 '사랑'입니다. '하나님의 형상대로' 사람을 창조하셨을 뿐만 아니라 모든 사람에게 '생명의 기운'을 불어넣어주신 분이 바로 우리가 믿는 하나님입니다.

집사님께서 J를 낳은 후 품에 안으셨을 때 얼마나 감개무량해하셨을까요? 품에 안겨 있는 J를 바라보며 수도 없이 하나님께 감사 기도를 반복하셨겠지요. 이 아이를 기도한 대로 잘 키우겠노라고 다짐하시면서 지금껏 기도의 제단을 쌓아오셨겠지요. J는 집사님 품에 안겨 있던 그때나 지금이나 하나님의 형상을 꼭 닮은 J랍니다. J는 여전히 집사님이 하실 감사기도의 제목이자, 주제이며, 응답인 것이지요.

집사님께서 그토록 충격을 받으신 것은 기독교라는 종교적 배경과 더불어 '내가 잘못해서 이런 일이 생긴 것은 아닐까?' 하는 스스로를 향한 자책감 때문인 것 같아요. 이혼 후 한부모 가정의 어머니로서 누구보다도 반듯하게 아이들을 키우고자 애쓰신 것을 잘 알고 있습니다.

그러나 집사님! 결코 누구의 잘못으로 J가 '동성애자로 변한 것'이 아니랍니다. J는 그저 동성에게 자연스레 사랑의 감정을 느끼는 사람으로 태어났을 뿐, 누구 때문에 또는 어떤 문제가 생겨서 동성애자가 된 것은 아니라는 거지요. 그러니 이제까지 지나온 세월에 대해 잘잘못을 따지지 마시고 그러한 잣대로 자신을 괴롭히는 부정적인 에너지에 속지 마세요. 그리고 현재 J에게 가장 필요한 것은 무엇일지 헤아려 보는 데 긍정적인 에너지를 쏟아보세요. 그것이 바로 성령의 도우심이 아니겠어요?

J는 채 준비도 되지 않은 상태에서 제 뜻과는 달리 집사님께 커밍아웃을 한 셈이 되었습니다. 어머니에게 한 번도 보이지 않았던, 아니 어쩌면 감출 수밖에 없었던 모습을 갑자기 보이게 되었고, 게다가 그런 자신의 모습에 어머니가 충격을 받으셨으니 J 또한 무척 자책하고 있겠지요. 무릎을 꿇고 죄송하다고 말하고 싶어도 다시는 그러지 않겠다는 약속을 할 수 없기에 그저 집사님처럼 울음을 삼키며 하루하루를 보내고 있을 거예요.

동성애자들이 가장 뒤늦게 커밍아웃을 하는 대상이 바로 가족이랍니다. 친구들에게는 오히려 빨리 이야기하는 경우가 많지요. '나'를 향한 물음을 정리하고 나면 그런 자신의 모습을 친구에게 감추는 것이 힘들어 지거든요. 그런데 가족에게만큼은 쉽게 내보이게 되질 않아요. 가족 안에서 자신이 해야 할 역할과 보여야 할 모습이란 게 있으니까, 자신이 원하는 삶이 가족에게 상처가 될 것 같아서 힘들지만 부모님의 잣대에 맞춰 살려고 애를 쓰게 되거든요. 그런데 부모님만큼 넘기 어려운 고개가 또 있어요. 그것은 바로 '종교'지요. 신에게 의지하고 싶은 마음은 동성애자에게도 있지 않겠어요? 그런데 그 종교의 경전에, 특히 성경에 동성애는 죄악이라고 선언하는 여러 구절이 있다는 것이지요.

소돔과 고모라 이야기^{창세기 19장}, 레위기에 등장하는 망측한 짓^{레위기 18장}, 로마서에 나오는 바르지 못한 관계와 부끄러운 짓^{로마서 1장}, 고린도전서와 디모데전서의 남색하는 자^{고린도전서 6장, 디모데전서 1장} 등등. 그런데 집사님, 성경이 본디 한국어로 쓰인 게 아니라는 건 알고 계시지요? 히브리어와 헬라어^{그리스어}로 쓰여 있고 여러 사본이 있다는 이야기도 들어보신 적이 있으시지요? 예를 들어 고린도전서 6장만 하더라도 '남색하는 자'에 해당하는 malakoi와 arsenokoitai가 다양한 말로 번역되어 있답니다. malakoi라는 말은 본래 '부드럽다'라는 뜻으로 많이 쓰이지만 동시에 '여자 같은', 때로는 '규율 없는' 등의 뜻으로도 쓰인다는 것이지요. 마찬가지로 arsenokoitai도 다양한 번역의 여지가 있습니다. 정확히 남자와 동침하는 남자라는 뜻인지, 그 말이 당시에 어떤 의도로 쓰였는지 많은 성서학자의 연구로도 현재를 사는 우리로서는 정확히 알 수 없다는 이야기입니다. 그러니 말뜻의 본디 의미를 살피기보다는 편견과 오해로 이미 결론을 내린 상태에서 성경의 본문을 해석하려는 태도를 조심해야 합니다.

성경은 '사랑'을 말하기 위해 '죄'와 '벌'을 언급하고 있을 뿐 죄에 대한 '정죄' 그리고 그 '대가'만을 강조하고 있지 않습니다. 물질에 마음을 빼앗겨 욕심이 가득하고 그로 인해 다른 사람의 것을 빼앗아 정의를 깨뜨리고 평화를 앗아가는 이들, 그리고 힘이 약한 이들을 짓누르고 억압하는 힘센 자들에게, 성경은 어린아이와 같은 사람과 죄인이라고 손가락질 당하는 사람들이야말로 하나님 나라에 들어갈 수 있다고 선언합니다. 부디 문자 그대로 보고, 이해하고, 판단하는 신앙이 아닌 성경이 쓰인 시대의 문화와 여러 상황을 함께 이해하고 오늘날 어떤 의의를 지니는지 간구하는 신앙이 되기를 기도합니다. 또한 이를 계기로 하나님께서 우리에게 하시고자 하는 말씀이 무엇인지 더 깊이 깨닫는 지혜가 함께하길 기도합니다.

동성애자 기독교인들이 '이성애'와 '동성애' 사이에서 어떤 것이 하나님의 뜻인지 고민하기보다는 동성애자인 자신 또한 하나님이 만드신 사랑스러운 존재라는 것을 인정하고 받아들이기를 기도합니다. 더 이상은 성 정체성으로 인해 그리고 종교적인 정죄로 인해 자신의 목숨을 끊는 비극이 되풀이되지 않기를 기도합니다. 동성애자에 대한 악의적인 내용을 마치 사실인 양 선전하고 그것을 통해 오히려 자신의 허물을 감추기에 급급한 기독교인들이 어서 빨리 회개하기를 기도합니다.

집사님! 제가 이렇게 편지를 전한다 한들 금세 모든 것이 이해되고 받아들여지지 않겠지요. 지금은 고개를 끄덕이시더라도 뒤돌아서면 또 다른 의심이 생기거나 자책으로 인해 원망하는 마음이 다시 고개를 들지도 모릅니다. 집사님이 오랜 신앙생활을 통해 알고, 듣고, 배우고, 믿었던 것이 전부가 아니니 '그저 받아주고 인정하라'고 하면 오히려 신앙이 흔들린다고 하실지도 모르겠어요. 하지만 지금 알고 있는 것만이 진리며 전부라고 생각하는 교만에서 벗어나보면 하나님의 뜻에 조금 더 가까이 다가서실 수 있을 거예요. 또한 집사님이 느끼는 혼란스러움은 자신을 돌아보며 나아가 J가 느끼고 있을 두려움을 공감하는 과정을 통해 극복해나갈 수 있을 거예요.

먼저 밑에서부터 올라오는 마음의 소리가 터져 나오도록 시간을 좀 더 가지세요. 서둘러 감정을 정리하려 하시거나 억지로 정리된 척하지 마시고 천천히 몸과 마음을 추스르세요. 그리고 J와 이야기를 나누면서 집사님이 느끼는 현재의 감정 그대로, J의 생각을 들어보세요. 준비되지 않은 상황에서 J의 다른 면을 보았기 때문에 놀랐지만 J를 사랑하는 집사님의 마음에는 변함이 없다고, 아니 J는 여전히 집사님의 아들이고 하나님이 주신 큰 선물이라는 것을 담담하게 이야기해보세요.

안타깝게도 현재 제가 아는 한 한국에는 레즈비언, 게이, 바이섹슈얼, 트랜스젠더 또는 성 정체성을 갓 인식하기 시작한 퀴어 자녀를 둔 부모님들의 모임이 없습니다. 하지만 집사님과 같은 경험이 있거나 자녀들에 대한 비슷한 고민을 하고 계신 분들이 적지 않은 건 사실입니다. 그 중에는 기독교 신앙을 갖고 계신 분들도 꽤 됩니다. "자녀가 벽장 문을 열고 밖으로 나온 순간, 그때부터는 부모님이 벽장 안으로 들어간다"라는 말이 있습니다. 부모님이 문을 열고 나오시기까지 또다시 상당한 시간이 걸립니다. 저는 그분들이 자녀와 자신들의 이야기를 나눌 수 있는 장이 만들어졌으면 하는 바람을 갖고 있습니다. 마음 편히 이야기 나눌 곳이 없어서 자녀들 못지않게 하얗게 날을 지새우고 계실 어머님, 아버님들이 어디엔가 또 계실 것이기 때문입니다.

집사님이 J를 사랑하는 만큼 J 또한 집사님을 사랑하고 있다는 것을 잘 아시지요? 집사님이 J에게 먼저 손을 내미는 순간 두 사람의 관계는 더욱 돈독해질 것입니다. 그뿐만 아니라 하나님과의 관계 또한 새롭게 이루어질 것입니다. J는 이제껏 말하지 못한 마음의 고통에서 벗어나 '나'를 받아들이고, '나답게 살기' 위한 날갯짓을 힘차게 시작하면서 새로운 가능성을 스스로 깨닫게 될 것입니다.

'우리를 위해 더 좋은 계획을 세워두신히브리서 11장 40절' 하나님을 의지하며 그 믿음을 잃지 않으시길 기도합니다. 지금의 시련이 '우리'를 향한 계획 속에 사랑을 가득 담고 계신 하나님께 더욱 가까이 나아가는 시간이 되길, 그리고 '우리'에게 말씀하시는 하나님의 음성에 함께 귀 기울이는 계기가 되길 두 손 모아 기도하며 주님의 평화를 빕니다.

임보라 목사 드림.

보수 신자가 보수 신자에게

_우리가 반대하는 이들을 위해서 살 때

박총

　　나는 보수적인 신앙 속에서 자랐고 평생을 그 안과 언저리에서 살 았다. 복음주의 교회는 내게 고향 교회요, 어머니 교회와 같다. 지금껏 전도사 노릇을 해온 곳도 동성애를 강하게 정죄하는 지독히 보수적인 교회였다. 물론 동성애란 말만 들으면 눈에 지옥불이 타오를듯하는 사 람들과는 분명 다르지만, 결국은 나도 그들 중 하나라는 생각을 갖고 있다. 아마 이 책에 원고로 목소리를 보탠 이들 중 나는 가장 보수적인 입장을 가진 사람일 거다. 교회와 사회에서 동성애자들이 성적 소수자 이듯 이 책에서는 내가 소수자일 것이다.

그런데 정작 보수 교단은 이런 나를 받아들이지 않는다. 동성애자들이 겪는 아픔과 어찌 감히 비교할 수 있겠냐마는 나 같은 부류도 '소속되지 못함unbelongingness'의 경험을 당한다. 보수 교단으로부터는 내가 나의 졸고인 『욕쟁이 예수』2010에서 '동성애자들의 하나님 체험은 진실하다'고 했다는 이유로 배척을 받고, 퀴어 신학 수업 시간에는 'Accepting but not welcoming', 즉 '동성애적 현실을 이해하고 수용하지만 권장하지 않는다'는 입장을 고수하다가 왕따를 당하는, 어디에도 소속되지 못한 주변인으로서의 처지가 동성애에 대한 내 생각을 가장 잘 설명해준다.

이 글은 나와 같은 보수 신앙을 가진 이들을 향한 '말 걸기'다. 동성애에 대한 그들의 뿌리 깊은 반대를 바꾸는 게 목적이 아니다. 초대교회 시절 로마 황제 경배를 거부하다 사잣밥이 된 자들보다 더 결연한 각오로 동성애를 거부하는(그런 마음으로 신사참배, 군부독재, 물신숭배를 거부했으면 좋으련만) 그들에게 동성애자들을 패배시키는 것 대신, 동성애자들의 패배가 자신들의 패배가 되고 동성애자들의 승리가 자신들의 승리가 되게 하라고 설득하려는 것이다.

또한 호모포비아homophobia, 동성애 혐오증를 '성경적'이라고 찰떡같이 믿는 그들에게 동성애보다 수백 배 더 강조되는 가난과 정의는 나 몰라라 하면서 유독 동성애에만 지옥행 티켓을 발행하는 태도가 얼마나 '비성경적'인지 밝힌다. 더불어 동성애에 대한 재빠른 정죄가 폭력적인 욕망에서 나온다는 것을 통해 내가 틀릴 수도 있음을 인정하는 자세야말로 가장 성경적이고 그리스도인다운 모습임을 보여주려 애쓸 것이다.

폴 니터Paul Knitter는 모든 신학은 전기에 뿌리를 둔다고 했다. 나는 모든 신학은 자서전적이라고 믿는다. 그래서 이 글은 나의 경험담에서 시작한다.

동성애와의 해후

내가 말로만 듣던 동성애자를 처음으로 만나게 된 건 대학교 3학년 때였던 1990년대 초반이다. 집에서 누나랑 대판 싸우고 홧김에 집을 나와버린 나는 살갑게 대하던 같은 학과 후배의 얼굴을 떠올렸다. 학교 후문 쪽에서 자취를 하던 후배는 흔쾌히 나를 묵게 해주었다. 이런저런 이야기를 나누다 이야기꽃이 시들어가자 나는 먼저 잠자리에 들었고, 내가 깊은 잠에 든 줄로 안 후배는 같은 과 친구에게 전화를 걸어 이런 내용의 통화를 했다.

"그날? 괜찮았지! 걔네 부모님이 다 여행 가셨잖아. 그래서 남자애들 셋이랑 여자애들 셋이랑 모여서 놀았지. 나는 그 계집애랑 잤는데 처음엔 흥분이 안 되는 거야. 근데 걔가 빨아줘서 겨우 세웠지. 난 여자애들이랑 하는 것보다 남자애들이랑 하는 게 더 나아."

　만으로 아직 스무 살도 안 된 녀석들이, 그것도 매일 학교에서 부딪히는 후배 녀석들이, 게다가 그 중엔 교회를 다니는 애도 있는데 그렇게 성적으로 추잡하다는 사실에 나는 경악을 금치 못했고, 말로만 듣던 동성애자가 바로 내 곁에 있다는 것은 새로운 충격이었다. 놀란 가슴을 수습하며 밤새 그 후배를 위해 기도하던 나는, 다음 날 아침에 기회를 보다가 어렵게 용기를 내어 말을 걸었다. 내가 부러 엿들으려 한 것이 아니라 겉잠이 든 상태에서 어젯밤 통화 내용을 듣게 되었다며 조심스레 입을 뗐다.

　나는 보수 교단에 속한 후배가 당연히 동성애를 죄로 여길 거라고 믿었지만 정작 후배는 동성애가 왜 죄냐고 반문했고, 성경에는 동성애가 전혀 언급되지 않는다고 말했다. 나는 선천적 동성애자의 경우 함부로 정죄하기 어렵지만 몇몇 성경 구절이 보여주듯 동성애는 분명한 죄라고 강변했다. 내 말 중 선천적 동성애자라는 출구를 발견한 후배는 자신은 어릴 적부터 도무지 이성에 대해 관심을 느끼지 못했다고 주장했지만, 내가 보기에 그는 새로운 성적 자극과 모험을 찾아 남녀를 가리지 않고 상대하는 쾌락적 양성애자bisexual에 가까웠다.

　다음 날 나는 후배에게 복음주의권에서 동성애를 가장 애정 어리게 다룬 리처드 포스터Richard Foster의『돈, 섹스, 권력』1989과 존 스토트John Stott의『현대 사회 문제와 기독교적 답변』1985이란 책을 건네주었다. 복음에 대한 열정만 후하고 인간에 대한 이해가 박하던, 그래서 동성애에 대해 '묻지마 정죄'를 고수하던 시절이었다면 나는 아마도 후배 대하기를 바리새인이 죄인을 보는 것처럼 했을지도 모른다. 다행히 성서 본문에 대한 전통적인 이해에 충실하면서도 동성애자들에 대한 깊은 공감을 보여준 포스터와 스토트 덕분에 호모포비아에 담근 발을 상당 부분 뺄수 있었다. 물론 동성애가 죄라는 점에는 추호의 의심도 없었기에 후배에게 죄에서 벗어나라고 안타까운 마음을 담아 조심스럽게 책을 권했다. 그 후 후배에게 어떤 변화가 있었는지 확인해보려 했지만 서로 어색해져 버린 뒤라 여의치가 않았다. 후배는 나를 피하는 눈치였고 나도 동성애 이야기를 다시 꺼낼 용기가 없었다.

그로부터 5년이 지났다. 대학원에 다니다가 건강이 나빠져서 집에서 요양을 하며 군 입대를 기다리던 어느 여름날 밤이었다. 지금의 안해집 '안'의 '해'란 뜻을 가진 '아내'의 옛말를 만나 밤늦도록 도란도란 정옛말정이 깃든 말을 나누다보니 자정이 넘어서야 집 앞 버스정류장에 닿았다. 집을 향해 발걸음을 재촉하던 나는 아파트 주차장에서 짐을 부리던 한 남자를 발견하곤 그의 집까지 짐 옮기는 것을 거들어주었다. 그러고는 그가 너무 고마워서 그러니 차 한잔하고 가라고 간청하는 것을 한참 사양하다 결국은 잠시 앉았다 가게 되었다.

우리는 대화를 나눈 지 얼마 되지 않아 서로 기독교인이라는 것을 알게 되었다. 나보다 대여섯 살 많은 그는 한 교회 성가대의 지휘자이기도 했다. 대화가 무르익어갈 무렵, 그는 "선생님이 참 좋은 분인 것 같아 제 고민을 하나 털어놓으려고 하는데 괜찮겠습니까?" 하더니 대뜸 자신이 동성애자임을 밝혔다. 그러고는 같은 교회 제자이자 성가대원인 예쁘장한 청년과 정기적으로 성관계를 갖고 있다며 자신이 얼마나 오럴 섹스를 잘 해주는지, 그 젊은 애인이 얼마나 황홀해하는지, 한 번은 한 시간을 넘게 계속 빨아준 적도 있다는 둥 나로선 당황을 금치 못할 이야기를 묻지도 않았는데 자랑스럽게 꺼내놓았다. 5년 전 후배의 통화 내용에 경악했던 기분이 되살아나 머리끝이 쭈뼛했다. 한참동안 자신의 섹스 실력을 뽐내던 그는 "근데 동성애가 죄냐"고 조심스럽게 물었다.

　나는 며칠 후 그를 우리 집으로 초대했다. 그때는 동성애에 대한 사회적 인지도도 전보다 높아졌고, 게이 지식인 서동진의 글을 비롯해 계간지 《리뷰》나 현실문화연구에서 나온 단행본을 통해 다양한 동성애 담론을 접할 수 있었다. 그렇게 주님께서 내 포용력의 울타리를 넓혀준 까닭에선지 나 역시 5년 전에 비해서 동성애를 품는 여유가 조금은 더 생겼고, 그래서 집으로 불러 교제를 나눌 생각까지 했던 것 같다. 게다가 동성애라면 질겁하고도 남을 순복음교회 신자인 우리 어머니에게 그 사람에 대한 정황과 동성애에 대한 기독교적인 입장을 소상히 설명한 결과, 정죄 대신 이해를 얻어냈고 어머니도 그를 초대하도록 허락했으니 말이다.

　다과를 나누며 그에게 복음주의권의 이른바 '공감적 비판' 입장에 대해 소개한 다음, 5년 전 후배에게 주고 나서 재구입한 책들을 건네주었다. 그는 내 이야기를 경청하기는 했지만 쉽게 받아들이지 않는 눈치였다. 할 수만 있다면 그와 계속 만나고 싶은 바람도 있었지만 군대에 가면서 그와의 만남은 더 이상 이어지질 못했다. 결혼 후 부모님 아파트에 갈 때마다 건너편 동에 사는 그를 찾아가볼까 하는 마음이 들기도 했지만 감히 실행에 옮기진 못했다. 그저 그 집 창문을 물끄러미 쳐다보며 그와 그의 가정과 교회를 위해 기도할 뿐이었다.

다시 5년이 지나 토론토에 공부하러 간 첫 해에, 나는 다시 동성애자들을 만나게 되었다. 학교 친구 베티Betty와 제시카Jessica가 바로 그들이었다. 친절하고 상냥했던 베티는 오리엔테이션 첫날부터 나랑 말이 통하더니 이후로 우리 식구와 내가 토론토 생활과 학교 공부에 적응하는 데에 큰 도움을 주었다. 내가 학교에서 가장 많은 시간을 함께 보낸 사람들도, 우리 집에 제일 먼저 초대해서 저녁을 대접한 사람들도 베티와 제시카였다. 그러나 난 그때까지 두 사람이 동성애자인 줄은 꿈에도 모르고 있었다.

그러다가 베티의 생일이었던 초겨울 어느 날, 두 사람이 연인 사이며 동거 중이라는 것을 알게 되었다. 나는 두 사람이 학부 시절에 기숙사에서 함께 지냈던 친구 사이라 여기에서도 룸메이트로 지내는 줄로 알았다. 근데 제시카랑 결혼할 거라는 베티의 말에 나는 너무 놀라 말도 제대로 하지 못했다(밝혀두지만 나는 좀체 감정을 숨기지 못한다).

베티는 나의 당황하고 놀란 표정에서 상처를 받았는지, 아니면 그것은 옳지 않다는 내 말에서 아픔을 느꼈는지, 내가 제시카랑 이야기하는 사이 밖에서 울고 있었다. 미안한 마음이 왈칵 들어 베티를 안아주며 눈물을 닦아줬다. 그러곤 여전히 너희를 사랑한다고, 생일날을 망치게 해서 미안하다고 속삭였다.

그날 저녁, 쌀쌀한 바람을 맞으며 자전거 페달을 밟아 집으로 돌아오는 내내 내 마음은 죽을 듯이 아팠고 머리는 미칠 듯이 혼란스러웠다. 왜 하필 내가 가장 아끼는 두 친구가 동성애자란 말인가! 이 세상에 동성애란 걸 허락하신 하나님이 원망스러웠다. 이후 우리에게는 얼마간 어색한 시간이 흘렀다. 하지만 8년이 지난 지금도 나는 두 사람을 여전히 사랑한다. 그들에게 사랑한다고 말한 것은 립 서비스가 아니었다. 그것은 자연스레 이루어졌다기보다는 성 지향성과 상관없이 친구를 사랑하려는 내 의지의 열매였다.

두 사람이 레즈비언이라는 것을 알게 된 이후에도 우리 사이는 각별했다. 베티는 안해가 유산했을 때 나의 멘토인 실비아 교수님께 알려서 날 도우려고 했고, 나는 경제적으로 어려워진 베티를 위해 영어 아르바이트 자리를 알아봐 주는 등 서로를 챙겼다. 베티가 졸업하고 만남이 뜸해진 이후론 제시카와 전에 없던 우정을 나누었다. 내가 첫 책『밀월일기』2008를 내면서 '고마움의 글' 에 외국 사람 중 제일 먼저 언급한 것은 단연 베티와 제시카였다. 그렇게 나는 동성애자와의 세 번째 만남에서야 그들을 벗으로 삼게 되었다.

예전과 비교해볼 때 나는 동성애에 대해 한결 열린 입장을 갖고 있지만, 여전히 동성애를 죄로 보는 입장을 조심스럽게 고수하고 있다. 그런 점에서 보면 베티와 제시카를 만나기 전이나 지금이나 동성애에 대한 내 입장은 근본적으로 달라지지 않았다고 할 수 있다. 그러나 중요한 것은 그들을 향한 내 사랑 역시 달라지지 않았다는 것이다. 그랬기에 나는 그들에게 서로 다르지만 그 다름을 넉넉히 받아주는 친구, 그것도 가장 가까운 친구가 되었다.

내가 반대하는 이들을 위해 살 때

내 경험담을 구구절절 늘어놓은 것은 나와 같은 보수 신앙을 가진 그리스도인들도 얼마든지 동성애자와 벗님이 될 수 있음을 보여주려는 뜻에서다. 나는 이 글에서 보수 기독인들에게 동성애가 죄가 아니라고 강변할 의도는 없다. 아무리 뛰어난 신학자가 동성애가 죄가 아님을 설득력 있게 제시한다고 해도 수천 년간 이어진 동성애에 대한 보수 신자들의 정서는 변하지 않을 것이다. 나는 그들이 동성애를 죄로 보는 것을 이해하고 존중한다. 하지만 동성애가 죄라면 죄인을 사랑하고 그들의 친구가 된 예수님은 어디에 있는가? 게이들이나 레즈비언들이 그들의 인권 옹호를 외치며 행진할 때에 보수 기독교인들이 뿜어낸 섬뜩한 증오심과 "Go right into hell"과 같은 차마 입에 담을 수 없는 저주는 누구를 위한 것인가? 한국 보수 복음주의 교회는 동성애가 죄라고 단언한다. 이는 바울이 그랬듯 죄인을 위해 목숨을 바친 예수 그리스도의 심장빌립보서 1장 8절으로 하는 말인가?

어떤 이들은 '성향은 인정하되 성향에 따른 행동은 인정할 수 없다'는 나의 태도가 언뜻 사려 깊어 보이지만, 결국 저들과 다를 바가 없다고 한다. 어떤 의미에서는 정죄하면서 칼로 찌르는 것보다 이해하면서 찌르는 것이 더 아프다고 한다. 그럴 수 있음을 인정한다. 하지만 현재 보수 신자들이 취할 수 있는 최선의 카드는 '사랑 안에서의 반대'고 이는 실제로 아름다운 열매를 맺게 한다. 그에 대한 사례 중 필립 얀시Philip Yancey의 『놀라운 하나님의 은혜』1999에서 한 대목을 골라본다.

놀랍게도 나는 '나와 다른' 사람을 대하는 방식에 대해 에드워드 돕슨에게서 많은 것을 배웠다. 그는 밥 존스 대학교 출신으로 한때 제리 폴웰의 심복이었고《근본주의자 저널》창간자이다. 미시간 주 그랜드 래피즈에서 목회를 시작한 돕슨은 그 도시의 에이즈 문제에 관심을 갖게 되었다. 그는 도시 내 게이 인사들을 찾아가 만난 뒤 자기 교회 성도들이 봉사하게 해 달라고 부탁했다. (중략) 결국 돕슨은 게이 집단의 신뢰를 얻었다. 그는 교인들을 독려해 에이즈 바이러스 감염자들에게 크리스마스 선물을 돌리고 병들어 죽어가는 이들에게 다른 실제적 도움의 방편을 제공하게 했다. 아직까지 동성애자라고는 한 번도 만나 보지 못한 성도들도 많았다. 동참을 거부한 사람도 몇 명 있었다. 그러나 양측은 서서히 상대를 다른 시각으로 보게 되었다. 어느 게이는 돕슨에게 이렇게 말했다. "저희는 목사님 입장을 압니다. 목사님이 저희에게 동조하지 않는다는 것도 압니다. 하지만 목사님이 여전히 예수님의 사랑을 보여 주셔서 거기에 마음이 끌렸습니다."

내가 동성애자와 친구가 될 수 있었던 것은 동성애에 대한 내 입장이 정통 보수 신앙과 다르기 때문이라고 생각하는 이들은 돕슨을 보라. 돕슨은 나보다 훨씬 더 보수적이며 반기독교적 정서를 가진 이들에게 '꼴통' 내지 '개독'으로 불리는 부류에 속한다. 그는 내가 지독히 혐오하는 근본주의자지만 동성애자에게 예수의 사랑을 보여준 점에선 나보다 더 나았다.

보수적인 그리스도인들이 가정을 파괴하는 가장 큰 죄로 여기는 이혼에 대해서도 같은 입장을 취할 수 있다. 내게는 깊은 영성과 사랑을 가진 한 여자 선배가 있다. 평소 교회 권사님들의 사랑을 한 몸에 받던 그녀는 당사자가 아니면 헤아릴 수 없을 정도로 고통스러운 결혼 생활을 이혼으로 마감한 후 싸늘하게 돌변한 그들의 시선에 상처를 받고 교회를 떠났다. 그러나 기성 교회를 떠났을 뿐 하나님과의 사귐은 더욱 깊어졌다. 하나님의 정죄는 사람을 돌이켜 보게 하고 살리는 것이지만 그들의 정죄는 사람을 죽이는 것이었다.

폴 투르니에Paul Tournier는 이혼 수속을 밟고 있는 친구의 결정에 반대하면서도 언제까지나 조건 없이 그를 사랑하는 친구로 남겠다고 말했다.

> 나 역시 이혼이라는 그의 행동 노선에 찬성할 수 없다. 그에게 이것을 숨기려면 내 믿음을 저버려야 할 것이다. 나는, 하나님의 인도를 따라 진심으로 찾을 마음만 있다면 결혼 생활의 갈등에는 언제나 이혼보다 나은 해법이 있음을 안다. 그러나 이혼이라는 이 불순종이 내가 매일 짓고 사는 교만의 몸짓, 험담, 거짓말 등의 죄보다 더 악한 것이 아니라는 것도 안다. 삶의 상황은 사람마다 다르지만 심령의 본질은 같다. 내가 그 입장에 있다면 과연 그와 다르게 행동할까? 알 수 없다. 다만 분명한 건 내 모든 연약함에도 불구하고 나를 있는 모습 그대로 조건 없이 사랑해줄 친구, 나를 판단하지 않고 믿어줄 친구가 필요하리라는 것이다. 만일 그가 이혼한다면 지금보다 힘겨운 일들을 더 많이 겪을 테고 내 사랑을 더 필요로 하게 될 것이다. 이것이 내가 그에게 주어야 할 확신이다.

보수 기독교인들이 동성애자와 이혼녀의 친구가 된다는 것은, 개인적인 지지를 보내는 것에 그치지 않고 그들이 사회적으로 불이익을 당하지 않도록 해야 한다는 의미를 담고 있기도 하다. 어떤 목사들은 동성애자가 시민으로서 자기와 같은 대접을 받는 것이 가당치 않다고 말하는데 그런 말을 들으면 기가 찬다. 동성애자들도 세금을 내고 시민의 모든 의무를 다하고 있는데, 지금이 교회의 가르침을 거스르면 사람 취급도 못 받는 중세시대인가? 연쇄살인범이나 아동강간범에게도 인권을 말하는데 대체 동성애자들이 누구를 해치기나 했나? 자신들의 성적 지향과 어긋난다는 이유로 그들이 불이익을 당해야 한다고 믿는 이들은 히틀러 같은 이가 정권을 잡으면 홀로코스트Holocaust: 나치가 자행한 유대인 대학살에 동참할 잠재적 지지자나 마찬가지다.

여기, 동성애를 반대하면서도 그들의 권리를 위해 싸운 보수 그리스도인이 있다. 과거 미국 공중 위생국 장관이었던 에버렛 쿠프C. Everett Koop는 동성애를 반대하는 전형적인 복음주의 그리스도인이었다. 그는 보수 종교 단체를 돌며 연설을 할 때 성욕의 절제와 일부일처제 결혼의 필요성을 역설하는 등 청중의 노선을 충실히 따르면서도, "나는 이성애자와 동성애자, 젊은이와 노인, 도덕적인 쪽과 부도덕한 쪽, 모두의 공중 위생국 장관입니다"라고 강조했고 또 그 말대로 행동했다. 쿠프 박사가 보스턴에서 1만 2,000명의 게이들 앞에서 연설했을 때 청중이 "쿠프! 쿠프! 쿠프!" 하고 외친 것은 정말 놀라운 일이었다. 쿠프 스스로도 감격하여 "당신들의 행동에 대한 내 반대 발언에도 불구하고 당신들은 내게 믿을 수 없을 만큼 지지를 보내고 있습니다. 전 국민의 공중 위생국 장관으로서 국민이 있는 곳이면 어디든지 가겠다고 한 말 때문이 아닌가 싶습니다"라고 말했다. 그는 매번 동성애자들의 심기를 건드리는 '남색'이라는 단어를 사용했지만 보수 기독인으로서 동성애자들에게 그처럼 열렬한 환영을 받는 사람은 없었다고 한다.

단언하건대 동성애를 반대하는 이유가 교리 수호 차원에 그쳐서는 안 된다. 그것은 모두 동성애자들을 위한 것(비록 그들은 억압이라고 생각할지라도)이어야 하고, 따라서 동성애를 반대하는 내용의 '교리'가 동성애자의 '존재'보다 더 중요한 것처럼 비치치 않도록 해야 한다. 예전에 한국기독교총연합회이하 한기총에서 동성애를 반대하는 성명을 발표했을 때 동성애자들이 '아, 저 사람들이 우리를 반대하지만 속내는 우리를 위해서 그러는구나'라는 진심을 느낄 수 있었다면, 한 동성애 그리스도인이 한기총을 원망하는 유서를 남기고 자살하는 일은 없었을 것이다(동성애에 자살까지 했으니 지옥행은 따 놓은 당상이란 말을 하는 작자들에게는 귀싸대기를 한 대씩 올려붙이고 싶다).

문제는 항상 우리가 하고 있는 일이 누구를 향한 것인지 잊을 때 발생하는 법이다. 켄 가이어Ken Gier는 『영혼의 창』2010에서 이에 대한 세심한 관찰력을 보였다.

준비하는 식사가 그 음식을 먹는 사람들보다 더 중요해질 때, 나는 바퀴가 떨어져 나가려 한다는 것을 안다. 내 일이 그 일의 수혜자인 가족들보다 더 중요해질 때, 내가 주장하는 말이 그 말을 듣는 사람보다 더 중요해질 때, 이런 것들이 내가 고정 축을 잃었다는 증거가 된다. 더 중요한 것을 보지 못할 때, 다른 사람, 특히 나와 가장 가까운 사람, 내 가족의 성스러움을 느끼지 못할 때.

제로섬 게임에서 윈윈 게임으로

나는 보수 신앙을 가진 사람으로서 교회가 동성애자들을 따습게 보듬기보다 경계심을 뿜어내게 된 정황을 십분 이해한다. 에이즈란 말이 한국에 처음으로 회자되던 1980년대만 해도 "동성연애가 뭐지?" 하며 낯설어했는데 이제는 호모필리아homophilia: 동성애 옹호자가 쿨하게 보이고 호모포비아가 구닥다리 취급을 받는 지경이 되었으니, 그들의 입장에서는 세상이 바뀌어도 너무 바뀌었다. 동성애뿐이던가? 많은 나라에서 낙태가 여성의 권리로 보장되고 포르노와 마약이 허용되며, 성관계 경험이 없는 친구는 인기와 매력이 없는 애로 취급된다. 이처럼 교회에 대한 세상의 위협이 급격히 커지면서 교회 역시 세상에 대해 방어적인 태도를 지나 호전적인 모습으로 변해갔다.

위협을 느낄 때 공격적인 태도를 취하는 것이야 인간의 본성이지만, 그리스도의 몸인 교회는 어떠한 상황에서도 적대감이 자신을 좌지

우지하지 않게 해야 한다. 교회가 두려움에 덜미를 잡히면 "너희 관용을 모든 사람에게 알게 하라^{빌립보서 4장 5절}"는 권면과는 달리 극도로 편협하고 악에 받친 모습으로 바뀐다. 교회가 동성애를 두려워하면 게이 퍼레이드를 향해 "지옥에나 떨어져라!"라고 외치게 되고, 교회가 세상문화를 두려워하면 『사탄은 마침내 대중문화를 선택했습니다』¹⁹⁹²라는 책에서처럼 대중문화는 모조리 마귀의 유혹이 되고, 교회가 노동운동을 두려워하면 노조는 '하나님의 기업'을 무너뜨리려는 사탄의 활동이 되고, 교회가 공산주의를 두려워하면 소련은 사탄의 정치적 현현epiphany이요 북한은 적그리스도가 되고 만다.

몰트만^{Jurgen Moltmann}이 적실하게 지적했듯이 옹졸한 신앙은 유난히 경직된 정통설을 앞세우는 교회가 두려움 속에 머물 때 자라나는 법이다. 그러한 공포를 이기는 첫 번째 길은 증오심을 불태우는 것이었고(증오는 두려움의 대상을 작아 보이게 하는 착시 현상을 일으키지 않던가!), 둘째는 미친 듯이 자신의 몸을 불려 적에게 맞서는 것이었다. 공산주의를 향한 미움을 먹고 자란 독재정부, 그리고 보수 교회의 경제성장과 교세확장이 저 암울한 1970-1980년대에 동시에 이루어진 것도 바로 이런 이유 때문이라고 한다면 지나친 해석일까?

성경은 "사랑 안에 두려움이 없고 온전한 사랑이 두려움을 내어쫓나니^{요한1서 4장 18절}"라고 말한다. 하지만 교회는 항상 대결 구도를 고집하는 습관이 있기에 두려움을 자초하는 경우가 많다. 칼빈주의자인 월터스토프^{Nicholas Walterstorff}가 『정의와 평화가 입맞출 때까지』²⁰⁰⁷에서 뼈아프게 고백한 대로 한국 교회의 주된 신학 전통 중 하나인 칼빈 주의는 '승리주의triumphalism' 성향을 갖고 있다. 그러다보니 교회는 입만 열면 사랑을 말하면서도 정작 '나의 승리는 너의 패배'라는 대결적 사고방식에서 벗어나지 못한다. 그러나 이제는 동성애자들을 적으로 간주하고 그들을 패배시켜야 한다는 발상 대신, 그들의 패배가 우리의 패배가 되고 우리의 승리가 곧 그들의 승리(그들은 그렇게 생각하지 않더라도)가 되도록 해야 한다. 말하자면 제로섬 게임에서 윈윈 게임으로 '게임의 법칙'이 바뀌어야 한다. 보수 그리스도인들이 승리를 독점하려 드는 대신 함께 이기는 길로 나아갈 때 이 땅에 놀랄 만한 변화들이 일어나게 될 것이다.

멀리 갈 것도 없이 예수의 십자가가 바로 윈윈 게임의 정수를 보여준다. 원수가 된 우리들을 억지로 무릎 꿇린 것이 아니라 우리를 위해 십자가에 못 박혀 죽으심으로 우리 스스로 그분을 승자로 인정하게 하신 것이다. 내남이 다 알다시피 이것은 수치스러운 패배가 아닌 영광스러운 승리다. "내가 세상을 이기었노라요한계시록 16장 33절"는 예수의 선포는 일개 사단師團의 천사를 소집하여 자신을 못 박으려는 자들을 응징함으로써 이루어진 것이 아니라, 자신을 잡으러 온 말고의 귀를 붙여줌으로써 이루어진 것이다. 예수는 자기를 잡아 죽이려는 세상을 사랑으로 무릎 꿇렸다.

보수 교단의 공격적인 태도는 사회변혁을 투쟁으로만 이해하게 만든다. 그러니 변혁의 대상으로 '찍힘'을 당한 이들은 죽기 살기로 교회에 덤벼들고, 사탄의 반격을 받았다고 믿는 교회는 훨씬 더 호전적인 통성기도를 부르짖게 된다. 이런 악순환을 거치며 교회는 해방자가 아닌 억압자의 얼굴로 굳어진다. 동성애자와 북한과 생태운동가와 대중문화가 교회에 대한 적대감을 날로 드러내는 것은 괜한 것이 아니다. 일찍이 토마스 아퀴나스 St. Aquinas는 "공포에 거하는 자들은 자신들의 격정에만 몰두되어 있어서 다른 이들의 고통에는 관심을 가질 수 없다"고 말했다. 이것은 보수 기독교가 공산주의, 노동운동, 동성애를 두려워하며 이에 대한 결연한 전쟁을 수행하는 동안 비전향장기수, 노동자, 동성애자의 낮은 신음 소리를 전혀 들을 수 없었던 이유를 설명해준다. 보수 교단은 만화, 드라마, 영화에서 동성애자들을 우호적으로 다룬다며 당장 세상이 끝난 것처럼 호들갑을 떨지만 여전히 동성애자들은 그들의 가족으로부터 죽어버리든지, 집을 떠나든지, 옷장에 숨어서 살라고 내몰리고 있다.

근본주의가 세력을 떨치고 있는 미국 남부에서는 지금도 동성애자들이 혐오범죄로 살해당하는 일이 발생하고 있으며, 보수 가톨릭이 강세인 브라질에서는 거의 이틀에 한 번 꼴로 동성애자들이 죽임을 당하는 등 호모포비아 제단의 불꽃은 더 활활 타오르고 있다. 이런 상황에서 5분의 1의 게이 남성, 3분의 1이 넘는 백인 레즈비언, 2분의 1이 넘는 흑인 레즈비언이 자신의 이성애적 성향을 시험하고 동성애적 성향을 죽이기 위해 결혼한다. 그리고 이 결혼으로 결코 행복할 수 없는 그들은 보수 교단에서 강력히 정죄하는 또 다른 죄인, 이혼 내지 다른 동성애자와의 간음에 빠지게 된다. 그런데도 교회는 동성애 혐오에 세례를 주고 있으니 대체 누가 죄를 짓게 하고 있는가? 이러니 신앙을 가진 동성애자들조차 "게이로서는 교회에 가서 따뜻한 대접을 받기보다는 길거리에서 섹스 파트너 찾기가 더 쉽다는 걸 알았습니다"라고 울먹일 수밖에 없는 게 아닌가?

보수 교회의 동성애 반대가 정말 동성애자들을 위하는 것임을 보이려면, 동성애자란 이유로 가족에게 버림을 받고 사회에서 짐승 취급을 받는 이 처참한 현실에 맞서 싸워야 하고, 이를 위해 동성애자들과 함께 고난을 받아야 한다. "나는 당신의 견해에 반대한다. 하지만 당신이 그 견해를 말할 권리를 위해 끝까지 싸우겠다"고 한 볼테르Voltaire처럼, 교회가 동성애를 반대하지만 그들의 권리를 위해 싸울 때에 주님을 가장 잘 드러낼 수 있다.

이는 동성애자들이 시민으로서의 합당한 대우를 받기 위한 권리만을 위해 싸우라는 말이 아니다. 동성애를 반대하면서도 동성애자들이 동성애를 할 수 있는 권리를 위해 싸우라는 말이다. "아니, 죄지을 수 있는 권리를 위해 싸우란 말인가?" 하고 반문할지도 모르겠다. 하나님이 인간의 죄 때문에 십자가에 못 박히게 될 것을 아시면서도, 아담과 하와가 하나님을 버리고 죄를 선택할 자유를 주신 것을 생각해보라. 진정한 사랑은 아픔이 있을 줄 알면서도 자유를 주는 게 아닐까?

한편 동성애자와 그 지지자들은 보수 그리스도인들의 동성애 반대 그 자체를 비난해서는 안 된다. 그것은 문제를 악화시킬 따름이고 어떤 의미에서는 옳지도 않다. 왜냐하면 모든 사람은 자신의 견해를 가질 수 있고 보수 신자들이 동성애를 반대하는 것은 자신의 믿음에 충실한 것이기 때문이다. 그들에게 동성애 찬성은 믿음을 저버리거나 세상의 시류에 타협하는 일이다. 그러므로 그들이 스스로 입장을 바꾸지 않는 한 그들의 입장 표명을 저지할 수 없다. 앞에서 인용한 볼테르의 말을 기억한다면 동성애자들도 보수 교회가 동성애 반대의 목소리를 외칠 수 있게 해줘야 한다. 물론 동성애에 대한 반대는 동성애자에 대한 사회적 억압 및 인격적 폭력과 엄히 구별되어야 한다.

다 같은, 어쩌면 더 큰 죄인이면서

누차 밝히거니와 나는 동성애를 죄로 보는 보수 교회의 전통을 따르고 있다. 하지만 동성애를 도저히 용서받지 못할 죄처럼 간주하는 점은 도저히 묵과할 수 없다. 바울이 고린도전서 6장 9~10절에서 동성애와 함께 하나님 나라를 상속할 수 없는 죄로 분류한 음란, 우상숭배, 간음, 색탐, 도둑질, 탐욕, 술 취함, 비방, 약탈에서 완전히 자유로운 사람이 얼마나 될까?

여자를 보고 음욕을 품으면 마음으로 간음했다고 한 예수님의 말씀에 찔리지 않을 사람이 얼마나 있을까? 라이프 액션 미니스트리Life Action Ministries의 조사에 따르면 미국 남성 중 70퍼센트 이상이 성적불순 이슈에 관련되어 있고 그중 유혹에 말려 실제로 혼외정사에 연루된 남성이 90퍼센트나 된다고 하는데, 왜 미국인 대다수가 간음으로 천국에 못 갈 거라고 외치지 않는가? 심지어 《크리스채너티 투데이 Christianity Today》에 따르면 미국 목회자 중 절반 이상이 인터넷 포르노에 중독되어 있어서 목회자 역시 목회의 대상이 되어야 한다는 개탄이 나오는 실정인데 왜 목사들 자신에게는 지옥행이라는 냉혹한 판결을 내리지 않고 있는가?

인터넷이 훨씬 더 발달해 있고 목회자 자신의 고민과 치부를 상담할 여건이 훨씬 더 열악한 한국의 실제 상황은 이보다 더 심하면 심하지 덜하지는 않을 것이다. 성공과 돈에 대한 집착, 쇼핑과 명품에 대한 중독, 외모에 대한 탐닉은 우리 시대의 병리현상이 분명한데, 이에 빠진 대부분의 교인들은 과연 천국행을 장담할 수 있는가?

미국은 힘없는 나라를 착취한 대가로 터무니없이 부유한 생활을 지속해가고 있는 반면, 미국의 텃밭인 페루에서는 태어난 아이들의 절반이 다섯 살이 되기 전에 죽고 있다. 동성애자에게 지옥행 티켓을 발부하기 전에 자신들이 그 어린것들의 피값을 치를 수 있는지 따져보는 게 순서가 아닐까? 나는 미국인이 아니라고 말하지 말라. 의도하든

않든 국내외의 값싼 농산물과 공산품을 구입할 때마다 우리는 힘없는 형제자매를 착취하고 억압한다. 하나님의 긍휼하심이 없이는 누구에게나 하늘나라 영주권 발급이 거부되기는 마찬가지인데도 동성애자들만 용서받을 수 없는 죄를 지었다고 단정 짓는 무지와 오만은 언제나 나를 당혹스럽게 한다.

메노나이트 출신의 복음주의자 로드니 클랩^{Rodney Clapp}이 『사람을 위한 영성』²⁰⁰⁶에서 이야기한 것처럼 성적 지향은 중요한 사안이나 신조에 포함되는 항목은 아니다. 명토 박아 말하건대 동성애가 신실한 자와 배교한 자를 가르는 기준은 아니며, 동성애자가 이성애자보다 성경과 전통을 덜 존중한다고 말할 수도 없다.

내가 게이 공동체에 하나님이 임하시고 역사하신다고 말하면 누구는 펄쩍 뛴다. 하나님은 이성애자들이 똑같은 죄를 징그럽게 반복해도 단 한 번의 싫증냄도 없이 사랑으로 품어주시는데, 동성애가 죄라고 한들 그들을 품지 않을 이유가 무엇인가? 동성애자들이 눈물 흘리며 찬양하는 것을 다 쇼라고 보지 말라. 그들의 하나님 체험도 이성애자 못지않게 진실하다. 그들이 겪는 아픔으로 인해 여느 신자들보다 훨씬 더 순수하고 간절하게 하나님을 바란다. 통계를 보면 동성애자 중엔 신학적으로 보수적인 친구들이 많다. 보수 교회가 맹목적인 동성애 혐오에서 벗어난다면 누구보다도 동성애자들과 신앙적으로 잘 통할 수 있다.

누가 비성경적인가

　대체 성경에서 동성애를 얼마나 많이 다루면 유독 동성애만 갖고 이 난리들일까? 보수 기독인들의 동성애 혐오는 성경에 언급되는 횟수와 정도를 감안할 때 성난 복어처럼 지나치게 부풀어 올라 있다. 소돔과 고모라 사건_{창세기 19장 1-13절}, 레위기의 금지 본문_{창세기 18장 22절, 20장 13절, 로마서 1장 18-32절}, 하나님 나라를 유업으로 받을 수 없는 죄의 목록_{고린도전서 6장 9-10절, 디모데전서 1장 8-11절}이 전부라는 걸 알게 되면 기가 차서 웃음도 안 나온다(더구나 성경은 성경으로 풀어야 한다는 보수 신학에 충실할 때, 소돔과 고모라에 대한 하나님의 징계는 동성애 때문이 아니라 풍요롭고 태평한 삶을 누리면서도 가난하고 궁핍한 자를 돕지 않은 죄악 때문임을 에스겔_{16장 49절}은 분명히 했다. 그렇다면 유황비를 맞을 운명에 처한 것은 동성애자가 아닌 물신주의와 소비문화에 빠져 있는 자들이리라).

　성경에서 고작 대여섯 번 언급된 사안에 대해 이처럼 눈에 쌍심지를 켠다면 2천 번 이상 언급된 가난의 문제에 관한 우리의 무관심에 대해서는 혀를 깨물고 죽어야 한다. 토니 캄폴로_{Tony Campolo}는 이렇게 말했다.

> 우리 누구나 우리가 믿는 것이 옳다는 주장을 내세우기 위해서, 또는 우리가 틀렸다고 확신하는 것을 비난하기 위해서 너무나 쉽게 성서를 부정확하게 사용한다. 동성애 행위는 그리스도인

이 수용할 수 없는 것이었다는 점에는 의심의 여지가 없지만, 흥미로운 것은 신약성서는 다른 죄들(가령 가난한 사람들에 대한 무관심이나 다른 사람에 대한 사랑의 부족 같은 것들)만큼 그것에 많은 관심을 두지 않는다는 것이다.

소저너스Sojourners의 대표인 짐 월리스Jim Wallis가 『하나님의 정치』2010에 소개한 일화는 우리가 얼마나 입맛에 맞는 말씀만 편식하고 있는지 보여준다.

이번에는 한 가지 아주 유명해진 실험을 하기로 했다. 우리 모임의 한 학생이 낡은 성경책과 가위 하나를 들고서 가난한 사람들에 관한 성경 말씀을 모조리 오려 내는 대장정에 돌입했다. 선지서들은 그야말로 초토화됐다. 레위기부터 시작해 히브리의 희년 전통을 언급한 모든 구절도 날아갔다. 신약에 이르러서도 가위질할 구절이 꽤 많았다. 낡은 성경책은 들기도 힘들 만큼 너덜너덜해졌다. 그야말로 걸레나 다름없었다. 나는 말씀을 전하는 곳마다 이 상처투성이 성경책을 높이 쳐들고 청중에게 말했다. "형제자매 여러분, 구멍이 가득한 이 책이 우리 미국인의 성경입니다."

성경 말씀은 토씨 하나도 허투루 여기면 안 된다며 축자적 영감

설에 집착하는 이들이 이러면서도 꼬박꼬박 자신들의 주장에 대해 '성경적'이란 말을 입에 발린 듯 구사하는가? 해방 신학과 퀴어 신학 queer theology을 두고 성경에 대한 이데올로기적 읽기이자 동성애적 왜곡이라며 비판하지만, 이들은 최소한 하나님의 말씀을 뭉텅이로 잘라내진 않는다. 보수 신자라도 마음을 열고 이들 신학을 대하면 기존의 성서 읽기가 얼마나 자본주의와 이성애주의에 젖어 있는지 깨닫게 된다. 내가 볼 땐 제 입맛에 안 맞는 말씀을 모조리 '씹는' 이들이야말로 텍스트 학대textual harassment의 죄를 짓는 자들이다. 대체 누가 편향적이고 누가 이데올로기적인가? 말씀 중에 하나라도 빼면 생명책에서 이름이 지워질 거라는 준엄한 선포요한계시록 22장 19절를 당신들에게 돌려주는 바이다.

불확실성의 고통을 끌어안기

나는 지금까지 동성애가 죄라는 전제하에 이야기를 했다. 그런데 여기서 나는 지금까지 잘 따라온 보수 신자들이 등을 돌리게 할 만한 말을 하려고 한다. 나는 동성애를 죄라고 보고 있지만 내가 틀릴 수 있다는 가능성을 열어놓고 있다. 커밍아웃이라는 주제로 성경을 다시 읽고rereading 이성애적 굴레로부터 성경을 아우팅outing하려고 드는 퀴어 신학에 대해서는 다른 보수 신자들과 마찬가지로 불편함을 갖고 있지만, 성경에서 정죄하는 것으로 보이는 동성애와 오늘날의 동성애가 다른 것이란 주장에도 일리가 있다고 본다. 성경을 호모포비아의 족쇄에서 건져내려는 베일리Bailey, 마이클 베이시Michael Basey 등의 성서 해석은 오랜 세월 성서학 분야에 축적된 견해를 완전히 뒤집기는 어렵지만 어느 정도 설득력이 있으며, 이후에라도 성경 해석에 따라 동성애를 죄가 아닌 것으로 이해할 소지가 있다고 본다.

내가 이렇게 말하는 것은 보수 신자들이 경계하는 자유주의에 물들어서가 아니다. 우리가 믿는 대로 살아가는 것이 진실한 삶의 자세이지만 언제라도 우리가 틀릴 수도 있음을 인정하자는 것이다. 우리가 지금 아는 것은 지극히 적은 부분이고 그나마 아는 것조차도 거울을 보듯 희미하게 알고 있을 따름임고린도전서 13장 9, 12절을 인정하자는 것이다. 이것을 인정하지 않을 때 바리새인이 되고 교권주의자가 되고 만다.

그건 타협이고 변절이라는 보수 신자들의 아우성이 들리는 것만 같다. 하지만 언제든 내가 틀릴 수 있다는 것, 심지어 하나님을 알고 경험했던 것조차 잘못된 것일 수 있음을 인정하는 것이야말로 가장 그리스도인다운 태도다. 자신의 오류 가능성을 인정하고 날마다 개혁해야 하는 것은 비단 개혁주의만의 모토가 아닌 개신교 전체의 기본 강령이다. 그런데 현실은 어떤가. 역설적이게도 가톨릭 신자보다 더 지독한 무오류성을 주장하고 있지 않은가?

욥기에 나오는 엘리후는 자신의 하나님 체험과 신앙이 그릇될 수 있음을 인정하지 않는 전형적인 사람이다. 영문 모를 고난을 당하고 친구들조차 인과응보 운운하는 것에 대해 욥이 자신은 의롭고 하나님은 불의하다고 말하자, 이에 분개한 엘리후는 하나님은 "누구에게나 행한 대로 갚으시고 살아온 대로 대하신다_{욥기 34장 11절}"는 '교리'에 너무 집착한 나머지 욥을 "악인과 불의한 자들의 친구가 되어 하나님을 비방하고 다닌다_{욥기 34장 8-9절}"며 낙인찍어 버린다. 엘리후는 욥이 아직 정신을 못 차렸다며 자신의 죄를 인정할 때까지 독한 시련을 받아야 한다는 저주성 발언을 한다. "나는 욥이 끝까지 시험 받기를 원하노니 이는 그 대답이 악인과 같음이라_{욥기 34장 36절}."

나는 엘리후에게서 후대의 모든 근본주의자의 원형을 발견한다. 근본주의자들은 평소에 누구보다도 좋은 사람으로 보인다. 그러다가 기성 교회에서 요구하는 점잖음의 외피를 벗고 '신 앞에 솔직히' 서려고 하는 이들, 기존 교리에 대해 불편한 의문을 제기하고 관습에 대해 곤란한 지적을 하는 이들이 나타나면 긍휼과 관용 한 점 없는 그들의 실체를 드러낸다.

확신과 평안을 강조하는 보수 기독인은 어떤 상황, 어떤 사안에서든 명쾌하게 딱 떨어지는 답을 원한다. 뭐가 죄이고 뭐가 악인지, 누가 아군이고 누가 적군인지 명확히 해놓지 않는 걸 견딜 수 없어 한다. 하지만 토마스 머튼_{Thomas Merton}은 "기독교 신앙은 확신과 평안의 원리 이전에 의문과 갈등의 원리"임을 천명했다. 그런데 문제는 우리의 본성이 그런 긴장을 원치 않는다는 것이다. 긴장은 우리를 불확실성으로 몰아넣고 그 안에서 늘 구도하는 자세로 살아갈 것을 요구하기 때문이다.

프랑스의 철학자 발리바르Etienne Balibar는 사회 관계에 대한 '즉각적인 지식'을 폭력적인 욕망으로 보았다. 발리바르를 인용할 것도 없이 우리는 경험을 통해 사람에 대한, 사회 이슈에 대한, 하나님의 뜻에 대한 즉각적인 지식과 단정적인 발언이 얼마나 폭력적인지 알고 있다. 문제는 우리의 죄성이 그 폭력을 선호한다는 것이다. 액션 영화의 주인공이 거치적거리는 놈들을 싹쓸이할 때 통쾌함을 느끼듯이 단순명료한 답변이 복잡다단한 고려요소를 날려버릴 때 우리는 희열과 함께 '아멘'을 외친다.

많은 사람이 단순화의 폭력에 기대는 것은 '불확실성의 고통the pain of uncertainty(개혁주의 미학의 거봉 캘빈 시어벨트Calvin Seerveld의 책에서 언급)'을 없애주기 때문이다. 그렇잖아도 복잡한 세상에서 신경 쓸 것도 많은데 불확실성이란 놈은 우리의 평안을 갉아먹는다. 그런 와중에 목회자가 성경을 척 펼치고 '하나님의 뜻'이라며 어떤 주저함도 없이 속 시원한 결론을 내려주면 성도들은 은혜를 받고 교회는 성장하기 마련이다. 확신과 체험의 욕구가 유독 강한 한국 교회가 이런 욕구를 내려놓아야 하는 관상기도를 어려워하는 이유도 여기에 있다. 한국 교회가 영성의 두 가지 길 중에 '긍정의 길via positiva'에만 익숙하고 '부정의 길via negativa'에 서툰 것 역시 불확실성과 더불어 사는 어려움을 더해주었다.

매번 확신 속에만 머무르려 하는 것은 하나님이 아닌 심리적 안정감을 더 신뢰하는 일종의 우상 숭배다. 용한 점쟁이를 찾아가 뭔가 기댈 만한 것을 구하는 것도 똑같은 정신병리학적 현상이다. 분명히 밝혀두거니와 신앙은 불확실성의 고통을 끌어안는 것이다. 하나님의 뜻을 찾는 작업은 딸기향 해열제로 해결될 간단한 것이 아니다(너무나 쉽게 "그 사람의 문제는 믿음이 부족해서 그런 거다", "그 나라는 우상을 섬겨서 쓰나미가 덮친 거다"라고 단정 짓는 이들에게 화 있을진저).

왜 사랑하는 이를 갑작스러운 사고로 데려가셨는지, 왜 지독한 외로움과 실패 속에 나를 두시는지, 왜 힘없는 자들이 짓밟혀도 가만히 계시는지, 왜 이성애자와 동성애자를 동시에 허락하셨는지 우리는 알지 못하고 살아간다. 시간이 흐르면서 하나님의 경륜과 섭리를 조금씩 헤아리게 되지만, 어떤 문제에 관한 한 죽는 날까지 하나님의 뜻을 알 수 없는 경우도 많다. 그런 가운데에도 변함없이 하나님을 사랑하는 것이 믿음이고, 내가 반대하는 이들에게도 이웃 사랑을 실천하는 것이 신앙이다. 로드니 클랩은 이렇게 말한다.

아이러니컬하게도, 아니 어쩌면 가장 중요한 것일지도 모르겠는데, 동성애를 둘러싸고 서로 싸우고 논쟁하는 교회가 그것을 지켜보는 세상에 줄 수 있는 가장 귀한 증거는 바로 인내가 아

닐까 생각된다. 과거 기독교 전통을 보면 중요한 논쟁점이 수십
년 내에 해결된 경우가 한 번도 없었다.

기독교 사상의 알짬 중의 알짬인 삼위일체 교리는 수백 년의 시간
을 거치며 정립되었다. 사도들조차 삼위일체에 대한 완벽한 이해를 갖
고 있지 않았다. 심지어 삼위일체설이 공인을 받았다고 알려진 니케아
공의회325년의 교회 지도자들조차 아타나시우스가 발표한 신조에 불
만을 표했다. 그러다가 이후 계속된 공의회와 발표된 신조가 축적되면
서 삼위일체론에 대한 교회 전체의 공감대가 조성되었던 것이다. 나는
실재하지도 않는 삼위일체를 인간들이 세월의 흐름을 따라 구성해냈
다고 말하는 것이 아니다. 이미 있는 진리가 오랜 시간을 통해서, 때론
논쟁과 때론 이단과의 싸움을 통해서 더 깊이 발견할 수 있었단 말을
하고픈 것이다. 그에 비하면 우리는 얼마나 정죄에 빠르며 얼마나 심
판에 열심인가!

코다: 반대와 사랑이 입 맞출 때까지

하나님이 아담과 하와를 만든 것은 분명 사실이지만 동성애자를
이 세상에 두신 것도 사실이다. 우리는 아무도 백인으로 태어날지 유

색인으로 태어날지, 남자가 될지 여자가 될지, 오른손잡이가 될지 왼손잡이가 될지, 이성애자가 될지 동성애자가 될지 선택하지 않았다. 그것들은 그냥 '주어진' 것이다. 그런데도 앞뒤 재지 않고 무조건 성경이 호모포비아를 가르친다고 말하는 이들은 또한 성경이 노예제를 찬성하고 반여성적이라고 말해야만 한다. 실제로 동성애를 못 잡아먹어 안달인 이들은 2세기 전 노예제 지지자들만큼 지독한 인종차별주의자들이고, 1세기 전 여성에게 참정권과 교육권을 줄 필요가 없다고 말한 이들처럼 지독한 가부장제 옹호론자들이다. 이러한 점은 보수 교단의 동성애 반대에 대해 회의를 품는 이들을 늘어나게 하고 있다.

물론 동성애에 대한 편견과 혐오는 21세기에도 여전하다. 오래 전에 빌리 그래함Billy Graham이 "모든 동성애자는 다 거세되어야 한다"고 말했다가 거센 비난을 받은 것은 그 시대의 한계를 반영한 것이라 치자(그는 뒤에 이 말에 대해 사과했다). 하지만 얼마 전 대표적인 근본주의자인 제리 팔웰Jerry Falwell이 악에 받친 양 "동성애자들은 금수와 같다. 그들은 철저히 멸절되어야 할 악마적 시스템의 일부이며 그렇게 될 때 천국에서 축하연이 열릴 것이다"라고까지 말한 걸 보면 그저 참담한 심정이다.

하지만 동성애에 대한 이런 호전적인 접근 방식은 이제 막대한 도전을 받고 있으며 보수 복음주의권 안에서도 점점 많은 이탈자를 유발하고 있다. 참으로 감사한 것은, 동성애를 죄로 보는 입장을 견지하면서도 동성애자와 흉허물 없는 친구가 되는 보수 신자, 동성애를 반대하면서도 그들이 목소리를 낼 수 있도록 함께 싸우는 복음주의자, 동성애를 비롯한 뜨거운 감자에 대해 즉각적인 지식의 폭력을 저지르는 대신 불확실성의 고통을 껴안고 자신이 틀릴 수도 있음을 인정하는 겸손한 그리스도인이 점점 늘어나고 있다는 사실이다. 그들이 이 땅 곳곳에 번성할 때에 우리는 서로를 반대하면서도 서로를 진심으로 사랑하는 참된 인간의 시대를 목도하게 될 것이다.

새내기 목사,
동성애 교인들과 사랑에 빠지다

유연희

목회를 우정에 비하면 어떨까 싶다. 목사와 교인은 친구처럼 한없이 좋을 때도 있고 갈등을 빚을 때도 있다. 그러면서 된장, 고추장이 익듯 오랜 시간 동반자로서 구수하고 맛깔난 우정을 나눈다. 교인들은 목사의 목회 파트너이며, 이 동반자 관계는 깊은 신뢰와 사랑을 바탕으로 한다.

나는 목회하면서 하나님의 색다른 은총을 경험했다. 황인종인 내가 백인 교회에서 목회를 하였으니 말 그대로 '색다른' 은총이 맞다. 게다가 동성애 교인들과 더불어 목회를 하였으니 이것 또한 색다른 은총이다. 목회를 통해 나는 사랑과 배려가 깊은 기독교인들, 모든 경계를 넘어 포용하는 친절하고 성숙한 사람들을 만나 흠뻑 사랑을 받았다. 지금의 내가 과거 이삼십 대였던 때보다 조금 더 따뜻하고 성숙한 인간이라면 그것은 목회를 함께한 교인들, 내 목회의 파트너들 덕분이다.

하나님을 믿지 않는 가정에서 자란 나는 어린 시절 부모님과 나란히 교회에 가는 친구들이 부러웠었다. 그렇지만 마음씨 좋은 교인들 덕에 혼자 다니는 교회생활도 재미있었고 행복했다. 신학 공부를 반대하신 부모님 몰래 신학교에 입학하여 공부할 수 있었던 것도 1년간 다달이 5만 원씩(당시 서울, 인천 간 전철 1개월 정기권이 1만 원이었다) 보내주시며 '장래에 큰 지도자가 되라'고 기도해주신 다른 교회의 권사님과 몰래 학비를 내주신 신학교 급우의 어머니, 장학금을 준 출석교회 분들, 교통비를 쥐어주고 내가 없을 때 빈집에 들어와 고기 반 근, 양말 한 켤레, 연탄 50장 등을 두고 간 청년회원들 덕이었다.

내가 미국에서 만난 교인들 역시 한국에서 만난 교인들처럼 무척 자애로웠지만 한 가지 매우 다른 점이 있었다. 미국의 교인들은 자신을 목사와 동등한 목회의 파트너로 생각하고, 어느 목사가 부임해 오든 스스로 교회의 주인이라 생각한다는 것이다. 미국의 교인들은 연초에 한 해 동안 헌금할 액수를 각자 정하는 약정서를 내는데, 목사는 볼수 없게 되어 있고 회계부만 누가 얼마나 헌금을 하는지 안다. 목사는 그저 모든 교인을 똑같이 사랑하면 되고 교회의 재정은 교인들이 책임지는 것이다.

또한 미국의 교인들은 누가 뭐라 하지 않아도 각자 교회 안팎에서 할 일, 곧 사역을 택해서 한다. 직분을 떠맡기는 사람도 억지로 맡고 나서 나중에 불평하는 사람도 없다. 그래서 내 목회의 파트너들한 사람 한 사람이 나로선 매우 흥미로운 만남이 아닐 수 없었다. 나는 그들의 개인적인 삶, 직업, 취미, 성격은 물론 기독교인으로서 교회 안에서 서로를 대하는 모습과 교회 밖에서 살아가는 모습을 관찰하고 배웠다.

미국 교인들과의 첫 만남

내가 미국의 교인들을 처음으로 접한 것은 목회상조위원회와의 만남을 통해서였다. 이 위원회는 목사의 초빙과 유임에 관한 결정, 사례비, 인사 등을 다룬다. 한국 교회로 치면 기획위원회와 같은 중요한 곳이다. 연합감리교회에서 목사와 교인의 만남은 연애결혼이라기보다는 소개팅이자 중매다. 각 연회(미국은 35개의 연회로 미국감리교단을 나눈다) 차원에서 캐비닛(감독Bishop과 감리사들로 구성된 조직)이 목사의 파송, 즉 목사를 어느 교회로 보낼 것인지 결정하기 때문이다. 나는 한꺼번에 두 교회로 파송되었기 때문에 두 교회의 위원회가 모두 회의에 참석했다. 그러니까 이 만남은 나를 이미 파송한 상태에서 상견례를 하는 자리였던 것이다.

회의가 있던 날, '중매쟁이' 역할을 하는 감리사 목사님이 역으로 마중을 나오셔서 나와 남편을 교회로 데려갔다. 그런데 회의장에 들어가기 직전에 감리사님이 내게 말씀하시길 "교인들에게 당신이 누군지 말해주지 않았다"는 것이다. 순간 나는 당황했다. 교인들은 새로 부임할 목사의 이름도 모르고, 여자인지도, 아시아인인지도 모른단다. Yani Yoo라는 내 이름과 여자라는 사실을 미리 알려주면 인종 차별이나 성차별적인 편견을 갖게 될까봐 그런 것이었다. 나는 감리사님의 배려 내지는 작전에 깊은 인상을 받았다.

회의실에는 십여 명의 사람들이 기다리고 있었다. 교인들은 그날 상견례를 통해 내가 여자이고 아시아인이라는 조건 외에 목회 경험도 없거니와 영어도 서툴고 심지어 운전면허도 없다는 것을 알게 되었다 (그곳은 대중교통이 없는 시골이다). 그들은 내가 영주권이나 시민권이 있는지도 묻지 않았다. 이 모든 것은 '큰 이의를 제기할 거리'가 될 수 있었다. 적어도 미국에 있는 한인 교회나 한국에 있는 교회라면 그랬을 것이다(실제로 유학생인 내 친구는 한인 교회 중고등부 전도사 면접에서 영어를 잘 못한다고 떨어졌다. 그런데 그다음 주에 비한인 교회에서 면접을 봤는데 영어를 잘한다고 합격되었다).

미국의 교인들이 나를 관대하게 포용하고 아껴줄 때마다 나는 한국에서 신학 공부할 때를 떠올리지 않을 수 없었다. 나는 중학교 때 소명을 받아 선교사가 되는 것이 꿈이었다. 그리고 부모님의 반대를 무릅쓰고 신학교에 입학해 홀로 추운 겨울을 여러 해 보냈다. 그렇게 어렵사리 입학했는데 여자라서 목사가 될 수 없다는 것을 알았을 땐 정말 황당했다. 그러나 가난과 여자 신학생이라는 두 가지 어려움 덕분에 공부를 더 열심히 했고 유학을 가게 되었다. 그리고 미국에서 여자 목사들을 보면서 그동안 묻어두었던 소명이 되살아나 학업과 더불어 목사 안수과정을 밟기 시작했다.

그런데 막상 안수과정을 통과하고 목회를 시작하게 되자 지금껏 공부한 것을 까먹으면 어쩌나 하는 이기적이며 어린애 같은 생각이 들었다. 동시에 목회 경험이 미지의 세계에 발을 내딛는 것이며 목회를 마친 후 나는 과거와는 아주 다른 인간이 되어 있을 거라고, 나는 더욱 풍부한 삶을 살게 될 거라 느꼈다. 그 느낌이 맞았다. 목회라는 '일'이 아니라 목회의 '파트너들, 교인들'이 나를 그렇게 만들어놓았다.

미국의 교인들은 "우리 같은 작은 시골 교회는 목사를 키워 보내는 곳"이라고 했다. 막 안수과정을 통과한 새내기 목사를 받아 시행착오를 통해 좋은 목사로 키워서 더 큰 곳으로 보내는 교회라는 것이다. 그들은 이것을 자조적으로 말하지 않고 자랑스레 말했다. 그리고 실제로 새내기 목사였던 나의 수많은 실수를 늘 감싸주었다.

나는 주일예배에 평균 50-60명이 출석하는 전형적인 시골의 작은 두 교회(한 곳은 175년, 다른 한 곳은 165년이 된 곳이다)에서 최초로 백인이 아닌 목사였다. 영어 발음도 좋지 않고 미국 문화도 잘 모르고, 여러 가지로 열악한 조건을 지닌 나를 은근히 싫어하는 사람들도 있었을 것이다. 그러나 나는 평소 좀 둔한 데다가 사람들이 다 나를 좋아한다고 생각하는 편이라서 나를 싫어하는 사람들이 있는 줄 잘 몰랐다. 나중에 알았는데, 미국 사람들은 좋아하는 경우에는 적극적으로 표현을 하고 싫어하는 경우에는 별말이 없다. 나는 나를 좋다고 표현하는 것이 전부인 줄 알고 침묵은 알아채지 못했기 때문에 사람들이 다 나를 좋아하는 줄 알았다. 이 긍정적인 착각이 목회 활동에 도움이 되긴 했다.

내가 목회하던 지역은 대도시인 뉴욕에서 북쪽으로 불과 두 시간여 떨어진 곳이었지만, 깊은 산과 저수지가 있고 너구리나 사슴이 뒤뜰까지 내려오는 데다 곰도 간혹 어슬렁거리는 시골이었다. 처음에는 그렇게 자연 속 그림 같은 집들과 풍경만 보였다. 그리고 미국 교회에서의 목회 일을 배우느라 늘 바빴다. 한인 교회만 다니다가 안수를 받고서 덜컥 비한인 교회를 맡게 되었으니 모르는 것투성이여서 걸핏하면 선배 목사님들께 전화해서 이것저것 물어보아야 했다. 그러다가 차츰 사회복지의 혜택을 받아야만 살아갈 수 있는 빈곤층이 보이기 시작했다. 그리고 부자든 가난한 이든 모든 사람에겐 인간으로서 피해 갈 수 없는 생로병사가 있다는 것을 알았다. 우리 교인들과 지역 사람들 또한 질병, 자녀문제, 부부갈등, 알코올과 가정폭력 등의 어려움을 겪고 있었다. 교인들은 주로 그 지역에서 아주 오랫동안 살아왔고 서로 사돈의 팔촌 사이였다. 그러다가 나는 우리 교인 중 약 10명이 동성애자임을 알게 되었다. 내 목회 활동을 후원한 동역자인 목회돌봄위원회의 회장이 내게 직접 말해주기도 했고 저절로 알게 되기도 했다. 이제부터 나는 내가 만난 동성애 교인들 중 내 목회의 중요한 파트너였던 데보라, 크리스틴 그리고 제니와 수잔에 대한 이야기를 해보려 한다.

지붕 위의 데보라

데보라는 교회의 재산관리위원회 위원이었고 직업은 사회복지사였다. 데보라는 지적이고 다정한 오십 대 여성으로 사회복지사라는 직업이 잘 어울렸다. 아마 목사를 했어도 잘 어울렸을 것이다. 내가 부임했을 당시 데보라는 몇 해 전에 이혼을 한 상태였다. 아들, 딸이 스무 살 안팎이 되었을 때 레즈비언인 자신의 성 정체성을 받아들이고 이혼을 했다고 한다.

내가 목사로 파견을 갔을 때 데보라에게는 사귀는 파트너가 있었다. 이혼한 남편은 목사관에서 대각선으로 바라보이는 건너편 집에 살았고 데보라는 옆 마을로 이사해 살고 있었다. 남편은 교인이 아니었고 데보라는 멀리 살지만 교회에 열심히 나오는 독실한 교인이었다. 데보라는 이혼한 남편과도 친구처럼 잘 지냈고 남편의 여자 친구와도 친구로 지냈다. 데보라는 또한 오빠의 전 부인이었던 해나와도 친하게 지냈다. 데보라의 오빠는 다른 도시에 살지만 해나는 우리 동네에 사는 교인이었다. 해나가 재혼해서 맞이한 남편 라벗도 우리 교회의 일꾼이었고 데보라는 라벗과도, 그리고 옛 사돈 식구과도 친하게 지냈다. 한마디로 말해서 우리 교인들은 이혼한 부부 사이든, 이혼으로 갈라진 시누, 올케, 사돈 사이든 서로 절친하게 지냈다. 이혼하면 완전히 남이 되는 게 정석인 한국문화 속에서 나고 자란 나는 이것이 참 좋아 보였고 교인들이 존경스러웠다.

데보라는 가냘픈 몸매였지만 재산관리위원회 위원의 힘든 소임을 멋지게 해냈다. 미국의 시골에는 화이트칼라 직장인이라도 직접 자신의 집을 지어서 건물 관리에 일가견이 있는 사람들이 많았다. 데보라도 그런 재능이 있었다. 내가 부임하기 전에 목사관 지붕을 새로 했는데 그때 데보라가 지붕 위에 올라가 단단히 한몫을 했다고 들었다. 사실 그때 지붕 위에 올라가 일한 여자들의 이름은 오랫동안 교회에서 회자되고 있었다. 그 때문인지 나는 데보라를 생각할 때마다 직접 보기라도 한 듯이 지붕 위에서 일하는 그녀의 모습이 떠오른다.

어느 주일 오후, 나는 집에서 낮잠을 자고 있었다. 주일날 두 교회의 예배와 행사를 모두 마치고 돌아오면 어찌나 피곤한지(더구나 예배 준비로 토요일 밤은 잠을 충분히 못 잔다) 나는 늦은 오후에 단잠을 잘 잤다. 그런데 그날따라 밖에서 무슨 소리가 나서 일어나보니 데보라가 마당의 낙엽을 갈퀴로 긁고 있었다. 목사관은 단풍나무와 활엽수로 둘러싸여 있어서 경치는 좋은데 낙엽을 치우는 일이 장난이 아니었다. 낙엽을 제때 치우지 않고 있다가 가을비라도 내리면 잔디가 죽는데 나는 때를 잘 놓치곤 했다. 낙엽을 치우고 잔디를 깎는 관리일은 교인들이 돌아가며 하기로 한 것이었지만 내가 사는 집인데 그 정도는 나름 치우고 싶었다. 그러나 번번이 때를 놓쳐 교인들 신세를 졌고, 사실 목사관에 전문적으로 잔디 깎는 기계와 낙엽 부는 기계가 없어서 교인들이 그때그때 기계를 싣고 와서 해결해주곤 했다.

내가 일어났을 때는 데보라가 벌써 낙엽을 산더미처럼 모아놓은 상태였다. 우리는 함께 그 산더미를 허물어가며 숲으로 옮겼다. 낙엽을 모으는 것도 힘들지만 쌓아놓은 더미를 커다란 비닐 깔개에 실어 숲에다 붓는 것도 일이었다. 작업을 마친 후 우리는 말끔해진 앞마당을 내다보며 차를 마셨다. 모아놓은 낙엽 아래 가끔 뱀이 있다는 이야기, 데보라가 소개해서 입양한 우리 고양이 '이뿐이' 이야기, 자녀들 이야기 등을 나누었다. 데보라는 그날 말고도 몇 번이나 그렇게 들러서 갈퀴질을 했다. 목회하면서 나는 가을을 여러 번 보냈고 그때마다 목사관에 찾아와 잔디를 깎거나 낙엽을 치워준 교인들이 많았다. 그러나 집에서 쉬고 싶은 휴일 오후에 혼자 목사관에 와서 낙엽을 치워주곤 했던 데보라가 지금도 가을이 되면 종종 떠오른다.

돌아보면 데보라는 나에게 좋은 말동무였다. 회의 때 이야기를 나누는 것 말고도 시골길에서 운전하고 가다가 서로 알아보고는 차를 세운 후 한참 수다를 떨다 헤어진 적도 있고, 마트에서 만나 이야기꽃을 피우기도 했다. 심방처럼 일을 함께하는 목회 파트너들은 많았지만 이야기가 잘 통하는 동무는 적었는데 데보라는 나와 마음이 맞는 상대였다.

한번은 주일 오후에 둘이 강단에 앉아서 신나게 이야기를 나눈 적이 있었다. 직장과 행복에 관한 내용이었다. 데보라의 직장에서 행복도와 만족도 조사를 했는데 전 직원 중 안내석에서 일하는 고졸인 스무 살 여성의 행복도가 가장 높게 나왔다고 말했다. 그러면서 수입과 행복은 반드시 비례하지 않는다고, 자신은 요즘 약간 덜 행복하다고 이야기했던 것이 생각난다. 그러다가 무슨 이야기 끝엔가 내가 "나는 영어가 부족하다"는 말을 했다. 그랬더니 데보라는 놀라며 "어머, 여니. 나는 네가 아시아인이라는 것을 완전히 까먹고 있었어"라고 말했다. 그 말에 정작 내가 놀랐다. 두 시간여의 대화 내내 계속해서 억센 억양으로 말하는 이 아시아인의 얼굴을 보면서 불완전한 영어 발음과 인종 차이를 의식하지 못하고 그냥 한 인간으로 보았다는 말이지 않은가. 데보라는 그런 사람이었다. 그리고 우리 교인들 대부분이 그랬다.

피부미인 크리스틴

크리스틴은 피부가 유난히 하얗고 투명한 이십 대 젊은 여성이었다. 그녀는 다른 도시에서 대학을 다닌 후 고향에 돌아와 대체교사 일을 시작했다. 고향에 돌아왔다지만 부모님과 함께 사는 것은 아니었고, 부모님 집에서 그리 멀지 않은 곳에 방을 얻어 독립했다.

크리스틴은 우리 교인 중 가장 조용한 사람이었을 것이다. 말이 많고 쾌활한 어머니를 닮지 않고 과묵한 아버지를 닮았다. 그렇지만 교회 활동에서는 활발한 어머니를 닮았다. 크리스틴과 어머니인 메리는 교회학교 교사, 성가대원, 위원회 위원 등으로 교회 일에 열심이었다. 크리스틴의 가족 또한 자랑스러운 교인들이었다. 크리스틴 가족은 해마다 여름이면 한 장애인 단체의 장애인들을 가까운 캠프장에 초대하여 캠프를 열었다. 크리스틴네는 캠프의 비용을 대고 자원활동가들을 모아 직접 짠 커리큘럼을 진행했다. 나도 방문하여 순서를 맡아 진행한 적이 있는데, 목사인 내가 한 일은 적었고 크리스틴의 부모님과 동생들, 교회학교 교사들이 며칠 동안 장애인들의 수족을 자청하며 캠프를 이끌었다.

크리스틴의 어머니인 메리가 스팀 청소기를 구입했다며 자랑한 것이 생각난다. 메리가 모시고 사는 시어머니는 치매 초기였는데 카펫 위에 실수를 하시면 스팀 청소기가 일을 아주 쉽게 해준다는 것이었다. 학교 교사로 일하랴, 보통 미국 가정답지 않게 시어머니 모시랴, 수많은 역할을 하면서도 가족과 더불어 장애인 캠프를 주관하는 메리를 생각하면 참으로 자랑스럽고 고마웠다.

크리스틴은 그런 어머니의 딸다웠다. 크리스틴은 말수가 적어 무척 조용했지만 그녀가 없으면 금세 빈자리를 느끼게 하는 사람이었다. 가장 맑고 환한 미소로 진지하게 대화에 집중하는 사람이었기 때문이다. 또한 아이들이 가장 안기고 싶어 하는 따뜻하고 부드러운 품을 가진 인기 교사였다. 크리스틴은 내세우지 않으면서도 자신이 맡은 일을 똑 부러지게 해냈다. 우리 집에 올 땐 빈손으로 오는 법이 없었다. 자신이 직접 만든 음식이나 스텐실 공예 같은 소품을 가져왔다. 이십 대의 젊은 여성이 참 단단하다 싶었다.

크리스틴은 고양이를 처음 입양한 내게 고양이와 사는 법, 소통하는 법 등을 가르쳐주었다. 교훈을 주려면 사건이 일어났을 때 하고, 코가 민감하니 콧등을 손끝으로 살짝 치면서 말하라고 했다. 그녀의 할머니가 농장에서 사실 때 자연번식을 하는 고양이를 수백 마리 키웠는데 모두 개성이 다르다고 했단다. 사실 그때 나는 고양이를 개 다루듯 하며 시행착오를 겪고 있었고, 고양이를 훈련 명목으로 괴롭히기도 했었다. 그 때문에 나중에 우리 고양이 이뿐이에게 눈물로 사과하고 하나님께 회개기도도 했다. 크리스틴은 자신의 성 정체성을 아는 가족과 교회의 사랑과 지지 속에 자라나 부드러운 카리스마를 가지고 있는 여성이었고 어른들에게 인정받는 젊은 지도자였다.

특별한 가족, 제니와 수

내 목회의 동성애자 파트너들 중에서도 가장 많은 에피소드를 남긴 사람은 제니다. 제니는 한국 교회의 기획위원회에 해당하는 목회상조

위원회의 위원 중 한 사람으로 내가 교회에 처음 인터뷰하러 갔을 때 만났다. 제니가 나중에 말하기를 함께 들어서는 우리 부부를 보면서 '저 둘 중에 누가 우리의 목사일까' 하고 생각했다고 했다. 성차별이 없는 이 말이 인상적이었다. 그때 남편은 양복을 입었고 나는 주황색 원피스를 입고 있었다. 한국 교회라면 당연히 남자가 목사고 그 옆에 원피스를 입은 여자가 사모라고 생각했을 것이다.

우리 교회의 예배시간은 목사만 혼자 말하는 시간이 아니었다. 가끔씩 회중에서 목사의 말을 받아치는 목소리가 터져 나왔다. 한국 교인들처럼 "아멘!"만 하는 것이 아니라 동의하거나 웃거나 하면서 크게 말하기도 했다. 광고시간에도 한 사람이 일방적으로 알리는 말을 전하는 것이 아니라 회중에서 사람들이 큰 소리로 말을 주고받는 식이었다. 그 중에서 제니는 목소리가 크고 유머가 풍부하며 가장 크게 웃는 사람이었다.

한번은 제니가 이렇게 광고했다. "이번 주 금요일이 우리 이모와 이모부 결혼기념일입니다. 축하하기 위해서 식당을 예약했으니 많이 와주시기 바랍니다. 그런데 식당은 두 군데로 따로 예약했습니다." 그러자 교인들이 와 하고 웃었다. 두 분은 평소에 모든 것을 따로 하시는 것으로 유명했기 때문에 교인들은 이런 유머를 알아들었다. 그 두 분은 각각 판사, 우체국장으로 일하다가 은퇴했고 교회 일에 열심인 분들인데 그날도 출석하여 따로 앉아 계셨다.

제니는 175년의 교회 역사상 최초의 아시아인 목사였던 내가 백인

지역의 교회에서 목회하면서 무슨 어려움이라도 있을까봐 나를 열심히 감싸준 사람이었다. 175주년 기념예배 때 일이다. 제니는 교회학교 어린이들에게 "Jesus loves me this I know예수 사랑 하심은"를 한국어로 가르쳐 노래하게 한 적이 있었다. 어린이들이 한국어로 노래 연습을 하고 있다는 것을 몰랐던 나는 기념예배 때 감동의 눈물을 펑펑 흘렸다.

또 한 번은 광고시간에 제니가 단상에 서 있는 나를 두고 회중에서 쉴 새 없이 칭찬을 쏟아낸 적이 있었다. 참으로 당황스러운 순간이었다. 말을 자르려고 몇 번이나 시도했지만 소용없었다. 제니가 말을 마친 후 내가 대구했다. "제니, 너무 당황스러워요. 이렇게 100명 이하가 있는 곳에서는 칭찬하지 마세요"라고. 다행히 사람들이 웃어주어서 난감함을 모면했다. 이렇게 제니는 재기 발랄하고 위트 넘치게 새내기 목사인 나를 열심히 지지해주었다.

미국의 시골마을 교회에서 나는 성숙한 교인들, 존경스러운 기독교인들을 많이 보았다. 그들은 교회에서 맡은 일 말고도 지역사회에서 자신이 할 일을 스스로 찾아서 사역을 했다. 제니는 미술가로서 작품 전시회를 하고 작품을 팔아 꽤 부유했다. 제니는 교회에서 성가대원, 교회학교 교사, 기획위원회 위원, 제직회 임원 등으로 맡은 일도 많았지만 지역사회를 위해서도 열심이었다. 그녀가 한 일 중 가장 감동스러웠던 것은 주로 이십 대인 젊은이, 대학생을 위한 AAAlcoholics Anonymous, 알코올중독방지회 모임을 시작한 것이다. 제니는 그 모임을 준비하면서 나에게 기도를 부탁했다. 첫 모임후 제니는 내게 AA가 필요해서 찾아온 젊은이들이 그 작은 지역에서 수십 명이나 되어서 깜짝 놀랐다고 했다. 그때까지 성인을 위한 AA는 있었지만 나이 어린 젊은이들을 위한 AA는 아무도 만들려 하지 않은 것이다. 제니는 아무도 하지 않았던 중요한 일을 자신의 시간과 에너지를 들여 시작하고 이끌었던 것이다.

제니는 성 정체성에 관한 고민 때문에 참 어려운 사춘기와 젊은 시절을 보냈다고 했다. 자살을 시도했고 술에 절어 살면서 삶을 포기하기도 했다고……. 제니는 여전히 AA 모임에 나가고 있었다. AA를 위해서 우리 교회가 할 수 있었던 것은 일주일에 하루 저녁 교회를 빌려주고 그들의 익명성을 보장하기 위해 그 시간에는 교회 근처에 얼씬도 하지 않는 것이었다. 그리고 크리스마스 때면 카드와 함께 구운 과자를 차려놓는 일 정도였다. 제니는 지역사회의 이십 대 젊은이들에게 알코올 문제가 있다는 것을 알고 그들을 위해 AA 사역을 시작한 것이다. 이 때문에 제니는 더욱 바빠졌고, 교회 행사보다 AA 사역을 더 우선시했지만 교인들은 그런 제니를 자랑스러워했고 적극 지지했다.

우리 교회는 작은 규모였지만 제니와 같은 열성적인 교인들이 많았고 그들의 사회적 활동 또한 일일이 나열하기 어려울 만큼 많았다. 한국식 교회 생활을 오래 한 나는 목사로서 '어휴, 그 돈과 노력을 교회에 쏟아주면 좋으련만' 하는 생각이 들기도 했다. 그러나 나는 이런 교인들 때문에 교회가 교인들만의 교회가 아닌 지역의 교회가 되었다는 것을 알았다. 비록 미국 사회 내 교회의 영향력은 줄었지만 기독교가 여전히 큰 신뢰를 받고 있는 것은 바로 이런 점 때문일 것이다.

내가 부임하고 나서 얼마 안 되어 제니에게 파트너가 생겼다. 덩치도 크고 터프한 제니와는 달리 제니의 파트너인 수잔은 말과 행동이 조용하고 음식 솜씨와 옷맵시가 빼어난 멋쟁이였다. 둘이 만나고 나서 얼마나 지났을까, 제니가 나를 집으로 초대해 함께 차를 마시며 이야기를 나눈 적이 있다. 그때 제니는 지난 주간에 수잔과 유니온^{결혼} 예식을 했다고 했다. 연합감리교회에서 동성애 교인은 모든 교인과 동등한 권리를 누린다. 그러나 목사는 교회 안에서든 밖에서든 동성애 결혼을 주례할 수 없다는 교회법이 있다. 제니는 이것을 알고 있기 때문에 나를 곤란하게 하고 싶지 않아서 주례를 부탁하지 않았다고 했다. 대신 존경하는 노부부와 함께 이웃 도시로 함께 여행을 갔고, 그분들이 반지를 교환하는 예식을 진행해주었다고 했다. 나는 제니에게 축하한다고 말했다. 그리고 집에 돌아오자마자 기도 탁자 앞에 앉아 슬픔에 휩싸여 울었다. 우리 교회에서 가장 헌신적인 사람이자 내가 지금껏 만난 가장 멋진 기독교인 중 한 사람인 제니가 일생 중 가장 소중한 경험인 결혼식을 했다. 그런데 목사인 내가 아무것도 할 수 없다니…… . 교회가 원망스러웠다. 미성숙한 인간의 제도와 무력한 내가 원망스러웠다. 교회를 원망하지 않고 교회를 품는 제니의 큰 사랑이 그저 고맙고 하염없이 미안했다.

몇 주 후에 제니네가 사람들을 초청하여 정원에서 크게 결혼 잔치를 벌였다. 교인들은 물론 지역사회의 사람들이 많이 와 북적이는 잔치였다. 수잔은 맘껏 음식 솜씨를 자랑했다. 맛난 음식과 왁자지껄한 웃음 속에서 나의 상처가 조금 아물었다. 제니와 수잔의 상처도 좀 어루만져졌을 것이다.

5년간의 목회를 마치고 그곳을 떠나게 되었을 때 나는 자전거를 타고 제니네로 마지막 심방을 갔다. 처음에 부임했을 때 운전면허가 없어서 자전거로 심방을 했는데, 그때 처음 간 집 역시 제니네였다. 나는 그동안 타던 자전거를 제니에게 선물로 주었다. 그리고 돌아오는 길에 제니의 집과 교회 사이에 있는 묘지에 들렀다. 부활절 새벽마다 온 교인이 모여 예배하던 동네 묘지였다. 나는 5년간 서른 번이 넘는 장례를 집전하며 많은 분을 이 묘지에 모셨다. 그래서 모두에게 인사를 하고 싶었다. 참 이상하게도 지금 내 기억 속에는 누가 죽고 누가 살았는지 불분명하다. 내가 사랑한 그분들이 내 가슴속에 생생히 살아 있기 때문일 것이다. 나는 노을이 곱게 지는 하늘을 보며 인사했다.

"안녕 내 사랑, 내 교회, 내 파트너들이여."

가장 큰 계명은 '사랑'

나의 서툰 목회를 구한 것은 사랑이었다. 평생 학교만 다닌 삼십 대의 미성숙한 인간이 인간사 전부를 포괄하는 목회를 한다는 것 자체가 사실 실수투성이가 될 수밖에 없는 일이었다(그래서 목사의 이임 예배문에는 목사의 실수와 부족함을 하나님과 교인들 앞에서 고백하고 용서를 비는 순서가 포함되어 있다).

내가 섬기는 동안 우리 교회의 신입 교인 수, 교회학교 출석자 수 등 다섯 부문에 진전이 있어 우리 교회는 연회로부터 목회상을 받기도 했다. 그러나 교회를 떠나게 되자 그간 잘했던 일보다 실수가 더욱 떠올랐다. 지금도 그때의 부족했던 점이 떠오르면 민망하다. 그러니 나의 부족함을 사랑과 따뜻함, 배려와 친절로 메워준 교인들이 얼마나 존경스럽고 고마웠겠는가.

데보라와 크리스틴, 그리고 제니와 수잔 같은 성숙하고 따뜻한 사람들과 더불어 목회를 했다는 것은 내겐 커다란 축복이었다. 이 글을 쓰면서도 고맙고 사랑하고 그리운 마음에 몇 번이나 눈물이 났는지 모른다. 그들을 만나 흠뻑 사랑하고 기뻐하며 살 수 있었던 기회를 주신 하나님께 다시금 감사한다.

사랑은 모든 것을 뛰어넘는다. 하나님의 크신 사랑, 예수님이 가르쳐주신 사랑은 동성애와 이성애를 넘는 사랑이다. 사랑은 그저 사랑일 뿐이다. 사랑은 크고 넓어 가끔 인간의 이해를 초월한다.

새내기 목사, 동성애 교인들과 사랑에 빠지다

동 성 애 !
낯 선 경 계 의 선 을 넘 어

고 성 기

　　우리나라 속담에 '배운 도둑질 같다'는 말이 있다. 어떤 일들을 습관처럼 하는 모습을 볼 때 쓰는 말이다. 배운 게 도둑질이라고 지금의 나는 동성애를 말할 수밖에 없다. 한국 사회에서 목사로 살아간다는 것은 쉬운 일이기도 하고 어려운 일이기도 하다. 사람을 좋아하는 나에게는 사람들이 모이는 교회에서 많은 시간을 보내는 것만으로도 이보다 즐겁고 쉬운 일이 없다. 하지만 한국 교회의 배타성과 억압, 차별에 안타까워하고 때로 분노를 느낄 때면 목사로 산다는 것이 참으로 어려운 일이란 것을 절감하기도 한다.

한국 기독교인 대부분은 동성애를 매우 낯설게 느낀다. 왜 그럴까? 동성애에 대한 낯섦이 유전자에 내재되어 있는 걸까? 절대 아니다. 교육과 강요 때문이다. 사회와 종교, 국가가 나서서 성소수자들에게 낯선 경계의 선을 그어놓고 색을 덧칠했기 때문이다. 이 낯선 경계의 선은 동성애 혐오증까지 낳았다. 기득권이 그어놓은 이 낯선 경계의 선 위에서 동성애자를 비롯한 수많은 생명이 눈물을 흘리고 있다.

낯선 사선을 긋는 기독교

고등학생 시절의 나는 친한 친구들이 교회에 가자고 하면 기분이 좋았다. 마냥 좋아 쫓아간 교회에서 신과 인간에 대해 이야기를 들었다. 그리고 인간은 신으로부터 창조되어 평등하다는 진리를 머리와 가슴으로 배웠다. 신이 모든 인간을 사랑한다는 말에는 어떠한 조건도 붙지 않았다. 한 인간의 모습 그대로를 받아주고 이해해주며 사랑해주는 신을 경험했다. 내가 경험한 예수는 누군가를 미워하거나 증오하는 마음까지도 살인이라 말하고 실천하며 살았다.

옛사람들에게 말하기를 '살인하지 말아라. 누구든지 살인하는 사람은 재판을 받아야 할 것이다' 한 것을 너희는 들었다. 그러나 나는 너희에게 말한다. 자기 형제나 자매에게 성내는 사람은, 누구나 심판을 받는다. 자기 형제나 자매에게 얼간이라고 말하는 사람은, 누구나 공의회에 불려갈 것이요, 또 바보라고 말하는 사람은 지옥 불 속에 던져질 것이다.

마태복음 5장 21-22절

예수의 가르침은 너무나도 명백하다. 말과 행동에서 누군가를 미워하거나 성내는 것, 무시하고 싫어하는 것을 철저하게 부정하고 살았던 예수의 모습은 한 인간으로서 매력적이다. 그러나 교회는 내게 사람을 차별하게 만들었다. 나에게 친절한 사람들, 즉 내가 가진 교리를 따르는 충실한 사람들과 교회당에 다니는 이에게 호의적인 사람들을 좋아하게 만든 것이다. 그리고 죄라고 그어놓은 선 밖에 있는 모든 사람을 동정의 대상, 심판의 대상, 증오의 대상으로 보게 했다.

내가 어렸을 적 다니던 교회는 장로교회였다. 그 교회에서는 매년 1~2회씩 2박 3일 내지는 3박 4일 동안 부흥회를 했는데, 그때 부흥강사는 노래방, 당구장 등 유흥시설을 드나드는 것은 죄라고 교육했다. 심지어 대중가요를 부르는 것조차 허용하지 않았다. 당시 내 눈에는 부흥강사로 오신 목사님들의 불룩 튀어나온 배마저 신령스럽게 보였다. 그들의 말에 긍정하고도 남을 종교 현상이 나타났기 때문이다. 부흥강사는 다양한 문화에 대한 배타적인 내용의 설교를 했는데 신비한 방언황홀 상태에서 성령에 의해 말해진다는, 내용을 알 수 없는 말과 **신유**병을 고치는 기적가 곁들여지니 눈먼 초심자에게는 절대적으로 들릴 수밖에 없었다. 그러다 보니 이 세상의 다양한 인종과 문화, 종교, 성과 성적 지향에 대한 이해와 포용은 철저하게 유린당하고 거세되었다.

모든 인간을 평등하게 대하고 미움도 증오도 없이 살아가라는 예수의 가르침은 역사상 종교 지도자들에 의해 먹음직스럽게 포장되곤 했다. 마녀사냥이 그 예다. 인간이 인간을 정죄하는 역사 속에는 탐욕과 살인이 동반되고 정당화되는데, 마녀사냥에는 종교인들의 힘이 더해졌다.[1] 마녀로 낙인찍힌 그녀들의 재산은 고문관들에게 상금으로 주어졌고 지배자들이 나누어 가졌다[2]. 탐욕으로 시작된 폭력은 살인을 끝으로 막을 내린다. 종교 지도자들의 권력에 의해 나무에 매달리고, 손발이 묶인 채 물속에 던져져 살해당한 중세의 여인들은 힘겹게 살아가던 촌 아낙네들이었다.

중세 유럽 교회가 촌 아낙네들을 마녀로 정죄하던 모습이, 오늘날 책상 앞에 앉아 한 인간에 대한 배타적이고 오만한 설교를 작성하는 한국의 기독교 목사들에게서도 보이는 것은 왜일까? 한국기독교총연합회이하 한기총는 2004년에 국가인권위원회가 "동성애 사이트는 유해 매체가 아니다"라고 밝혔을 때 이는 기독교 도덕윤리를 거스르는 일이라며 강한 유감을 표시했다. 그 후 현재까지 한기총은 한국 사회의 동성애

1_ 로마 교황인 인노켄티우스 8세의 교서에 의해 마녀사냥 재판이 정당화되어 '마녀 식별법' 이라는 것도 고안되었다.
2_ 조찬선, 『기독교 죄악사: 하』(2000), 56~83쪽.

관련 법안과 문화에 대해 심한 거부감과 혐오감을 나타내고 있다. 한국 기독교 내의 동성애 혐오가 어디에서 비롯되고 있는지는 삼척동자도 알 것이다. 성소수자에 대한 기독교의 철저한 정죄가 자신들의 면죄부처럼 여겨지고 있기 때문이다. 배타적 기독교인들의 폭력의 칼은 윤리로 덧칠해져 신의 이름으로 성소수자들을 겨누고 있다.

단체나 집단의 지도자가 가진 잘못된 철학과 신념, 신앙이 그 공동체에 얼마나 큰 영향을 미치는지 우리는 경험을 통해 익히 알고 있다. 과거 언론이 군부독재 정부가 국민을 위한 통치를 하고 있다고 했을 때 우리는 언론을 통해 들려오는 목소리와 사진이 진실인 줄 알았다. 통제되고 억압된 사회의 모습이 군사 정부에 의해 철저하게 포장되고 왜곡되어 전해진 것이다. 권력과 언론의 유착은 진실을 왜곡시켜 무지한 국민들을 눈멀게 하고 진흙구덩이에 빠뜨린다.

내가 살던 동네는 그 흔한 대학생 농활도 없던 깊은 산골짜기라 군사 정부의 부정과 부패로 얼룩진 폭력을 전해 듣지도 못했다. 더구나 어린 내게는 무엇이 진실인지 누구도 말해주지 않았다. 중학생 때 어떤 선생님이 한 말을 나는 지금도 잊지 못한다. 학생들을 운동장에 앉혀놓고 그 선생님이 말씀하시길 "데모하는 젊은것들은 총으로 다 쏴 죽여야 한다"는 것이었다. 왜 그래야 하는지 의아했지만 선생님의 권위는 의문을 품지 못하게 했다. 그때가 1985년쯤이니 전두환의 망령이 한반도를 떠돌 때였다. 민주화를 위해 소리를 내고 온몸으로 군부를 막아섰던 대학생들과 민주열사들을 선생님은 그렇게 매도했고, 열다섯 살짜리 중학생들 앞에서도 폭력의 말을 아끼지 않았다. '눈먼 이가 눈먼 이를 인도하면 둘 다 구덩이에 빠진다'고 성서는 말한다. 옳은 길을 생각하지 못하고, 보고도 모른 척하는 지도자 밑에서 사는 삶이 란 안타깝고 서글픈 일이다.

교회 내에서 눈먼 이가 눈먼 이를 인도하는 생각과 설교는 비일비 재했다. 기독교 지도자들은 자신들의 성서 해석에 맞지 않거나 윤리를 벗어난 문화, 사람들을 보면 정죄하고 혐오했다. 창세기에 나오는 노 아의 홍수 사건 이후에 일어난 일을 가지고 인종차별적인 설교를 한 것을 그 예로 들 수 있다.

하나님께서 세상에 죄가 가득 차서 물로 심판하시기로 작정하 셨는데, 노아와 그의 가족이 방주를 만들어 세상의 모든 호흡하 는 동물 한 쌍을 데리고 이 방주에 타서 심판을 면했다. 온 땅을 덮었던 물이 빠지자 노아와 그의 가족은 포도나무를 심어 포도 를 수확했다. 노아는 포도주를 만들어 마시고 취하여 옷도 입지 않은 채 잠이 들었다. 그에게는 셈, 함, 야벳이라는 세 아들이 있 었는데 둘째 아들 함이 그런 아버지의 모습을 비웃었다. 노아는 잠이 깬 후 둘째 아들 함이 자신의 벗은 모습을 비웃었다는 것 을 알고는 함의 아들 가나안에게 야벳의 종의 종이 될 것이라 고 저주를 내린다.

창세기 6-10장 요약

이 성서 본문을 가지고 백인 목사들은 함의 아들인 가나안의 후손은 흑인이라 하며 자신들의 노예 제도를 종교적으로 정당화했다. 미국 청교도 목사들의 영향을 받은 한국 목사들은 이러한 성서 해석을 여과 없이 받아들였고, 인종차별적인 성서 해석과 설교를 한국 교회에 적용했다. 그리고 한국 기독교인들은 목사들의 설교가 하나님의 말씀인 양 받아들였다. 나 역시 일부지만 그런 설교를 들었고 영향을 받았다.

동성애에 관한 것도 마찬가지다. 많은 기독교 지도자들의 편협한, 기득권 중심의 성서 해석과 설교는 한국 기독교 내에서 심한 인권유린을 하고 있다. 인권과 인간의 몸에 대한 깊은 성찰과 고민 없이 임의대로 생각하고, 말하고, 단합해 폭력을 행사하고 있다. 나 또한 동성애에 대해 깊이 고민하거나 그들을 만난 적이 없었을 때는 정죄를 넘어 혐오하기까지 했다. 교회 안에서 그래야 된다고, 그렇게 해야만 한다고 철저하게 교육받은 탓이지만 돌이켜보면 낯 뜨거운 일이다. 마치 함의 아들 가나안이 할아버지 노아에게 저주를 받아 흑인이 되었고, 따라서 흑인이 백인의 노예가 되는 것이 당연하다고 믿었던 어리석은 모습을 보는 것과 같다.

성소수자들에 대한 정죄의 사선은 얇아지지 않고 뚜렷하게 남아 한국 기독교인들에게 편견과 오만의 선을 그어놓고 있다. 내가 10여 년 전 교회에서 사역을 하고 있을 당시 한 남성 교인으로부터 상담 요청을 받은 적이 있다. 사십 대 중반이었던 그는 내게 삶의 경험이 깊이 있게 묻어난 고민들을 털어놓았다. 한참을 이야기하는데 그가 내 손을 잡고 말을 이어갔다. 그러다 "나는 이성에게 매력이 없는 듯하다"는 말을 했다. 이성을 소개받아 만나보아도 그리 매력을 못 느끼는데 동성에게 왠지 마음이 끌리고 좋은 감정이 생긴다는 것이다. 나에게 커밍아웃을 해온 것이다. 순간 나의 몸은 머리부터 발끝까지 지금껏 느껴보지 못한 낯섦으로 가득 찼다. 그가 내 생애 처음 만난 성소수자였다. 나름 신학과 종교학을 공부하며 자유와 평등을 이야기하고 실천하고 있다고 자부하던 내가, 성소수자라는 낯선 몸이 다가왔을 때 비로소 내 자신이 얼마나 편견과 오만으로 가득했는지 알게 된 것이다. 동성애를 느낀다는 그의 말을 듣고 난 후부터 나는 그와 악수를 하는 단순한 스킨십만으로도 온몸에 거부감이 번지는 것을 느꼈다.

하나님을 만나는 경험을 하고, 신은 살아 계시다고 말하고, 모든 인간은 신의 형상과 모양을 가지고 있다고 전도하던 나의 신앙이 얼마나 치졸하게 느껴졌는지 모른다. 동성애를 정죄하는 기독교인은 이것이 당연하다고 말할지 모르지만, 예수가 인간에게 주는 자유와 차별 없는 사랑, 정의를 고민하던 나로서는 받아들일 수 없는 낯선 느낌이었다. 지금껏 사회와 교회가 내게 심은 낯섦과 편견이 신학과 신앙에 남아 몸으로 반영된 것이다. 인문학을 공부하며 동성애 비평이론을 접한 후 다양한 성에 대해 고민하며 동성애에 대해 마음을 열었다고 하지만, 동성애자와의 첫 대면을 통해 낯선 사선이 그어진 나를 발견하게 되었고 한국 기독교 안에 이것이 얼마나 깊은 뿌리를 가지고 있는지 새삼 알게 된 것이다. 이성을 사랑하는 자신은 축복이라 하면서 동성을 사랑하는 사람들에게는 공동체의 빈자리 하나도 내어주지 않는, 동성애를 반대하는 대다수의 한국 기독교인 끝에 내가 서 있었던 것이다.

기독교인의 신앙과 문화에 그어진 성소수자에 대한 배타와 편견의 경계를 넘는 것은 한 인간에 대한 평등과 자유, 구원에 대한 문제다. 어떤 이들은 자신의 성적 지향을 가지고 다른 사람을 정죄하고 환자 취급하며, 교리를 들먹이고 종교의 구원 밖으로 밀어내는 일들을 서슴지 않고 있다. 종교적 윤리가 만들어낸 편견과 오만으로 한 인간에게 헤어 나오기 힘든 죽음의 경계선을 긋는 일은 심각한 인권유린에 해당하는 범죄임을 주지해야 한다.

낯선 경계의 선을 넘어

성소수자를 무속인과 동일한 낯선 시선으로 바라보는 기독교인들이 많다. 그러나 한국 기독교 형태를 유심히 살펴보면 무속이 혼합되어 있는 것을 알 수 있다. 예언의 은사를 받았다고 하며 신자의 미래를 예지하는 기독교인들이 그 예다. 점쟁이들이 미래를 점치는 것과 별반 다른 것이 아니다. 주일 예배에 빠지거나 십일조 헌금을 하지 않으면 하나님께 벌을 받거나 손해를 볼 것이라 생각하고 조마조마해하는 사람들도 있다. 이는 부적을 몸에 지니고 다니지 않으면 액운이 따른다고 믿는 미신적인 신앙의 형태다.

어린 내가 교회 안에서 무속에 대해 배운 것은 무당은 사탄의 종이며 많은 사람을 유혹해 사탄에 빠지게 한다는 내용이었다. 고등학생 시절 이웃 동네에 무속인이 살고 있었는데 무속인이라는 점을 빼면 그녀는 그저 여느 가정의 평범한 어머니였다. 그러나 배타적인 기독교 신앙을 교육 받은 나로서는 친구의 어머니를 평범하게 볼 수가 없다. 그래서 교회 가는 길에 행여 그녀와 마주치면 왠지 으스스하고 혐오스러워 눈을 피하곤 했다. 누군가를 향해 폭력적인 시선을 던지던 어린 시절의 내 모습은 지금도 잊을 수가 없다.

무속인에 대한, 한 인간의 인권과 생명에 대한 배타적인 생각과 폭력적인 마음이 얼마나 어리석은 것인가를 깨닫게 된 때가 있었다. 2001년도쯤 가톨릭 대학원 종교학과 공부를 위한 자료 수집을 위해 강릉 단오제에 참여한 적이 있었다. 민속 축제와 더불어 무속인들의 굿판이 행사 기간 내내 행해졌고, 나는 무속인들의 굿판 앞에서 2박 3일 동안 앉아 녹취하는 역할을 맡았다. 무속인에 대한 생명의 존엄성과 다양한 삶의 양식, 자유와 선택에 대해 몸으로 느끼지 못하던 시절이었기 때문에 그 자리가 많이 어색하고 낯설었다. 그러나 시간이 지날수록 무속인들의 목소리와 노래가 친근하게 들려오기 시작했고, 그들의 굿판에서 들려오는 이야기에 내 몸은 반응하기 시작했다. 굿판에 둘러앉아 무속인들의 장단에 웃고 우는 사람들을 만나 이야기하며, 그들을 이해하기 시작하면서 그동안 기득권 종교의 오만과 편견으로 가득했던 거짓의 탈을 벗게 되었다. 인간을 인간으로 보지 못하고 생명을 생명으로 인식하지 못했던 어리석고 어두운 눈꺼풀이 벗겨지는 순간, 그토록 혐오하던 무속인이 나와 동일한 인간으로 보이기 시작했다. 내게 무속인들은 더 이상 사탄의 종이나 사람들을 유혹해 지옥불에 들어가게 하는 악마의 자식이 아니었다. 그들은 이전부터 나와 같은 몸과 삶을 가지고 애달프게 살아가는 인간이었다. 다만 나의 편견과 오만이 그것을 보지 못하게 했던 것뿐이었다.

몸과 몸이 만났을 때 진실은 눈을 뜬다. 손바닥으로 하늘이 가려지지 않듯 인간이 인간으로 존재하는 것은 변함이 없다. 교리와 신의 이름으로 누군가를 자신과 다른 인간이라 말하며 차별하고 억압해도 진실은 사라지지 않는다. 성소수자를 이성애자인 자신과 전혀 다른 사람이라 생각하고 외쳐도 한 인간에게 존재하는 인권과 자유, 평등은 엄연한 사실인 것이다.

"너는 동성에게 성적인 느낌을 받은 적이 한 번이라도 있느냐?"

언젠가 이런 질문을 받은 적이 있다. 순간 고민이 되었다. 왜냐하면 초등학교, 중학교, 고등학교, 군대, 대학교, 대학원에 있을 때 동성 친구들이 슬그머니 와서 스킨십을 할 때 묘한 감정을 느낀 적이 있었기 때문이다. 내가 성소수자라는 생각은 해보지 않았지만 서로 스킨십을 하며 웃고 넘겼던 순간들이 기억에 남아 있었다. 대한민국 남성이라면 한두 번쯤은 이런 경험이 있을 것이다.

우리들 마음속에는 대게 여성과 남성이라는 분리, 더 나아가 여성은 남성에게, 남성은 여성에게만 성적인 느낌을 가지고 있어야 한다는 엄한 경계선이 자리하고 있다. 남성과 여성을 분리하는 경계선은 어디서부터 시작된 것일까? 그것은 가부장 사회의 문화 속에서 형성되었다. 남성과 여성에 대한 이원론적인 사고는 남성들에게 지배욕을 낳게 했고, 여성보다 자신의 성이 우월하다고 여기게 했다. 이러한 가부장적 문화 속에서 성에 대한 오해와 편견, 배타성이 자라났다. 자신의 몸이 여성인가 남성인가가 중요한 것이 아니라 여성이든 남성이든 인간이라는 동일한 몸을 가지고 있다는 것이 중요하다. 이성애자냐 동성애자냐 구분 짓기 전에, 인간의 몸과 몸이 만나 사랑을 하며 살아갈 때 어떤 관계로 만나야 할지 생각해보아야 한다.

예수께서 하나님 나라를 전파하실 때 종교·정치 지도자, 가부장 문화의 남성인 사두개인들이 찾아와 부활에 대해 물었다. 그들은 한 여자가 일곱 번 결혼을 했는데 부활 후 그 여자는 남편들 중 누구의 부인이 되느냐고 말이다. 그들이 던진 질문에는 자신들의 가부장 문화를 영원히 간직하고 이어가고 싶은, 여성을 지배하고 소유하고 싶은 욕망이 드러나 있다. 이에 대해 예수께서는 "부활 때에는 장가도 아니 가고 시집도 아니 가고 하늘에 있는 천사들과 같으니라^{마태복음 20장 30절}"라고 하시며 부활의 몸에는 성별에 따른 차별이 전혀 없다고 단호하게 말씀하셨다. 지금 우리가 살고 있는 땅에서 어떤 인간이 이성애자 혹은 동성애자로 살아가는 것이 옳고 그른지 이야기하는 것은 사두개인들의 질문과 동일하다. 누군가 "이성애와 동성애 중 무엇이 옳은 사랑입니까?"라고 질문을 한다면 예수께서는 서로에 대한 지배와 소유가 없는 순수한 사랑이 옳은 것이라고 말씀하실 것이다.

나는 성소수자들에 대한 생각과 신앙을 현재 내가 속한 성문밖공동체를 통해 바꿀 수 있었다. 우리 공동체는 모든 사람을 향해 열려 있는 마음을 가지고 있다. 공동체에 있는 어떤 사람도 소외 당하지 않으며 모두가 자신의 모습 그대로를 긍정하며 살아가고 있다. 하나님께서 주신 모든 생명의 몸을 존중하며 살아가려고 노력하기 때문이다. 그래서인지 기득권 교회 내의 기복주의나 종교제국주의에 상처 받은 사람들이 찾아와 그들의 영혼을 치유하는 모습을 종종 보게 된다.

이곳에서 목회를 시작하면서 기분 좋은 일이 하나 있었다. 목사로서 처음 세례를 주었던 교인이 성소수자 커플이었던 것이다. 그녀들이 내게 커밍아웃을 해왔을 때 얼마나 기뻤는지 모른다. 현재 한국 사회에서 크나큰 소외와 억압을 받고 있는 성소수자들에게 기독교에서 줄 수 있는 가장 큰 선물은 예수를 주로 고백하는 몸과 영혼에 삼위 하나님성부, 성자, 성령의 이름으로 세례를 주는 것이라 생각했기 때문이다. 그러나 세례를 받은 성소수자 교우는 지난해 사랑하는 사람을 천국으로 먼저 보내는 아픔을 겪었다. 함께 세례를 받은 그녀의 연인이 중한 병을 이기지 못하고 끝내 사랑하는 사람의 곁을 떠난 것이다. 그들의 사랑은 어느 부부보다 진실했고 아름다웠다. 고인이 된 자매는 연약한 몸을 가누기 힘들어하면서도 하나님을 의지하며 믿음을 가지고 힘겨운 싸움을 했다. 성문밖공동체는 그녀들을 받아들였고 중한 병과 싸우는 그녀들의 아픔을 함께 나누며 예수의 사랑과 포용을 실천했다.

지난 봄 고인의 1주기를 맞아 그녀들의 사랑을 알고 있는 성소수자들이 함께 모여 그리운 영혼에 대한 마음을 나누었다. 그들을 만난 후 나에게 놀랍도록 변한 것이 있다면 그들의 모습이 낯섦을 넘어 친근함으로 다가왔다는 것이다. 내게 멀게만 느껴졌던 성소수자들의 삶과 만나면서 서로에 대한 이해와 존중이 내 마음속에 깊게 새겨졌다. 지금껏 내 삶 전체에 두껍게 둘려 있던 동성애에 대한 배타적인 모든 벽이 허물어졌다. 성소수자들의 사랑이 성욕을 채우기 위한 것이라 교육받아온 나는 지금껏 오해와 편견으로 그들을 바라보았다. 그러나 그들을 만나면서 이들의 사랑 역시 인간이 나누는 모든 사랑, 즉 부모와 자식, 부부, 친구, 이웃, 연인 간의 사랑 그리고 신을 향한 인간의 사랑과 다르지 않음을 알았다.

성소수자들은 현재 동성애를 반대하는 한국 기독교인들과 사회의 불평등한 시선, 그리고 그들의 억압과 폭력에 맞서 싸우고 있다. 성소수자들을 향해 혐오의 시선을 보내는 사람들은 낯선 경계 너머에 서 있다. 그들이 용기를 내어 터부시되는 경계의 선을 살짝 넘어보면 자신의 편견과 배타적인 모습이 얼마나 큰 오해에서 비롯되었는지 알게 될 것이다.

낯섦이 사랑으로

기독교는 '하나님은 사랑'[3] 이라고 가르친다. 그러하기에 과거와 현재, 미래와 영원까지 사랑하고 있는 인간은 가장 고귀하고 아름다운 존재로 칭송 받아야 한다. 사랑은 여러 모양과 형태와 상황을 가지고 있다. 부부, 어머니, 아버지, 딸, 아들, 할머니, 할아버지, 삼촌 등 모든 가족 관계에서 이어지는 사랑이 있다. 그리고 스승, 친구이성과 동성, 후배, 선배, 직장동료 등 사회활동을 통해 맺어진 사랑도 있다. 종교적인 사랑, 생태계에 대한 사랑 등 인간관계를 뛰어넘는, 생명이 있는 모든 존재를 향한 사랑 또한 존재한다. 인간이 살아가면서 느끼는 사랑은 종교와 역사의 경계가 없고 지정학적인, 정치적인, 문화적인 모든 선과 동식물의 경계조차 뛰어넘는 전 우주적인 신성함으로 존재한다. 왜냐하면 창조의 하나님은 사랑이시기 때문이다.

3_ 사랑하는 자들아 우리가 서로 사랑하자 사랑은 하나님께 속한 것이니 사랑하는 자마다 하나님으로부터 나서 하나님을 알고 사랑하지 아니하는 자는 하나님을 알지 못하나니 이는 하나님은 사랑이심이라.

_ 요한1서 4장 7~8절

우리는 보통 "인간의 근원적인 감정으로 인류에게 보편적이며, 인격적인 교제 또는 인격 이외의 가치와의 교제를 가능하게 하는 힘"을 사랑이라 부른다. 성서는 이 사랑 속에 하나님이 거하시며 영광을 받으신다고 말한다. 하나님은 인간을 향한 사랑의 완성을 위해 예수를 인류에게 보내시어 자신의 사랑을 확증하셨다. 하나님의 아들로 성육신[4]한 예수는 성서를 자신들의 철학과 사상, 전통의 입맛에 맞게 해석해 율법을 만들고 규례와 관습, 문화, 규범, 윤리를 만들어 사회를 통제하고 억압하던 당시의 지도자들(종교적인 바리새인과 정치적인 서기관과 사두개인)을 향해서 '독사의 자식들'이라며 독설을 뿜었다. 그리고 성서의 모든 선지자와 율법의 강령은 '네 이웃을 네 몸과 같이 사랑하라마태복음 22장 39절'는 것에 있다고 선포했다. 예수는 하나님을 사랑하는 것과 이웃을 사랑하는 것과 다를 바가 없음을 전 생애 동안 가르치고 설파하셨다.

태초에 하나님께서는 에덴을 만들어 인간뿐 아니라 모든 생물이 사랑의 관계를 맺도록 온 생명을 존재하게 하셨다. 그래서 온 생명은 서로를 사랑할 때 그 존재의 가치가 드러나고 존속할 이유와 목적을 갖게 된다. 이 사랑은 모든 종교와 인종, 문화와 성별, 동식물들의 생명과 삶 속에서 생각되며 느껴지고 행해진다. 그리고 하나님께서는 그 사랑 속에 하나

4_ 본래는 하나님의 아들로 하나님과 동등한 신격을 가지고 있었던 예수가 인간의 몸으로 육화되어 오신 일을 말함.

되어 계신다. 즉, 모든 창조된 생명은 사랑하기 위해 태어난 것이다.

사람은 사랑하기 위해 태어났다

악기 연주하는 법을 배우듯
사랑하는 법도 배워야 한다
다른 사람을 사랑할 때
두려울 것도 더 바랄 것도 없이
우리는 세상의 모든 존재와 하나가 된다

열매가 자라기 시작하면 꽃잎이 떨어진다
영혼이 자라기 시작하면
우리의 약한 모습도
그 꽃잎처럼 모두 사라진다

가장 중요한 일은
나와 인연 맺은 모든 이들을
사랑하는 일이다.
몸이 불편한 이
영혼이 가난한 이
부유하고 비뚤어진 이

버림받은 이
오만한 이까지도
모두 사랑하라
진정한 스승은
삶에서 가장 중요한 것은
'사랑'이라고 가르친다
사랑은 우리 영혼 속에 산다

타인 또한 자기 자신임을 깨닫는 것
그것이 바로 사랑이다
사람은 오직 사랑하기 위해서
이 세상에 태어났기 때문이다

- 레프 톨스토이, 『살아갈 날들을 위한 공부』(2007)

인간이 살면서 가장 큰 행복을 느낄 때는 자신이 누군가를 사랑할 때와 누군가에게 사랑을 받을 때다. 성서는 하나님께서 거하시는 시간과 장소를 말하는데, 인간이 서로 사랑할 때 그 사람 안에 거하신다고 말한다. "어느 때나 하나님을 본 사람이 없으되 만일 우리가 서로 사랑하면 하나님이 우리 안에 거하시고 그의 사랑이 우리 안에 온전히 이루어지느니라요한1서 4장 12절." 하나님께서 거하시는 사랑 속에는 거짓이 없고 경계도 있을 수 없다. 창조된 모든 생명은 모든 영역을 넘어 자유롭게 서로를 사랑하며 살아갈 수 있는 권리를 가지고 있다. 이 사랑에는 어떠한 분리도 존재할 수 없다. 국가의 경계나 성별을 넘어 인간이 인간을 사랑하는 자유와 권리에 종교, 정치, 문화적인 윤리를 강요해서는 안 되며 그들을 차별하거나 정죄해서도 안 된다. 왜냐하면 사랑하기 위해 창조되고 태어난 존재가 인간이기 때문이다.

하나님은 자신이 창조한 인간이 서로를 차별 없이 평등하게 존중하며 살아갈 것이라는 희망을 가지고 계실까? 여기 예수께 믿음이 크다고 인정받은 한 사람, 백부장의 이야기가 있다. 백부장의 이야기는 신약성서 마태복음8장 5-13장, 누가복음7장 1-10절, 요한복음4장 43-54장에 기록된 사건으로 성서 저자들에 의해 비중 있게 다루어졌다.

예수께서 가버나움에 들어가시니 한 백부장이 나아와 간구하여 이르되 주여 내 하인이 중풍병으로 집에 누워 몹시 괴로워하나이다 이르시되 내가 가서 고쳐 주리라.
백부장이 대답하여 이르되 주여 내 집에 들어오심을 나는 감당하지 못하겠사오니 다만 말씀으로만 하옵소서 그러면 내 하인이 낫겠사옵나이다 나도 남의 수하에 있는 사람이요 내 아래에도 군사가 있으니 이더러 가라 하면 가고 저더러 오라 하면 오고 내 종더러 이것을 하라 하면 하나이다.
예수께서 들으시고 놀랍게 여겨 따르는 자들에게 이르시되 내가 진실로 너희에게 이르노니 이스라엘 중 아무에게서도 이만한 민음을 보지 못하였노라 또 너희에게 이르노니 동서로부터 많은 사람이 이르러 아브라함과 이삭과 야곱과 함께 천국에 앉으려니와 그 나라의 본 자손들은 바깥 어두운 데 쫓겨나 거기서 울며 이를 갈게 되리라.

예수께서 백부장에게 이르시되 가라 네 믿은 대로 될지어다 하시니 그 즉시 하인이 나으니라.

마태복음 8장 5-13절

마태와 누가는 백부장 이야기에 앞서 예수님의 산상수훈을 기록하고 있다. 산상수훈은 "그러므로 무엇이든지 남에게 대접받고자 하는 대로 너희도 남을 대접하라^{마태복음 7장 12절}", "네 이웃을 네 몸과 같이 사랑하라^{마태복음 19장 19절}"는 말씀으로 요약할 수 있다. 이는 모든 선지자와 예언자들이 말하는 공통의 메시지였다. 이를 강조하기 위해 마태복음의 저자 마태는 하인의 중병을 위해 찾아왔던 백부장의 이야기를 산상수훈 바로 다음에 풀어놓았다. 백부장의 이야기를 통해 산상수훈의 의미를 구체화하고 있는 것이다.

과거 로마에서 군인이 되기 위해서는 강도 높은 훈련을 받아야 했다. 질서와 계급을 가장 중시하고 상명하복을 목숨같이 여기는 곳이 군대다. 로마 군대 역시 엄격한 지휘 체계를 가지고 있었다. 로마 군인들은 계급을 높이기 위해 전쟁과 임무 수행에서 경쟁했다. 군인들의 경쟁은 힘의 경쟁이었다. 상식이나 합리적인 논리보다는 잔인한 폭력을 우선시해 일을 처리한 것이다. 로마의 군인에게는 1년에 세 번 최저 생계비가 지급되었고 고작 100년에 한 번씩 인상되었다. 그러나 식민지를 정복하면 그에 따른 전리품을 받았다. 그들은 군주가 폭압정치를 하길 원했다. 그래야만 자신들의 보수가 올라가고 탐욕과 잔인성이 충족되었기 때문이다. 로마 군인이 피지배 민족을 위해 선행을 한다는 것은 쉬운 일이 아니었다. 로마인에게 노예는 재산의 일부일 뿐 생명의 대상이 아니었다. 그러나 마태복음 8장에 등장하는 백부장은 중병으로 거의 죽게 된 소년 종servant-boy을 사랑하는 삶을 살았다. 백부장은 자신과 사랑을 나누던 소년 노예가 병이 들어 죽음의 문턱에 있다는 현실에 힘들어했다. 백부장은 일반적인 로마의 군사들과는 다른 마음의 소유자였던 것이다.

자신의 생명을 존중 받지 못하고 살아가야 하는 신분이 노예다. 인간을 인간이라 말하지 못하고 나를 나라고 말하지 못하는 존재로 살아간다는 것은 억울하기 그지없는 일이다. 또한 국가, 사회, 문화의 권력에 의해 차별받고 억압받는 신분을 가진 자를 존중하고 귀하게 보는 것도 쉽지 않은 일이다. 소수자와 소외된 사람들을 위해 말하고 행동하다가 자신도 함께 차별과 불이익을 받을 수 있기 때문이다. 그렇지만 백부장은 계급과 신분, 종교와 문화, 성에 대한 차별과 편견을 가지고 있지 않았기에 생명을 생명으로 보지 않는 사회통념을 깨뜨리고 자신의 종을 사랑할 수 있었다.

마태는 백부장이 예수를 직접 찾아와 병들어 죽게 된 종을 위해 간구했다고 전한다. 백부장은 겸손하게 자신을 낮추며 예수를 높여 부른다. "주여, 내 하인이Lord, my servant-boy!" 백부장은 예수를 주님으로 고백하며 자신과 사랑을 나누는 종의 치유를 위해 예수 앞에 엎드렸다. 예수께서는 백부장의 간구를 외면하지 않았다. 백부장의 진실함을 꿰뚫어 보시고 함께 집으로 가자 하신다. "내가 가서 고쳐주리라." 이에 백부장은 더 깊고 확신에 찬 마음과 겸손으로 말한다. "주여 내 집에 들어오심을 나는 감당하지 못하겠사오니 다만 말씀으로만 하옵소서. 그러면 내 하인이 낫겠사옵나이다. 나도 남의 수하에 있는 사람이요 내 아래에도 군사가 있으니 이더러 가라 하면 가고 저더러 오라 하면 오고 내 종더러 이것을 하라 하면 하나이다."

백부장의 말에는 자신의 몸이나 하인의 몸이나 주님의 말씀 아래 차별이 없다는 고백이 담겨 있다. 그의 말 속에는 '살아 계신 하나님의 아들 그리스도 앞에서 저희들은 높고 낮음이 전혀 없는 몸들입니다. 모든 인간은 하나님 앞에 평등한 존재입니다' 라는 고백이 들어 있다. 그는 황제는 물론 천부장, 백부장, 십부장이라는 모든 권력이 하나님 앞에서 아무런 의미가 없는 허울이라는 것을 잘 알고 있었다. 그러니 말씀만 하시면 세상의 모든 만물이 아름답게 존재하게 되듯이 자신의 사랑하는 종도 병이 나을 것이라 확신했다.

백부장의 사랑과 믿음, 삶의 태도를 보신 예수께서는 놀랍게 여기셨다. 백부장과 같은 사랑과 평등의식을 가진 사람을 이스라엘인 중에서도 만나보지 못했기 때문이다. "내가 진실로 너희에게 이르노니 이스라엘 중 누구에게서도 이만한 믿음을 보지 못하였노라^{마태복음 8장 10절}." 예수께서는 백부장에게서 세상의 희망을 보시고 아브라함과 이삭과 야곱과 함께 천국에 앉아 하나님께서 베푸신 잔치에 참여하는 백성들이 있을 것이라 하신다. 사막이 변해 숲이 되고 꽃들이 피어나고 새들이 지저귀는 세상, 사자가 어린 양과 함께 뛰어놀고 독사 굴에 어린이가 손을 넣고 장난쳐도 물지 않는 사랑과 평화가 가득한 평등의 세상을 열어갈 사람들이 하나님 나라에 앉을 것이라 말씀하신다.

> 내가 들으니 보좌에서 큰 음성이 나서 이르되 보라 하나님의 장막이 사람들과 함께 있으매 하나님이 그들과 함께 있으매 하나님이 그들과 함께 계시리니 그들은 하나님의 백성이 되고 하나님은 친히 그들과 함께 계셔서 모든 눈물을 그 눈에서 닦아 주시니 다시는 사망이 없고 애통하는 것이나 곡하는 것이나 아픈 것이 다시 있지 아니하리니 처음 것들이 다 지나갔음이러라.
>
> 요한계시록 21장 3-4절

이웃을 자신의 몸처럼 생각하고 사랑하는 사람들은 하나님이 위로를 받고 그분의 생명잔치 자리에서 기쁨을 맞이하게 된다. 그들은 자신이 우월하다는 무지나 차별과 편견 없이 존중과 배려로, 헌신과 섬김으로 충만한 삶을 살아간다. 그러나 예수께서는 백부장과 같이 차별 없는 사랑과 섬김으로 살아가는 자에게 어려움이 있을 것이라 하신다. "그 나라의 본 자손들은 바깥 어두운 데 쫓겨나 거기서 울며 이를 가는 사람들"이 있는 것이다. 예수께서 울며 이를 가는 사람들이 언제나 존재한다고 하신 것은 차별과 억압이 언제나 현실에 존재하고 있으며, 그러한 차별과 억압을 예수를 따른다고 말하는 사람들이 저지른다는 뜻이다. 그들은 연약한 생명들을 방치하거나 그들의 존엄성을 짓누르고 있다. 그들은 자신들이 하나님께 받은 직업과 물질을 누리며 살고 있다고 하지만 진실을 보지 못하는 눈먼 사람이 되어버렸다.

인간을 아시는 예수께서는 병든 소년을 사랑한 백부장에게 "가라 네 믿음대로 될지어다"라고 하신다. 백부장의 사랑을 긍정하셨고 소년 종의 병을 회복시키셨다. 예수께서는 자신의 자녀들이 낙심하지 않고 서로 사랑하는 것을 쉬지 않길 바라신다. 폭력과 억압, 차별적인현실이 아무리 힘들어도 사랑하고 있는 사람들은 포기하지 않고 낙심하지 않는다. 새로운 세상을 꿈꾸고 바라볼 때 꿈은 현실이 된다. 모든 생명의 존엄과 평등을 말하고 실천하며 살아갈 때 세상을 변화시키는 하나님의 능력은 믿음을 따라 삶의 현장에서 나타날 것이다.

하나님은 개인의 성별, 인종, 종교, 성적 지향에 상관없이 인간의 몸을 사랑하신다. 예수는 십자가 위에서 사랑을 종용하고 부활의 아침에 모든 억압을 풀어헤쳐 하나님의 변함없는 사랑을 확증하셨다. 인간의 구원은 자신의 몸과 정신과 사회에서 잃어버린 사랑을 회복시켜 해방하고 실천할 때 온전해진다.

2부

동성애자가 만난
하느님

내 안에도 주님이 계십니다

이 경

    벌써 해가 두 번 바뀌었다. 시간은 우리의 의도와 상관없이 성실히 흘러간다. 그것은 축복이자 때로는 견디기 힘든 것이다. 나는 그녀가 마지막 안식처로 삼았던 교회에 매주 나가고 있고 부서 모임따위를 작은 사랑방에서 가지곤 한다. 작은 민중교회가 으레 그렇듯주일에는 해야 할 일들이 많다.

    바쁜 일과를 마치고 오후 2시쯤 작은 사랑방에 벌러덩 누웠다. 밖으로 난 창을 통해 신선한 여름 바람이 느껴진다. 그리운 시공간이열리는 것 같다. 작은 교회에 누워 나는 그녀를 떠올린다. 2008년 가을, 지금처럼 신선한 바람을 맞으며 이 작은 사랑방에 지친 몸을 누이곤 했던 그녀…… . 그녀를 지나 육우당에게로, 그를 거쳐 죄책감에 시달리던 십 대의 내게로, 결국에는 교회에 나가기 시작했던 어린 시절로 되돌아간다.

대여섯 살 때였다. 이모는 광명시 어느 산 위의 작은 교회를 열심히 다녔다. 이모와 함께 살던 나는 어린 시절 많은 시간을 그 교회에서 보냈다. 여느 아이들이 그러하듯 나 역시 여름성경학교를 기다렸고 성탄절에 주는 초코파이에 신이 났으며, 때로 성극을 하거나 달란트를 모으며 지냈다. 조금 유별났다고도 할 수 있는 점은 금욕적인 생활을 강조한 이모의 지도에 따라 주일날엔 맛있는 군것질을 못했고 매일 밤 식구들과 둘러앉아 가정예배를 드렸다는 것이다. 그때 나는 기도할 때 눈을 뜨면 절대로 안 되는 줄 알았고, 잘못을 저지르고 나면 땀을 뻘뻘 흘리며 지옥에 가는 꿈을 꾸곤 했다.

어린 시절부터 시작된 교회 출석은 청소년기까지 지속되었다. 더 이상 교회생활에 열심이지도 않았고 전도가 즐겁지도 않았지만 할 일을 해치우러 가는 식으로 교회에 나갔다. 내게 교회는 일종의 습관이었던 셈이다.

'교회 가기'에 처음으로 본질적인 거북함을 느낀 것은 고등학생 때였다. 만화를 제법 잘 그렸던 나는 일기장에 남장을 한 여자를 자주 그리곤 했다. 그 옆에는 이런 문구를 썼다. "그는 여자인가, 남자인가?", "동성연애가 죄인가?" 한번은 무려 4세기를 배경으로 한 역사 만화를 그린 적도 있다. 당시 나는 아우구스티누스에게 매우 관심이 많았다. 한때 남색에 빠져 탕아가 된 그를 어떻게 하나님이 구원해주셨는가에 대한 이야기는 나를 매료했다. 서양 그리스도교 교회사에서 가장 중요한 신학자인 성 아우구스티누스는 성적 욕망에 대해 아담과 이브가 신의 지시에 불복종한 결과라고 보았다. 그로 인해 성은 죄악과 연관 관계를 갖게 되었고 동성애적 행위나 자위행위같이 아이를 낳지 못하는 성적 활동은 맹렬한 비난을 받았다.

구원은 당시 내 문제이기도 했다. 그런 나의 생각은 일기장에 그대로 반영되어 내 만화 속 주인공들은 하나같이 성 정체성 갈등을 겪었다. 1997년은 왕가위 감독의 영화 <해피투게더>(당시에는 '부에노스 아이레스'라는 제목으로 알려졌다)가 동성애 행위 표현 때문에 한국에서 상영이 금지되었던 때이기도 했다. 동시에 「청소년보호법」으로 동성애 표현을 포함한 몇몇 만화들이 유해매체로 지정되자, 만화를 사랑하던 십 대인 나는 만화가들과 함께 「청소년보호법」 규탄 집회에 나갔다. 그게 내가 경험한 첫 번째 집회였다. 고등학생 시절은 성소수자로서의 나란 존재를 가장 치열하게 회의하고 반추하던 시기였다.

대학에 가서는 으레 그렇듯이 혹은 어쩌다 보니 교회에 가지 않게 되었다. 한편으로는 적극적으로 교회에 대한 반감을 표출하기 시작했다. 마르크스주의자로서의 새 삶은 나를 기독교로부터 죄의식 없이 멀어지게 해주었다. 유물론자로서 신을 진지하게 믿는다는 것이 어쩐지 어리석은 일 같기도 했다. 물론 나는 지금도 마르크스에게 감사해하고 있다. 마르크시즘을 접하면서 신에 대한 맹목적 추종과 막연한 죄의식으로부터 벗어날 수 있었기 때문이다.

그와 거의 동시에 나는 '결혼의 당위성'과 '이성애 중심적인 사고'에서도 벗어나기 시작했다. 그래서 대학교 1학년 때에는 커밍아웃한 동기에게 '관용적이고 정치적으로 올바른 이성애자 친구' 노릇을 했다면, 대학교 2학년 때에는 비로소 사랑하던 동성 친구와 연인이 될 수 있었다. 내게는 그것이 20여 년간 나를 짓눌러온 '정상·비정상'의 도식에서 해방된 순간이었고, 내가 동성을 사랑하는 사람임을 인정하게 된 계기였다.

1990년대 후반에 이십 대가 된 성소수자들은 대체로 비슷한 수순을 밟는 것 같다. 나도 마찬가지였다. 1999년에 나우누리 레인보우에 회원 가입을 하면서 '사포의 딸들'이라는 레즈비언 동호회에 나가게 되었고 처음으로 이반들을 만난 것이다. 나와 비슷한 삶을 사는 사람들을 만나면서 나는 그제야 비로소 외로움에서 벗어날 수 있었다.

2002년 가을에는 동성애자인권연대^{이하 동인련}에 가입하고 대학에서 친구들과 함께 이반 모임을 만들면서 자긍심을 높일 수 있었다. 그리고 잊을 수 없는 동지, 육우당을 만났다.

2003년 4월

육우당은 그의 또 다른 이름이다(안타깝게도 육우당의 본명을 밝힐 수 없음을 안타깝게 생각한다). 술, 담배, 수면제, 파운데이션, 녹차, 묵주, 이 여섯 친구를 뜻하는 그의 이름에는 외로움이 짙게 드리워져 있다. 그는 우리에게 기독교와 동성애 문제를 처음으로 뼈저리게 고민하게 만든 장본인이었으며, 그의 죽음은 소수였으나 의미 있는 기독청년들의 진심 어린 반성과 연대를 이끌어낸 계기가 되었다.

육우당은 이제 막 소년티를 벗은 듯한 앳된 외모의 청년이었다. 나이로는 열아홉, 고등학교를 졸업할 나이였지만 학교에 다니지 않았다. 게이 특유의 발랄한 끼가 돋보이던 그가 동인련 사무실에 올 때마다 우리는 웃어대느라 정신이 없었다. 언젠가부터 그는 담뱃값을 모아 동인련 재정에 보태기 시작했다(지금 생각해봐도 억만금의 후원보다 가난한 이 친구의 몇 푼이 비할 수 없이 소중했다). 겨울이 끝날 무렵 육우당은 동인련에서 자원봉사를 시작했고 우리와 보내는 시간이 부쩍 많아졌다.

　당시 우리는 '엑스존 사건'을 둘러싼 「청소년보호법」 내 동성애자 차별조항에 반대하는 운동에 집중하고 있었다. 2003년 4월 2일 국가인권위원회가 「청소년보호법」 시행령인 청소년유해매체물 심의기준에서 동성애를 삭제하라고 권고하자, 이에 반발하여 한국기독교총연합회(이하 한기총)를 비롯한 기독교 단체들이 삭제를 반대하는 성명을 내고 국가인권위원회의 결정을 비난했기 때문이다. 육우당은 이 쟁점에 누구보다 관심이 많았다. 그도 그럴 것이 그 자신이 바로 청소년 동성애자였으며, 이로 인해 고등학교를 끝까지 다니지 못하게 되었기 때문이다. 그러나 육우당이 이 문제에 가장 집중했던 이유는 무엇보다 그가 가진 '종교' 때문이었다. 그는 가톨릭 신자였다. 기독교인 동성애자가 보수 기독교의 동성애 혐오에 저항하는 것은 그야말로 '존재'하기 위해서다. 자신이 믿고 영혼을 의지하는 그리스도가 자신을 혐오하고 거부한다면 어떻게 하겠는가?

　한기총은 국가인권위원회의 청소년보호법 내 동성애자 차별조항 삭제권고를 비난하는 성명을 발표했다. 보수 기독교 단체가 늘 주장하듯이 '동성애는 소돔과 고모라처럼 유황불의 심판을 받을 것이며, 신의 창조질서를 파괴하고, 가족을 붕괴시키며, 에이즈 확산의 주범이 된다'는 것이었다. 뒤이어 국민일보나 SBS 등 언론에서 청소년 동성애를 힐난하는 보도가 잇따랐다. 이제는 지루하기까지 한 틀에 박힌 논리지만 이 때문에 목숨을 끊는 사람도 있다. 적어도 성소수자 대다수는 오만한 기독교의 독설 앞에 분노하고 움츠러들고 상처 받으며, 때론 살아갈 힘을 잃기도 한다. 그보다 더 큰 범죄가 어디 있는가? 사람을 죽여야만 살인이 아니다.

육우당은 글을 잘 썼다. 그는 재능을 살려 주요 일간지에 한기총의 동성애 혐오 조장에 항의하는 독자편지를 써서 보냈고 한겨레신문 등에 그의 글이 실렸다. 육우당은 우리에게 자신의 글이 실린 신문을 스크랩해서 보여주었다. 나는 진심으로 그가 자랑스러웠지만 육우당만큼 이 문제에 절박함을 느끼진 않았다. 한기총의 동성애 혐오 발언에 어처구니없어하고 화를 냈으며, 삼삼오오 모여 그래서 우리가 무엇을 할 것인가라는 등의 대책들을 세우곤 했지만, 불과 5-6년 전 내 자신이 성적 지향과 종교 사이에서 괴리를 느끼며 좌절하고 절망했었던 것을 어느새 잊어버렸던 것이다. 때문에 육우당이 어째서 그토록 보수 기독교의 동성애 혐오에 분노하고 작은 힘이나마 저항하기 위해 몸부림쳤는지 알지 못했다. 그리고 2003년 4월 25일, 육우당은 갑자기 우리 곁을 떠났다.

사람의 감은 무섭다. 4월 26일 오후, 나는 과외교습을 하고 있었다. 갑자기 벨소리가 울려서 보니 당시 동인련 사무국장을 하던 분에게서 걸려온 전화였다. 수업 중이었기에 전화를 받지 않았지만 불현듯 '그가 죽은 것일까' 하는 생각이 머리를 스쳤다. 아무 이유 없이 내 심장은 심하게 두근거리기 시작했다.

한 시간 반 후 나는 청량리 경찰서에 앉아 있었다. 전날 밤 동인 련 사무실에서 육우당은 자살했다. 그리고 그를 마지막으로 목격한 사람이 나였다. 경찰 조사를 마치고 망연자실 건물 밖으로 걸어 나왔다. 모두 제정신이 아니었다. 우리가 생각할 수 있는 가장 끔찍한 일이 닥친 것이다. 우리는 이를 악물고 장례를 치르고, 조기를 들고 집회에 나가 추모식을 했다. 그즈음 몇 명의 기독청년들이 찾아왔다. 그들은 한국기독청년학생연합회^{이하 한기연}에서 활동하는 기독교인들이었다.

이 기독청년들은 진심으로 육우당을 애도했고 기독교의 독선이 한 생명을 앗아갔다는 사실에 미안함과 참회하는 마음을 전했다. 우리는 함께 골리앗에 맞서는 다윗이 되기로 했다. 한기총 사무실 앞에서 육우당의 죽음에 대한 진심 어린 사과와 애도를 요구하며 집회를 열었고, 세 번에 걸쳐 한기총 관계자들을 면담했다. 그러나 그들의 반응은 냉담했다. 육우당은 "성소수자도 하나님의 사랑하는 자녀"라고 했지만 한기총 목사들은 "부끄러운 줄 알라"며 육우당의 죽음에 어떠한 책임도 질 필요가 없다고 했다. 육우당이 자신의 유서에서 "(기독교가) 수많은 성소수자들을 낭떠러지로 내모는 것이 얼마나 반인륜적이고 반성경적인지" 절규하고 있음에도 말이다.

결국 한기총은 사과하지 않았다. 그리고 7년이 지난 지금도 이들은 회개하지 않는다. 여전히 동성애 혐오를 조장하는 데 앞장서고 있으며 더 많은 성소수자들을 절망의 낭떠러지로 내몰고 있다. 하지만 우리는 비록 소수에 불과하지만 '다른 기독교인'들을 발견했다. 한기연을 비롯한 한국기독학생총연맹KSCF과 새민족교회와 같은 교회가 성소수자들을 죽음으로 내몰며 인권을 짓밟은 데 대해 먼저 회개하며 한기총에 맞섰다. 진정한 다윗들이었다.

육우당은 '나의 열아홉 살'이었다. 그때 나는 살아남았지만, 어쩌면 살아남지 못했을 수도 있었다. 존재를 거부당하는 깊은 절망 속에서 성소수자들은 끈질기게 살아남거나 아니면 해맑은 영정사진으로 남는다. 육우당처럼 어느 일간지의 단신기사로 기록되는 것이 혐오에 의해 희생된 성소수자들의 역사다. 나는 육우당을 떠나보내며 다시는 이 절망을 잊지 않겠다고 다짐했다. 언젠가는 보수 기독교의 손으로 왜곡된 그리스도의 사랑을 회복하리라.

2005년 3월

동인련 홈페이지에 마련된 육우당 추모게시판을 훑어보다가 2005년 3월 13일에 쓰인 짧은 게시글에 눈길이 멈췄다. 단영. 그녀가 남긴 글이었다. 그녀가 하늘로 돌아간 날은 2009년 3월 12일이니 그녀는 그로부터 4년 전에 이 글을 썼을 것이다.

"당신을 한 번도 만난 적은 없지만 토론을 하며, 집회에 나가며, 밥을 먹으며, 술을 마시며, 숨을 쉬며, 당신을 만납니다. 당신과 함께하려 했던 사람들이, 당신을 기억하는 사람들이 제 주변에 살아 숨 쉬고 있기에 왠지 잘 알고 있는 친구 같아요. 그곳은 어떤가요? 여기는 봄이 온답니다. 당신을 알고 있는 모든 이들이 그렇듯 나도 당신이 보고 싶습니다."

이제 그녀는 하늘에서 육우당을 만났을까? 이곳에서는 그저 스쳐 지나쳤던 낯선 두 청년들이 그곳에서 마침내 재회했을까? 좁은 자취방의 컴퓨터 앞에 쪼그리고 앉아 먼저 간 육우당에게 이 편지를 띄웠을 그녀. 함께 활동하던 사람들 속에서 떠나간 육우당을 발견하고 띄엄띄엄 그의 삶을 확인했을 그녀가 떠오른다. "나 또한, 당신을 기억하는 사람들이 이렇듯 내 주변에 숨 쉬고 있기에 매 순간 당신과 함께 살아가고 있다"고 이야기하고 싶다.

이제 마지막 이야기를 시작할 차례다. 난생처음 내가 '하나님의 자녀'임을 받아들이고 모든 사람에게 신성이 있다는 것을 깨닫게 된 이야기다.

단영은 나의 연인이었다. 나는 그녀의 마음을 얻고자 무던히도 애를 썼다. 그만큼 그녀는 내게 평생 다시 찾을 수 없을 만큼 멋진 사람이었다. 작은 체구에 다부진 눈빛을 지닌 단영을 처음 만난 것은 2004

년도였다. 단영이 동인련 활동을 하겠다고 마음먹은 계기는 육우당의 죽음 때문이었다. 비록 그와 일면식도 없었지만 성소수자로서의 깊은 유대감에 하염없이 비통한 눈물을 흘리고 난 뒤 이곳에 찾아왔다고 했다. 그렇게 나는 단영을 만나 5년을 함께했다. 나는 처음으로 누군가와 함께 살아가는 꿈을 꾸기 시작했다. 우리는 미래에 대한 이야기를 많이 했다. 함께 살 집을 마련하고 둘 중 한 명은 아이를 낳기로 약속했다.

2008년 8월

2008년 여름을 떠올리면 여전히 괴롭다. 그녀는 이상하게도 쉽게 길을 잃거나 물건을 어디 두었는지 기억하지 못해 애를 먹기 시작했다. 알 수 없는 불안감이 엄습해올 무렵, 정신보건 간호사인 동성애자 선배가 그녀의 상태를 두고 내게 심각하게 조언했다. 하루빨리 뇌검사를 받으라고 말이다.

8월 초 뜨거운 오후의 서울대학교병원 응급실이었다. 악성 뇌종양 말기, 3개월 시한부 선고. 나는 그날 병원 앞 벤치에 홀로 앉아 대성통곡했다. 도저히 받아들일 수 없는 고통이었지만 남은 시간은 턱없이 부족했고, 우리가 선택할 수 있는 것은 매우 적었다. 단영은 가난했고 그녀의 가족 중 큰언니와 어머니를 제외하면 단영의 투병을 도와줄 사람이 마땅치 않았다. 그녀를 간병하고 치료 방법을 찾을 수 있는 사람이 나뿐임을 오래지 않아 깨달았다. 나는 그녀의 치료비를 마련하기 위해 당장 모금운동을 시작했다. 다행히 수많은 사람들의 정성으로 반년 동안 2천만 원이 넘는 돈이 모아져서 그녀는 아낌없이 치료를 받을 수 있었다. 그녀가 머물던 당산동 자취방은 거동이 불편한 환자가 살기에 불편해서 나는 그녀의 거처를 큰언니 아파트로 옮긴 후 대학원과 직장을 그만두고 본격적으로 그녀를 돌보기 시작했다.

가을이 시작되던 9월 어느 날, 단영은 문득 우리가 가끔 들렀던 교회에 가고 싶다고 했다. 그곳은 그녀의 집 근처에 위치한 민중교회였다. 교회에 한참 동안 나가지 않던 우리였지만, 게다가 입만 열면 교회의 편협함과 독선에 대해 독설을 날리는 나였지만, 목사님은 오랜만에 온 우리를 환대해주셨다. 그녀는 2층의 작은 사랑방에 누워서 창밖을 바라보는 것을 가장 좋아했다. 그 후 사랑방은 우리에게 아늑한 피난처가 되었다. 뇌종양 때문에 극심한 두통에 시달리던 그녀는 교회에 오면 두통이 사라지고 누군가가 자신을 지켜주고 있다는 생각이 든다고 했다. 그것이 사실이든 위약효과든 내게는 중요치 않았다. 그저 그녀가 아프지 않을 수 있다면 무엇이든 할 수 있었다. 하지만 정말 주님이 지켜주신 것일까? 축복 받지 못하는 동성 커플의 이마를 짚어주신 것인가?

그녀는 주일마다 교회에 가자고 내게 성화를 했다. 하지만 교회에 가려면 준비가 만만치 않았다. 배낭에 온갖 약품과 영양식품, 갈아입을 속옷과 기저귀 등을 잔뜩 넣고 가야 했다. 보통 아침 일찍 택시를 불러 움직였지만 그조차도 시간이 갈수록 힘들어졌다. 병의 특성상 단영은 혼자서는 앉아 있지도 못하는 상태가 되어갔기 때문이다. 단영을 휠체어에서 택시로 옮기고 휠체어를 접었다 폈다 하는 일을 매일같이 반복하다 보니 나도 늘 몸살을 앓았고 때로는 누군가 도와줬으면 하는 간절함이 밀려들곤 했다.

실로 오랜만의 주일예배였다. 찬양도 기도도 너무 어색했다. 무엇보다 피 한 방울 섞이지 않은 '선배'를 위해 생업까지 포기하고 간병하는 나를 '이곳 교인들이 어떻게 볼까' 하는 생각에 불편했다. 그것은 누가 봐도 이상한 일이었다. 그런데 이곳 교인들은 '불편한 진실'에 대해 묻지 않고 우리에게 필요한 일들을 묵묵히 함께해주었다. 단영을 업어주고, 대소변을 돕고 식사를 챙겨주었으며, 아플 때엔 함께 기도했다. 특히 교회에 오갈 때 두 명의 교우들이 번갈아 봉고차로 데려다주어 더 이상 힘들게 택시를 타지 않아도 되었다. 아무도 도와주지 않는 상황에서 지친 몸을 이끌고 환자를 간병하다 보면 막막함에 울고 싶을 때가 한두 번이 아니다. 나는 도움이 절실했고 그것이 이루어진 것에 한없이 감사드렸다. 어떤 이는 "내가 누군가에게 쓸모 있는 사람이 될 수 있게 해주어 고맙다"며 우리가 이 교회에 온 것이 축복이라고 했다. 그는 나와 단영이 동성 커플임을 알고도 그렇게 이야기했다.

　단영이 큰언니 집으로 옮긴 후부터 내게는 불편하고 힘든 나날의 연속이었다. 그녀의 가족들에게 우리는 모두가 알면서도 아무도 이야기하지 않는 관계였고, 그 상황 속에서 나는 그녀의 가족이 되고자 안간힘을 썼다. 하지만 거리는 좀처럼 좁혀지지 않았다. 나는 그저 '이방인'이었다. 그럴수록 나는 더욱 엄격하고 깐깐한 간병인이 되어갔다. 억울함을 그렇게라도 보상받고 싶었다. 그리고 그녀의 몸을 장악한 뇌종양은 그녀의 정신마저 흐릿하게 만들었다. 그중 하나가 망상이었다. 그녀는 가족을 믿지 못하겠다며 내가 주는 약과 음식만 받아먹었다. 뇌종양 환자에게 흔히 나타나는 증상이지만 그런 일들은 그녀의 가족으로부터 나를 더욱 멀어지게 했고, 때로는 그들이 나를 미워하고 있다는 느낌을 받기도 했다. 그것은 누구의 탓도 아니었다. 그저 누구에게나 견디기 힘든 고통일 뿐이었다.

　교회는 유일하게 나를 내려놓고 쉴 수 있는 공간이었다. 사랑하는 엄마에게도 차마 하지 못하는 말을 목사님에게는 할 수 있었다. 내가 그녀의 가족 틈에서 느끼는 고독과 절망을 이곳에서는 토로할 수 있었다. 목사님은 우리의 비밀을 지켜주셨고 지친 영혼을 위로해주셨다. 나는 그것이 얼마나 고마웠는지 모른다. 나는 어느새 온 마음을 그분께 의지했다. 때로는 언니 같고, 부모 같으며, 스승 같은 목사님을 바라보며 '예수가 계시다면 이런 느낌일까?' 하고 생각하곤 했다. 목사님은 단영이 방사선 치료를 받을 때 종종 병원에 찾아오셨다.

"두려워요. 어떻게 해야 하죠?"

단영이 문득 목사님께 물었다.

"그럴 때는 그저 자신이 두려워하고 있다는 것을 알아줘요."

그 이후 우리는 두려움이 엄습할 때 굳이 피하려 하지 않았다. 우리에게 두려움이 다가온다는 것을 주님께 알리고 매달렸을 뿐이다.

"머리가 너무 아파요. 어떻게 해야 하죠?"

단영이 또다시 목사님에게 물었다.

"최고의 기도는 그저 '주님, 주님' 하고 부르는 것으로 충분해요. 그러면 기도를 들어주실 거예요."

그 이후 우리는 화장실에 앉아 있을 때도, 자리에 누워 있을 때도, 차를 타고 이동 중일 때도 '주님'의 이름을 불렀다. 심지어는 그녀가 항암제 부작용으로 용변을 보지 못해 괴로워할 때도 나는 손가락으로 그녀의 항문 안을 파내면서 주님을 불렀다. 우리에게 주님은 그런 존재였다. 힘겨운 이 순간이 어서 지나가길 바라는 '염원'. 그러면 고통은 어느새 우리를 훑고 지나갔다.

어느 날 목사님은 우리에게 세례를 받으면 어떻겠냐고 제안하셨다. 그동안 세례를 중요하게 생각하지 않았던 나였지만 그때는 말로 설명할 수 없는 절실함이 갑자기 물밀듯 몰려왔다. 이미 뇌가 많이 손상되어 세례교육 과제였던 마가복음을 읽기 어려워하는 단영을 위해 나는 마가복음을 읽고 또 읽어주었다. 예수님이 버림받고 아픈 자들을 고쳐주시고, 소외되고 손가락질당하는 사람들과 함께 고난을 받으셨음을 힘주어 이야기해주었다. 단영은 예수님 이야기를 주의 깊게 듣곤 했다. 우리는 예수를 사랑한 마리아 막달레나였다. 그리고 예수 또한 우리를 사랑하고 있다는 것을 깊이 느끼고 있었다.

세례식이 치러질 성탄절을 기다리며 나는 점점 조급해졌다. 병원에서 우리에게 정해준 시간인 석 달은 이미 지난 후였다. 우리가 과연 무사히 세례를 받을 수 있을까? 그때 우리에게는 하루하루가 기적이었고 함께 아침을 맞이하는 것이 가장 큰 축복이었다. 우리는 세례식에 참석하기 위해 성탄절 이브를 교회에서 보냈다. 교회 사람들은 우리가 편히 쉴 수 있도록 공간을 마련해주었다. 물론 로맨틱한 밤은 결코 아니었다. 여느 때와 마찬가지로 단영은 두통에 시달렸고 나는 그녀의 상태를 지켜보며 뜬눈으로 밤을 샜다. 길고 외로운 밤이었다.

단영의 세례식은 따뜻했다. 흰옷을 입은 목사님이 단영의 머리 위에 손을 얹고 축복해주었다. 방사선 치료로 머리가 듬성듬성하게 빠진 단영이었지만 그날은 누구보다 아름다웠다.

"그동안 믿지 못했어요. 이젠, 하나님 품에 안겨보려고요……."

단영은 띄엄띄엄 힘겹게 말을 내뱉었다. 눈물이 왈칵 쏟아졌다. 나는 사랑하는 그녀가 곧 떠날 것을 예감하면서 간절하게 주님께 기도 드렸다. 그리고 곧 새해를 맞았다. 하루는 아까웠지만 새해만큼은 빨리 왔으면 했다. 다섯 달이 지나고 있었다. '겨울은 길고 추웠다'는 상투적인 표현이 적절한 시기였다. 좀처럼 오지 않는 봄을 기다리며 우리는 힘겹게 버텼다. 그녀는 몇 번이나 발작을 하고 정신을 잃어서 응급실에 실려 가거나 호스피스 병동에 들락거렸다. 상황은 급속히 나빠지고 있었다. 그녀는 거의 눈을 감고 있었기 때문에 나는 하루에도 몇 번씩 그녀의 코에 살며시 손가락을 갖다 대고 숨을 쉬는지 확인하곤 했다. 나는 깨어 있는 시간엔 깊은 고독에 빠져들었다. '만약 우리가 보통의 이성애자 커플이었다면 어땠을까, 지금보다는 견디기 쉽지 않았을까?' 나는 심한 불면과 우울감에 시달리고 있었다.

그 무렵 항암 치료와 방사선 치료 결과를 보기 위해 혼자 병원을 방문한 적이 있었다. 작은 진료실 안에서 의사와 간호사가 지켜보는 가운데 나는 MRI 결과를 볼 수 있었다. "치료가 아무 소용이 없었다"는 의사의 말이 공허하게 귓전을 울리고 지나갔다. 말을 잇다 말고 의사가 문득 내게 물었다.

"그런데 환자 분과 어떤 관계죠?"

"네?…… 후배인데요."

나는 갑작스러운 질문에 차마 '동생' 이라고 말하지 못했다. 어떻게 대답할지 미리 준비했는데도 말이다. 의사는 바로 MRI 영상을 꺼버렸다.

"가족이 와야 되겠군요. 환자 정보는 가족이 아닌 사람에게는 알려줄 수 없어요."

나는 필사적으로 매달렸다. 내가 보지 않으면 안 되는 이유에 대해, 나밖에는 치료를 결정할 사람이 없다는 것에 대해, 내가 지난 몇 달간 혼자 환자를 데리고 다닌 실질적인 보호자라는 것에 대해. 하지만 내가 그녀의 '배우자' 라고는 말하지 못했다. 가까스로 치료 결과를 마저 듣고 진료실을 나섰다. "동생인 줄 알았다"는 간호사들의 멋쩍어하는 말을 뒤로하고 터덜터덜 병원을 빠져나오며, 나는 깊은 소외감과 절망에 휩싸였다. 이것이 성소수자들의 현실이었다.

굳게 닫힌 사각형 방은 벽장 같다. 그녀의 가족이 방에 우리를 남겨두고 문을 닫으면 금세 주위가 조용해졌고 나는 투명인간이 된 듯했다. 단영이 잠든 사이 잠시 여유가 생기면 책을 읽었다. 가장 즐겨 읽던 것은 가톨릭 신부인 헨리 나웬Henri Nouwen이 쓴 책이었는데, 그중 주님의 사랑에 대한 짧은 증언에 대해 읽다가 나도 모르게 눈물을 쏟으며 서럽게 운 적이 있었다.

"주님은 이렇게 보잘것없고 하찮은 사람조차 사랑하시나요? 정말 나 같은 사람의 마음속에도 주님이 계십니까?"

묻고 또 물었다. '저처럼 무력하고 비참함에 찌들어 있으며 가슴속에 증오가 가득한 사람의 마음에도 예수가 계신가요?', '제가 주님을 멀리하던 때조차도 저와 함께셨나요?' 그것이 내 최초의 신앙 고백이었다. 나는 영혼의 한 꺼풀이 벗겨진 느낌이었다. 이보다 더한 외로움과 증오심 사이에서도 살아남을 수 있을 것 같다는 자신감이 솟기 시작했다. 사각의 벽장 안에서, 어둠 속에서, 나는 서른 해를 돌고 돌아 주를 만났다.

얼음처럼 청명한 어느 겨울날 오전, 우리는 택시를 타고 있었다. 내부순환도로를 빠져나와 양화대교를 건널 즈음 단영은 창밖을 바라보며 대수롭지 않은 듯 내뱉었다.

"내가 얼마나 더 산다고 했지?"

가슴이 철렁 내려앉았다.

"난 이제 여한이 없어. 진심이야."

내게 기대어 있는 그녀의 정수리에서 따뜻한 기운이 올라왔다. 약간의 땀 냄새를 실은 온기가 그 한마디와 얽혀 내 속으로 파고들었다. 얼어붙은 풍경을 바라보며 이대로 시간이 멈추길 바랐다. 겨울은 언젠가 끝날 것이고, 그녀 역시 언젠가 내 곁을 떠날 것이다. 그 사실을 그녀도 알고 있었다. 나는 이제 '정리'를 도와야 했다. 그 무렵 단영은 비타민 치료를 받기 위해 고양의 한 종합병원에 입원했다.

　봄은 다가오고 있었다. 어느새 목련은 솜털 박힌 꽃봉오리를 매달기 시작했고, 앙상했던 나뭇가지는 연한 연둣빛을 머금었다. 그녀는 음식을 삼키지도 못하고 자주 정신을 잃었다. 성소수자 친구들, 함께 활동한 동지들, 교회 사람들…… 많은 사람이 병원에 찾아왔다. 그 사이 3월을 맞이했다. 이틀 뒤인 단영의 생일을 앞두고 나는 어떻게 축하해주면 좋을지 복잡한 생각에 사로잡혀 있었다. 잠시 집에 다녀오기 위해 병실 문을 나서다, 나는 단영을 돌아보았다. 오랜만에 눈을 뜨고 있는 단영과 눈길이 마주쳤다. 마치 마지막인 것처럼 그 눈빛은 슬로모션처럼 길게 나를 좇았다. 그리고 실제로 그것이 마지막이 되었다.

　늦은 저녁 나는 뜻 모를 불안감이 도무지 가라앉지 않아 무작정 택시를 잡아타고 병원으로 달려가며 간병인에게 전화를 걸었다. 단영이 의식을 잃었다. 아무리 응급 조치를 해도 상황은 나아지지 않았다. 나는 그녀의 가족과 친한 친구들, 동성애자인권연대 친구들 그리고 목사님에게 전화를 걸어 병원으로 급히 와주기를 부탁했다. 단영은 그날 밤 하늘나라로 떠났다. 내일이면 그녀의 생일이 돌아올 텐데…… .

　빈소가 마련된 후 나는 내 위치의 어정쩡함에 또 한 번 어찌할 바를 몰라했다. 하지만 이내 그녀의 지인들이 오면 직접 챙기고 식사를 대접하는 것으로 스스로 역할을 정했다. 나는 조문객이 아니기 때문이다. 교회에서 많은 분이 와주신 덕분에 저녁에는 예배도 드렸다. 성소수자 친구들 중에는 교회에 다니지 않는 이도 많았지만 그 예배에는 모두가 참석해 함께 슬픔을 나누었다. 하나님을 믿건 안 믿건 상관없었다. 상처 난 가슴을 서로 어루만지는 것으로 충분했다.

그녀의 장지는 그녀 아버지의 묘소가 있는 고향으로 결정했다. 자주 찾아가기 위해서는 서울 근교 납골당에 안치하는 편이 좋았겠지만 어머니의 뜻이 완강해 따르기로 했다. 그보다 나는 여자가 결혼을 안하고 죽으면 '흉상'이라 장례를 치르는 게 아니라는 둥 훈수를 두는 사람들을 보며 참담함을 느꼈다. 지난 여덟 달 동안 우리를 지긋지긋하게 따라다녔던 가족, 결혼, 이성애주의의 벽은 그녀의 죽음 앞에서도 건재했다.

벽제는 추웠다. 그녀를 담은 관은 정해진 절차에 따라 뜨거운 화로 속으로 들어갔고, 얼마간의 시간이 흐른 후 다시 나와 한 줌의 재로 함 속에 곱게 담겼다. 그것은 비현실적인 현실이었다. 전광판에 표시되는 망자의 이름을 보고 또 보아도 그것이 진짜 무엇을 의미하는지 그 상황에서는 누구도 알지 못한다. 넋 놓고 통곡하는 사이, 한 친구가 다급하게 달려왔다.

"가족들이 떠나는데, 너도 같이 가기로 한 것 아니었어?"

나는 허겁지겁 밖으로 달려 나갔다. 가족들이 조용히 마무리하고 싶다고 해서 우리는 친한 지기 4명만 따라가기로 미리 약속한 상황이었기에 너무나 당황스러웠다. 가까스로 화장터 입구에서 가족들의 차를 막아섰다. 차창 너머로 단 한 번도 그녀를 돌보지 않았던 그녀의 오빠들이 영정 사진을 들고 앉아 있는 것이 보였다. 낯선 얼굴의 가족들이 타고 있는 차에서 그녀의 큰언니가 내렸다. "미안하지만 '어른'들이 상의한 결과, '가족'들만 가기로 합의했다"는 것이다. 나는 그동안 힘들게 참고 참았던 감정이 폭발했다.

"나도 가족인데 왜 날 두고 가는 건가요? 그동안 그녀를 돌본 사람이 누구인가요, 8개월 동안 아무것도 안 한 사람들이 가족인가요!"

나는 필사적으로 매달렸다. 내게 이럴 수는 없다고 생각했다. 그러나 그들은 나를 남겨두고 화장장을 빠져나갔다. 죽은 사람은 말이 없건만 나는 그녀가 몹시 보고 싶었다. 나보다 더 용기 있고 더 당당하던 그녀가 있었다면 결코 나를 두고 가지 않았을 텐데. 그녀를 보낸 다음 날 나는 교회에 갔다. 그리고 하루 종일 작은 사랑방에 틀어박혔다. 단영이 늘 깔고 덮었던 담요를 몸에 돌돌 말고, 그녀가 늘 바라보던 창가와 익숙한 냄새에 둘러싸여 있는 시간은, 우리가 함께 숨 쉬고 있는 듯 의외로 편안했다. 그녀를 상실한 후 처음으로 가진 치유의 시간이었다. 하지만 그 이후가 문제였다. 나는 번갈아가며 나를 괴롭히는 증오심과 죄책감을 참아내기 위해 안간힘을 썼다. 수없이 꿈을 꾸었다. 그녀의 죽음이 반복되고 그때마다 그녀의 가족들은 나를 비웃었다. 나는 기도했다. 기필코 예수님과 독대하여 이 증오의 원천을 밝히고야 말겠다는 절박한 심정이었다. "예수님은 억울하게 십자가에 못 박히셨는데, 어째서 그 살인자들을 저주하지 않고 오히려 하나님에게 '이들을 용서해달라'고 간청하셨을까?" 그것이 내 기도의 주제였다.

어느 순간 어렴풋이 응답을 받은 느낌이 들었다. 예수님은 자신이 겪고 있는 고통을 우리 모두의 고통으로 받아들였기 때문에 억눌리고 가난한 자들을 위해 아낌없이 자신을 내놓았을 것이다. 마찬가지로 이 세상에서 오로지 나만 이런 일을 겪는다면, 나는 그녀의 가족들을 증오하고도 남았을 것이다. 하지만 그건 성소수자 모두가 직면한 문제였다. 그러므로 그 가족들만의 잘못이 아니다. 그들은 자신이 어떤 잘못을 저질렀는지 알지도 못한다. 진실을 보는 눈을 멀게 만드는 세상을 바로 고쳐야 한다. 그것은 내게 큰 깨달음이었다. 어느새 마음에 평화가 찾아오고 있었다. 증오심에 불태울 대상을 잃은 기분은, 허탈하면서도 가뿐했다.

그녀의 어머니는 지하철 행상으로 벌이를 하는 분이었다. 그분에 대한 내 양면적인 감정이 늘 불편했던 나는 비로소 해결의 열쇠를 찾은 기분이었다. 평생을 고단하게 살아온 그녀의 어머니를 더 이상 증오하지 않게 된 것은 남아 있는 내게 가장 큰 축복이었다. 그러나 나는 여전히 그녀가 어디에 묻혀 있는지 모른다. 그녀의 가족들에게 몇 번이나 알려달라고 사정했지만 번번이 거절당했고, 그로 인해 마음이 심하게 요동칠 때마다 주께서 늘 붙잡아주셨다. 그래서 나는 다시 무너지지 않고 무사히 삶의 중심을 세울 수 있었다. 성소수자 운동도 다시 시작했다. 내가 겪은 고통을 또 다른 누군가가 겪게 해서는 안 된다는 마음 때문이다. 그것이 주께서 내게 주신 '희망'이었다.

2010년 3월

2010년 3월 12일. 우리는 그녀의 1주기 추도를 위해 교회에 다시 모였다. 여전히 가시지 않은 슬픔과 그리움, 그리고 희망이 한데 뒤섞여 올라왔다. 추도식을 마무리하며 목사님이 기도를 시작하셨다. 울음을 삼키는 미세한 떨림과 함께 한동안 침묵이 흘렀다.

'억압'. 우리 모두 이 단어를 떠올리고 있었다. 우리를 짓누르는 이 무게를 목사님은 얼마나 공감하셨던 것일까? 다만 그분의 침묵을 통해 우리의 처지를 마음 아파하시는 예수님의 슬픔을 짐작해볼 뿐이다.

그러므로 예수도 자기 피로써 백성을 거룩하게 하려고 성문 밖에서 고난을 받으셨느니라. 그런즉 우리도 그의 치욕을 짊어지고 성문 밖으로 그에게 나아가자.

히브리서 13장 12절

나는 성문 밖 사람이다. 그리고 내가 다니는 교회는 '성문밖교회'다. 나 같은 사람을 위해 성문 밖으로 나아가 고난을 받으신 예수님을 따르는 이들의 공동체다. 그러므로 내가 가장 힘들고 외로웠을 때 이 작은 교회로 이끄신 그분의 뜻이 여기에 있으리라 생각한다. 나는 이곳에서 주의 평등한 사랑을 깨달았다. 이제 나는 모든 생명을 주께서 똑같이 사랑하신다는 것을 확신한다. 그리고 억압과 소외 없는 세계를 위해 분투하는 우리 모두의 마음속에 주님과 꼭 같은 사랑이, 신성이 있다는 것을 매 순간 깨닫는다.

예수는 우리와 늘 함께하신다.

다시, 기독교를 생각하다

이은

　　깊은 밤, 자판을 두드리는데 서늘한 무언가가 뒷덜미를 스쳤다. 오랫동안 교회를 향한 내 눈길이 냉랭했던 것은 '언어를 잃어버렸기 때문'일지 모른다는 자각 때문일까. 지난 몇 년간 나는 성서와 그들이 하는 말로는 '내 존재'를 설명할 수 없다는 무력감에 시달리다 결국 분노를 품었다. 엄마 배 속에서부터 신앙을 갖고 태어난 내게, 가장 크고 뚜렷했던 정체성을 지워나가는 과정은 선명하고 지독한 생채기로 남았다. 어쩌면 내가 어떤 사람인지, 어떻게 살아야 하는지 알지 못했던 때에 변혁을 꿈꾸는 여성주의자로 정체화한 여정이 날 살렸는지도 모른다. 몸으로, 온 존재로 내가 평범하지 않은 여성임을 자각한 후에야 조금 더 여유를 갖고 (한국의 개신)교회를 다시 마주할 엄두가 생겼다.

교회 안에서 퀴어, 소수를 바라보다

솔직히 말해서 나는 교회에 '이골이 날 만큼' 다녔다. 성서도 읽을 만큼 읽었고 묵상도 꽤나 열심히 했으며 기도도 남들만큼 했다. 스물다섯 해 넘도록 한 주도 거르지 않고 개신교회를 다녔으며 대학교에 속한 교회와 민중교회, 여성교회, 심지어 성공회 미사도 가봤다. '무교회'를 빼면 한국에서 접할 수 있는 교회는 얼추 다 다닌 셈이다. 이런 나의 '교회 쇼핑'의 정점이자 마지막에 민중교회가 있었다.

2003년부터 몇 년간 나는 한국의 진보적인 교단에서도 가장 바깥쪽에 있는 작은 민중교회에 몸담았다. 그곳은 성서 밖 텍스트까지 조망하는 설교를 했고, 이전에 가본 그 어떤 교회보다 신도들 간의 커뮤니티나 신앙 이외의 지향을 공유하려는 노력도 활발한 편이었다. 그때 나는 대학을 졸업하고 짧은 기간의 근로를 반복하며 반백수로 지내던 시절이라 심정적으로 적잖이 교회에 의지했다(월세 보증금이 없어 전전긍긍하던 시기에는 잠시 교회의 작은 방에서 지내기도 했다). 원原

가족의 곁을 떠나 이전의 교회에서 느끼지 못했던 믿음과 실천의 경계에 대해 고민하던 한때였으되, 한편으로는 민주화 운동을 겪어낸 분들의 이야기를 들으며 현재의 삶을 성찰하는 것도 그럭저럭 흥미로운 일이었다.

그런데 이상한 것은 나와 비슷한 또래의 청년들은 하나같이 몇 년을 버티지 못하고 교회로부터 지나친 '자유로움'을 얻어 떠나버린다는 것이었다. 일찍이 페미니스트 커밍아웃을 하고 여성 운동에 뛰어든 친구도 자연스레 신도의 삶에 마침표를 찍었다. 대체 왜였을까? 그렇게 교회를 떠나간 친구들과 나는 지금도 가끔 얼굴을 마주하는 사이다. 그들 각자 이유는 다르겠지만 어쨌거나 교회를 떠나는 그들의 마음엔 후련함과 아쉬움, 할 만큼 했다는 자각 같은 것들이 얼마쯤 뒤섞여 있었다.

나로 말할 것 같으면 교회를 떠난 이유는 하나가 아니었다. 처음에는 새로 시작한 일 때문에 바빠 교회에 가지 못하는 경우가 많았다. 그런데 시나브로 교회 안팎에서 들려오는 말을 듣기가 힘들어졌다. 가족들과 이전 교회 사람들은 민중교회가 이단이냐고 차마 묻지 못한 채 '좀 이상한 곳 같다'며 말을 빙빙 돌렸고, 석 달을 못 채우고 툭하면 직장을 때려치우는 내게 교회 어른들이 충고랍시고 하는 말도 내 깜냥에 수긍할 만한 것은 못 되었다. 주변 사람들의 기대나 돈과 무관하게 하고픈 일을 찾는 내가 '철없는' 청춘으로만 보였나 보다(돌이켜보니 교회와 거리를 둔 후에 과감하게 사고를 칠 수 있었던 데에는 이런 이유도 있었던 것 같다).

　조금은 결정적인 계기라고 할 만한 사건도 있었다. 이미 교회에 발걸음이 뜸하기 시작하던 2007년, 「차별금지법」에서 7가지 차별항목이 무더기로 삭제된 사건이 일어났다. 기도회니 서명 운동이니 하는 일들이 휩쓸고 지나간 후 교회는 다시 잠잠하고 평온한 상태로 돌아갔지만, 여전히 길에서 1인 시위를 하며 싸우고 있는 성소수자의 존재를 이상하게도 나는 외면할 수가 없었다. 편견과 차별을 넘어 사랑을 나누라는 내용의 '전태일 열사를 기리는 예배' 설교문은 나를 강하게 추동했지만 교회에서 그 이상의 실천이나 성찰을 기대하기는 어려웠다. 지금의 교회가 진정 내가 원하는 교회, 가진 것 없는 민중에게 가까이 다가가는 교회인가 하는 물음에 확답을 할 수 없었다. '억압 받는' 민중이 인식 속에만 존재하는 것은 아닌지 의심스러웠고, 하느님을 '아버지'라 부르는 것에 대해 한 치의 의심도 없는 사람들이 답답했다. 무엇보다 「차별금지법」에서 '성적 지향'을 삭제하는 데 보수 교회가 앞장서는데도 제대로 대항도 대응도 하지 못하는 것에 결정적으로 참을 수 없었다. 일요일마다 교회 출석을 가지고 꼭 같은 잔소리가 반복되는 것도 이해할 수 없었다. 어떤 면에서는 교회와 가부장을 분리해낼 수 없던 내 개인적인 한계도 작용했으리라 생각한다(별로 유쾌한 이야긴 아니지만 내 가부장인 아버지는 목사다).

　어쨌거나 나는 신이 아담과 이브를 짝지어 주었다는 이유만으로 사랑을 차별하고 이성 간의 결혼이라는 모범 답안만을 강요하는 모든 이에게 화를 내며 교회 바깥을 탐색하는 데 재미를 붙여버렸다. 그리고 여성주의 포털커뮤니티 '언니네www.unninet.net'와 언니네트워크를 만났다. 그때 내가 교회 게시판에 남긴 안부글을 보면 당시의 내 상태를 여실히 알 수 있다.

잘 지내시지요?

잊을 만하면 한 번씩 나타나는 ○○입니다.

요즘 전 운동에 푹 빠져 있습니다. 어느 분이 자신에게 두 운동, 'movement'와 'excercise'의 경계가 모호해졌다고 하던데 저 또한 그러합니다. 요가와 춤은 기본이고 여성농구 모임과 여성주의 자기방어훈련(호신술처럼 소극적 개념이 아닌 적극적으로 자기를 지키고 위기상황에 대처하는 훈련)을 하고 있어요. 점점 단단해지는 저를 느끼는 재미가 쏠쏠하네요. 내년 초쯤 되면 송판을 다섯 개씩 거침없이 격파할 겁니다.

요즘 제 삶의 화두가 '운동'과 '여성'이라는 것, 굳이 강조하지 않아도 다 아실 듯합니다. 신앙이나 교회에 관해서는 할 말이 많기도 하고 없기도 합니다. 차별금지법안을 둘러싼 보수 기독교계의 짓거리를 보자니 그나마 품어왔던 교회에 대한 희망을 버렸다고도 할 수 있겠네요. 이 일이 아니더라도 이미 '믿음이나 신앙'의 차원을 벗어나긴 했지만요. 그래도 보수교단 목사의 딸로 지금껏 살아온 관성도 있고 여태껏 키워준 부모에 대한 예의상 마지노선인 ○○교회마저 포기할 순 없다는 생각입니다. 최근에 부모님과 신앙 문제로 한바탕 논쟁을 할 뻔했지만 곧 아버지 환갑이시고 이러저러해서 그저 대충 수습해 넘겼지요. 하지만 기독교인들 정말 무섭고 또 싫어집니다. 최소한의 다름에 대한 인정도 없는, 복제된 인간군상 같아요. 저는 그냥 여성주의자들 사이에서 '까칠하게' 사는 게 더 좋아요.

어찌 되었거나 조만간 뵙겠습니다.

하느님의 뜻대로 키워진 인재라는 허울

이쯤 되면 독자분들은 내가 '여성주의자'란 이름에 걸맞은 까칠한 성정과 치열한 기질이 있다는 것을 알 것이다. 하지만 처음부터 그랬던 것은 아니다. 고등학교를 졸업하고 대학교에 입학할 때까지만 해도 오히려 흔해빠진 '범생'에 가까웠으니까. 그러나 4년이 넘는 대학에서의 경험은 나를 밑바닥부터 바꾸어놓았고 혈연 가족과 거리를 두며 내 삶과 신앙을 새롭게 구성하는 계기가 되었다(내가 대학에 유일하게 감사하는 이유가 이것이다).

내가 다닌 대학은 그 이름 석 자만으로도 독실한 기독교인임을

'인증' 하는 미션스쿨이었다. 전국 각지에서 신앙심이 깊고 공부도 곧잘 하는 학생들이 모여든다는 자부심 때문일까, 학생들은 묘한 '선민의식' 을 갖고 있었고 누가 더 신앙심이 깊고 훌륭한 신붓감, 신랑감인지 대놓고 탐색하는 분위기였다. 개중에 종교와 상관없이 입학한 학생이 열에 하나 꼴로 있었는데 그들은 신앙을 고백한 후에야 정당한 구성원으로 받아들여졌다. 실로 무서운 유리벽이었다. 채플 시간에 열심히 참여하지 않는다는 이유 등으로 소외당하는 경우는 너무 흔했다. 선량하기 그지없는 대다수 학생은 굳이 차별하려는 의도가 없었다며 해맑게 웃으며 손을 내저을 것이 분명하나, 거의가 기숙사 생활을 하는 환경에서 매일 밤 예배를 보는 경우가 많았으므로 이에 참여하지 않는 학생들을 향한 '투명인간' 취급은 그다지 낯선 일이 아니었다. 누구 못잖게 독실함을 자랑하던 나도 이런 상황이 반복되는 것에 적응은커녕 점점 더 불편하기만 했다.

무서운 단죄는 신앙이 없는 학생만을 향한 것이 아니었다. 성관계나 낙태 경험이 있는 여학생, 애인이 쉽게 바뀌는 여학생, 심지어 시험 시간에 부정행위를 한 학생에게도 날선 비판이 쏟아질 만큼 학교의 기준은 과잉도덕적이었고 무엇보다 성차별적이었다.

이런 분위기에서 한때 차별의 정점에 있었던 대상이 있었는데, 생물학적으로 남성인 두 사람이었다. 그 둘이 누구인지 몰랐고 굳이 알고픈 마음도 없었지만 무성한 '카더라 통신' 에 의하면 상당히 애틋한 사이인 모양이었다. 새내기 시절의 나는 인트라넷의 익명 게시판에 꼬리를 물고 올라오는 글들을 보면서 고민에 빠졌다. 동성애가 사람들이 말하는 것처럼 죄라고 생각하지는 않았지만 내 일은 아니어야 한다고 느꼈다. 그런데 그들이 혹 어떤 '죄'를 지었다고 하더라도 누군가를 좋아한다는 이유로 익명의 공간에서까지 손가락질을 당하는 건 절대 이해할 수 없었다. 두 사람이 학교를 졸업했는지는 알 수 없지만 짐작건대 누군가는 중도에 그만두었을 것이다.

당시 내가 체감한 두려움은 꽤나 크게 각인되었던 것 같다. 어떤 사람을 사랑한다는 이유로 평생 믿어온 종교에 의해 존재 자체가 죄악시된다는 것에 말이다. 내가 여자 친구들과 막역하게 지내는 것에 부담을 느끼고 남학생들과 곧잘 어울렸던 것을 보면……. 고등학생 시절 내게는 특별한 언니가 있었다. 한 학년 선배인 그 언니를 꽤나 좋아했는데 어떻게 지금까지 그 기억을 까맣게 잊고 지낼 수 있었나 싶다. 이제 와서 생각해보면 그 언니와 소식이 끊긴 것도 대학 새내기 시절에 느낀 '두려움(나도 그런 사람인 것을 남들이 안다면 얼마나 정죄될 것인가 하는)' 때문이었던 것 같다.

지방 소도시에서 같은 중학교를 졸업하고 같은 통학버스를 타고 고등학교를 다닌 것부터 심상하지 않았던 우리는 우정과 애정이 뒤섞인 모호한 관계였다. 나는 건네지도 못할 편지를 수없이 일기장에 끼적였고 언니의 사소한 부분까지 닮고 싶어 했으며, 아침저녁으로 언니와 버스에서 마주치는 그 짧은 순간을 위해 신경을 곤두세우곤 했다. 언니는 자상한 리더십을 가진 사람이었다. 짧은 머리에 도수가 높은 안경을 쓰고 다니며, 공부는 물론 노래와 춤에도 재능이 많았던 언니는 나의 우상이었다. 스킨십이라고는 손을 두어 번 잡은 것이 전부였지만 언니와 마주하고 있을 때면 내 눈에 다른 사람들은 여지없이 '아웃 포커싱' 되곤 했다. 그러나 대학에 진학한 후로 우리는 방학 때 한번 만났을 뿐 연락은 자연스레 끊기고 말았다. 누구에게도 말해본 적은 없지만 고이 간직한 그때의 기억을 떠올릴 때마다 화사한 조명이 켜지는 기분이다.

대학을 졸업한 지 벌써 7년이 넘었지만 불행하게도 나는 내 대학 시절과 온전히 화해하지 못했다. 요즘도 종종 그때로 돌아가는 꿈을 꾸는 것만 봐도 알 수 있다. 기숙사와 강의실 등이 배경인 그 꿈들은 특별한 사건도 맥락도 없이 단절된 채로 이어지는데 거의 회색빛으로 가득하다. 악몽은 아니지만 그 무게감과 잔상은 그에 못지않다. 친구들과도 곧잘 어울리고 동아리 활동도 활발하게 하며 학교생활에 자신감을 얻어가던 내게 무슨 일이 일어났기에 지금도 악몽 같은 꿈을 꾸는 것인지 명확히 재구성하기 힘들다. 단지 뭔가를 알면 알수록 그들과 괴리되어간다는 두려움과 그럼에도 도저히 부정할 수 없었던 선연한 무엇들 때문이 아니었을까.

그 무렵 P 교수와의 해프닝은 내가 페미니스트 정체성을 확고히 하는 데에 가장 큰 공을 세웠다. 그는 여성 혐오증을 가지고 있었고 학생들을 비아냥대는 것이 일과였다. 하지만 학과장이었기 때문에 학생들은 물론이고 교수들도 그의 비위를 맞추려 노력했다. 기죽지 않고 엉뚱한 질문을 던져대는 나 같은 아이는 매우 열외적인 존재였다.

그는 진로를 상담하러 찾아간 나에게 신체조건 운운하며 자리에서 일어나 한 바퀴 돌아보라며 매우 친절하게 현실을 인식시켜준 자였다(지금 같으면 성희롱이라고 노발대발했겠지만 그때는 막연하고 지독한 불쾌감만 느꼈다). 그때부터 지금껏 나는 그가 내뱉은 말들에 반대되는 삶을 충실히 살고 있다. 이를테면 남자애들이 별반 매력 없어 보여도 나중에 양복만 갖춰 입으면 다들 멋있어진다든가(물론 거짓부렁임이 진즉 들통 났다), 쓸데없이 감상에 젖은 여류 작가의 책은 읽을 가치가 없다든가, 심지어 성폭행을 당했어도 절대 낙태는 안 된다든가 하는 말까지 수업이랍시고 마구 지껄였다. 대놓고 항거하는 학생도 아니었고 학부 일에 열심인 편이었는데도 그는 늘 나를 마땅찮게 여겼다. 하긴 교수의 권위에 관심이 없는 데다 자신이 손수 좌절까지 안겨주었건만 계속 꿈이나 주절대는 학생이 마초 교수의 마음에 들었을 리 없었을 것이다.

나는 재미있는 일에만 열의를 보이는 날라리였지만 수업에 빠지거나 하는 일은 좀처럼 없었다. 과제를 제때 못 내는 일은 흔하디흔했지만, 페미니스트와 비판적 지식인을 자처하며 날카로운 견지로 기독교 역사를 가르친 교수의 수업 시간에는 반짝반짝 눈을 빛냈다. 그가 내게 가르쳐준 것은 성서가 여성을 억압하기만 하는 것이 아니며 다양한 해석의 단초가 될 수도 있다는 것이었다. 이제는 참으로 시시껄렁

한 이야기가 되었지만 아담의 '갈비' 뼈로 이브를 만든 것은 위나 아래가 아닌 가운데 즈음이란 신의 뜻이 아니겠느냐 하는 식이었다. '여자는 교회에서 입 다물라는 말'에 진이 빠졌던 내게는 단비와도 같은 말이었다. 나는 그 선생에게서 역사가 얼마나 자의적인 것이며 기득권의 입장에서 해석되기 쉬운 것인지 배웠다.

비판과 성찰의 토대 위에 하나씩 배운 것들을 쌓아가는 한편 그에 걸맞지 않는 현실을 알면 알수록 나는 '지금껏 착한 딸로 살아왔듯 계속 그런 척하며 사는 것', '흠잡을 데 없어 보이는 인생 사이클의 페달을 밟는 것'에 구토에 가까운 역겨움을 느꼈다. 내가 알고 배우기로는 분명 배움과 실천은 한 세트여야 하는데 주변에서는 내가 되고 싶은 모델을 찾을 수가 없었다. 그래서 자꾸만 학교가 아닌 다른 공간을 꿈꾸며 찾게 되었다. 그 결과 지금의 나를 사로잡고 있는 것은 '세상을 바꾸는 하느님의 방식'이 아닌 '사람에 의한, 사람을 향하는 것'이 되었다. 여성이건 성소수자건 누구나 동등한 출발선에서 삶을 살아갈 수 있는 사회를 만드는 그런…… .

마침내 섹슈얼리티에 눈을 뜨니

대학 시절은 물론 그 이후에도 나는 매우 극단적인 선택을 통해

'구별된 존재'를 자처했다. 새내기 여학생에게 향하는 이성적 관심이 마냥 어색해서일까, 연애를 하는 것도 배타적인 관계를 이루는 것도 썩 내키지 않았다. 그래서 결혼 관계 외엔 성적인 관계를 하지 않겠다는 소위 '순결 서약'으로 몸과 마음에 족쇄를 채웠다. 그것은 일종의 방패막이가 되기는 했지만 퀴어로서의 나를 너무 늦게 발견하게 된 원인이기도 했다. 손가락에 반짝이는 은반지를 은장도라도 되는 양 내려다보며 나는 조금 더 뜨겁게 신과의 관계에 집중하려 애를 썼다.

긴 휴학 기간을 포함해 거의 6년이라는 시간 동안 내게는 잠깐의 해프닝 외엔 연애라고 부를 만한 사건이 없었다. 모든 성적인 접촉뿐만 아니라 친밀한 관계마저도 속수무책으로 방기한 탓에 내겐 지금도 연애에 대처하는 자세라는 것이 존재하지 않는다. 순결이니 정숙이니 하는 것이 유독 여성에게만 족쇄가 되는 현실에 반기를 들겠다고 결심한 것은 한참이 지나서였다. 이유를 알 수 없는 우울증에 시달리던 이십 대 후반의 나는 뒷골방에 은반지를 내던지고 몸의 욕구를 탐험하러 나섰다. 그리고 느슨하게나마 공동체의 외피를 이루고 있던 교회의 울타리마저 걷어냈다.

지독하게 외로웠다는 말로 표현이 될지 모르지만 처음엔 일요일마다 무엇을 해야 할지 몰라 다시 잠을 청하기도 부지기수였다. 때로는 일에 몰두했고 토요일 저녁부터 밤새 춤을 추고는 일요일 내내 늘어져 있기도 했으며, 연인 이외의 새로운 관계를 온라인에서 탐색하기도 했다. 몸으로나 마음으로나 친밀한 관계에 서툴렀기 때문에 많이 다치

기도 하고, 내가 원한 것이 바로 이런 것이었는지 고뇌하는 시간이 길어졌다.

시시콜콜한 한 사람의 역사가 단지 사적인 이야기로 그치지 않는 이유는 굳이 말하지 않아도 알 것이다. 그 이야기가 모이고 모여 퀴어 혹은 여성의 현실을 드러내는 유의미한 지표가 되기도 하니까. 특별하다고도, 평범하다고도 할 수 있는 과정을 거쳐 현재 나는 딱히 정의할 수 없는 '퀴어 페미니스트'를 고수하고 있다(레즈비언 페미니스트라고 하기엔 22퍼센트 부족하다. 무성과 바이섹슈얼 사이 어디쯤, 어쩌면 아직 변화하거나 정의하기 힘든 선상에 있으므로). 성별을 막론하고 내게는 친밀한 관계란 이름으로 자행되는 폭력(?)에 거부 반응이 있어 여전히 연애가 두렵고, 쉽지 않다.

가족 관계가 단절되는 것까지 감수하면서 교회를 뛰쳐나온 내가 퀴어로서 신앙을, 기독교 정신Christionity을 고민하게 된 계기가 최근에 있었다. 한 퀴어 신학자의 강연을 듣고 가슴이 다시 뛰기 시작한 것이다. 그렇다고 이제는 내가 교회와 불화하지 않을 자신이 있다는 말은 아니다. 지금의 나는 어느 때보다 날카롭고 예민하고 치열한 성정을 지니고 있으므로 어쩌면 더 격렬한 방식으로 불화할지도 모르겠다. 하지만 지금으로서는 기독교가 '원래' 그렇게 나쁜 종교가 아니었다는 사실을 확인한 것만으로도 충분히, 그것도 눈물이 날 만큼 안도가 된다. 언제인가부터 예수의 신성을 믿지 않게 된 내가 어느 곳에 몸을 뉘어야 할지 모르겠다는 점만 빼면 현재 종교에 대한 내 생각은 대체로 희망적인 편이다. 그간 희미하게나마 날 붙잡아주었던 '예수처럼' 모든 억압 받는 자를 위해 행동할 수 있는 사람은 여전히 멀리 있는 것처럼 느껴지지만, 기독교를 생각한다는 것은 매력적인 과제임이 틀림없으므로 다시 발길을 내딛어보기로 한다.

가부장과 교회 분리하기, 내 언어로 종교 사유하기

마냥 힘들게 먼 길을 돌아왔다고만 생각하지는 않는다. 이 모든 것이 나를 찾는 과정이었으므로 부정적인 자극이나마 교회를 통해 얻은 것도 있다고 생각한다. 완전히 교회를 미워할 수만은 없는 이유다.

내게 가장 큰 걸림돌은 바로 가부장, 아버지다. 내가 하느님 '아버지'를 깊이 신앙할 수 없었던 이유도 실은 그분 탓이다. 그분만이 아니라 수많은 목사 남성들의 언행 때문이다. 아버지는 어머니를 때린 후 강단에 올라 "아내를 내 몸처럼 사랑하라"는 뻔뻔한 언사를 내뱉었고, 성추행을 당한 언니를 자신의 위신을 더럽혔다며 몽둥이로 패서 정신질환자로 만들었다.

문제는 이런 목사(혹은 신앙인)이자 가부장들이 도처에 널렸다는 것이다. (보수)교회 안에서 권력을 잡고 있는 남자라면 아주 넌덜머리가 날 지경이다. '며느리가 남자라니'라고 한 그들의 말을 굳이 들추지 않더라도 내 몸과 욕구를 억압하게 된 상당한 이유는 그들에게서 기인한다. 대학 시절 나는 단지 여자라는 이유로 춤 동아리 가입을 거절당했다. 그 이유인즉슨, 가슴이 있는 여자는 격렬한 춤을 추어 남자들을 흥분시켜서는 안 된다는 것이었다. 결국 끈질기게 찾아가고 또 고집해서 이듬해 그 동아리에 들긴 했지만 꽤 오랜 시간 동안 차가운 시선과 싸우며 춤을 추어야 했다. 이것이 바로 여성으로서의 내 첫 번째 '투쟁'이었다. 나는 내 자신이 '성욕을 유발하는' 존재라는 것보다 지금껏 더한 죄책을 느껴본 적이 없다.

이 모든 경험을 통해 분명히 알게 된 것이 있다. 차별은 나쁘지만 누구나 한 번쯤 차별 받는 위치에 서는 것이 한편으론 얼마나 소중한 경험인가 하는 것이다. 나는 상처 없는 사람을 믿지 않는다. 취약한 면이 없는 사람, 차별 받은 적이 없는 사람, 그래서 그게 어떤 심정인지 모른다는 이유로 차별 받는 사람 앞에서 두 손 놓고 있는 사람을 참아줄 수가 없다. 어떤 종류의 소외 혹은 배제에 직접 참여하지 않더라도 방임함으로써 결국은 그 일에 동참하는 수많은 기독교인들에게 바라건대, 부디 당신이 믿는 것의 토대가 실상은 얼마나 빈약하고 옹색한지 살펴볼 기회가 있길 바란다. 예수가 천대 받는 자들과 얼마나 친밀했는지 살펴봐도 조금은 달라질 수 있지 않을까. 창녀(이런 표현에 진정 유감이지만)와 세리, 장애인과 제국의 하수인, 동성애자, 바람난 여자들, 그리고 죄 많은 모든 사람의 곁에 예수가 있었으며 그 자신 또한 보잘것없는 목수의 아들이었다.

교회가 당장 모든 종류의 차별(성소수자와 여성, 이교도인에 대한)을 정당화하는 일을 멈추고 특권적 지위를 남용하며 제국주의적인 방식으로 세력을 부풀린 것을 반성하기를 열망한다. 그나마 내가 의지할 곳은 한국 개신교의 척박한 전통에 맞서 인권에 대한 열망을 갖고 있는 사람들로 이루어진 민중 공동체. 그곳에서마저 성소수자 혹은 다른 믿음을 가진 이들이 차별 받는다면 분연히 항거하고 저항할 것이지만. 마지막으로 하고픈 말은 이것이다.

　　"교회여, 당신은 배다른 형제인 다른 기독교의 전통은 물론이고 자유주의, 그리고 외경과 근친할 필요가 있으며 모든 종류의 성적 억압을 반성해야 할 책무가 있다. 만약 그리 한다면 나는 언제든 맨발로 뛰어나가 그대를 맞을 것이며 평생 그리스도의 사제로 살 수도 있다. 지금은 이런 목소리를 내는 것만으로도 벅찬 것이 현실이니, 당신과의 재회를 아직은 이루지 못한 꿈으로만 남겨두어야 한다는 것이 참으로 유감스럽고 또 아플 뿐이다."

크리스의 레즈비언이 된 이야기
그리고 레즈비언으로 사는 이야기

크리스

들어가며

내 닉네임은 크리스. 본명은 말할 수 없다. 나는 전직 목사이자 레즈비언이다. 나는 한국과 미국에서 신학교를 졸업한 후 미국의 한인 교회에서 목회자로 일하다가 병원목사가 되었다. 내가 신학교에 가기로 결정한 것은 일반 대학에 대한 열정과 성공에 대한 욕구가 별로 없었기 때문이다. 남들도 다 가니까 가는 대학, 틀에 박힌 듯한 직장생활, 때가 되면 하는 결혼, 그리고 안정적인 일상……, 그런 것들을 위해 살아가고 싶지 않았다. 뭔가 더 유의미한 일에 몰두하고 싶었고 나를 알고 싶다는 물음이 신학교와 맞물렸다.

　그러나 한국의 신학교에는 남녀 차별의식과 계급의식이 있었다. 당시로서 미국 유학은 내게 어쩔 수 없는 선택이었다. 그러나 그곳에서 나는 10여 년간 내 마음속 가장 깊은 곳에 숨겨두었던 성 정체성을 찾고자 하는 욕구와 부딪히게 되었다. 결과적으로 나는 커밍아웃을 했고 그러던 중 한국에 오게 되었다. 현재 나는 시민단체 활동가로 일하고 있다. 내가 왜 지금은 목사로 활동하지 않는지에 대해서는 앞으로 이야기하게 될 것이다. 또한 목사로 안수 받고 동성애자임을 인정하게 된 이야기 역시 하려 한다. 그 중간에 성장기, 풋사랑, 신앙, 가족, 직장, 또 내가 속해 있는 커뮤니티 그리고 파트너 이야기 등을 특별한 개연성 없이 적고자 한다.

신학대학원을 다니며

　1995년, 나는 미국에서 신학대학원을 다니며 교회에서 전도사로 일했다. 그때 나는 낮에는 공부를 했고 저녁과 주말에는 교회에서 살다시피 했다. 초등학생들의 교육과 예배 음악을 맡아서 했는데 세 명의 주일학교 선생님들과 담임목사님, 그리고 세 명의 전도사님들과 같이 일했다. 그중 한 여자 전도사님과는 절친한 관계였고 같은 학교를 다니며 함께 듣는 수업도 많았는데, 그녀는 미국인들도 놀랄 만큼 영어를 잘해서 전 과목에서 A학점을 받는 장학생이기도 했다. 내게는 개인적으로 히브리어 교습도 해주고 교회에서는 함께 예배 음악을 담당하는 파트너이기도 했다.

목회자에게 평신도와의 지나친 친밀감은 공공연한 금기였다. 너무 친해도 탈, 너무 멀어도 탈인 것이 그 둘의 관계였던 만큼 나는 평신도가 아닌 친구가 필요했다. 내 개인적인 신상을 알아도 덮어주고 나를 깊이 이해해주는 친구. 그녀는 내게 그런 친구였다. 우리는 학교와 교회에서 만나는 시간이 많다 보니 자연스레 정이 들었다. 그녀에게는 별거 중인 남편과 두 아이가 있었는데 나는 그녀의 아이들을 무척이나 귀여워했다. 그녀처럼 지적이며 다방면으로 재주가 많은 사람도 드물겠지만, 또한 자라온 가정사가 불행한 사람도 드물 것이다. 우리는 정말이지 비밀이 거의 없을 만큼 서로의 형편을 잘 아는 사이가 되었다.

그녀는 먼저 대학원을 졸업하게 된 내게 졸업을 늦게 하면 안 되겠냐고 넌지시 물었고, 결국 나는 졸업을 한 학기 늦추기로 마음먹었다. 그렇게 해서라도 그녀와 더 많은 시간을 공유하고 싶었고, 그녀의 아픔도 즐거움도 함께하고픈 마음에서였다. 교회에서는 내가 우리 집보다 그녀의 집에서 지내는 시간이 더 길다는 소문이 나곤 했는데, 담임목사님이 농담을 할라치면 나는 이상스레 불편한 마음이 들곤 했다. 그저 동료 목회자로서 친하게 지내는 것이라면 불편하거나 부끄러울

이유가 없지 않았을까? 그때 나는 '어, 이 불편한 느낌은 뭐지?' 라고 자문했지만 도저히 말로 설명할 수 없었고, 동성 친구로서 좋아하는 감정 이외에 뭔가 다른 마음이 있다는 것만 느낄 뿐이었다. 사실 더 깊이 생각하기가 두려웠다. 내 속에 감추어진 어떤 것이 나올 것 같았기 때문이다.

같이 있으면 우리는 너무 좋았다. 그녀의 두 아이들과 공원에서 산책하고, 축구하고, 교회에서 같이 목회하고, 음악 연습하고, 밥 먹고, 여행도 가고, 일 끝나고 만나서 밤이 늦도록 수다 떨고, 아이들은 두 눈을 반짝이며 그녀와 내가 하는 한국말을 귀 기울여 듣다가 궁금하다고 묻곤 하고…… . 마치 가족을 얻은 것 같았다. 다만 남편과 아내 그리고 그들의 아이들이 아닌, 여자와 그녀의 여자 친구 그리고 두 아이들이 있는 좀 이상한 구도의 가족.

그녀는 무척이나 개방적인 사고를 가지고 있었다. 혼전 순결을 고집하지 않았고 남녀의 동거 문제를 결혼과 별개로 생각하기도 했다. 그 때문에 우리는 거의 모든 이슈에 대한 난상 토론이 가능했다. 그러나 그녀는 성경에서 말하는 동성애에 관해서는 무척이나 강경하고 보수적인 자세였고 나에게도 동조하라는 식으로 강요하곤 했다. 한번은 내가 "동성애는 인정하지 못한다 하더라도 동성애자는 다르지 않냐?"며 우호적인 태도를 보인 적이 있는데, 그녀는 "만일 네가 동성애에 관해 허용하는 마음을 가지고 있다면 나와 친구 관계를 더 이상 유지할 수 없다"고 딱 잘라 말했다. 동성애는 하나님의 말씀에 위배될 뿐만 아니라 교리에도 위배되기에 성직자로서뿐만 아니라 크리스천으로서의 삶을 포기해야 한다는 것이다. 그녀의 동성애에 관한 독선은 나를 두렵게 만들었고, 누구보다도 자유로운 사람이 어느 한 이슈에 관해서만 편견을 가지고 있다는 것이 슬펐다.

사실 나는 그 무렵 '그녀를 동성으로 사랑하지 않나' 고민하고 있었다. 내 마음을 읽기라도 한 것이었을까? 그녀의 말은 비수와도 같았고 나는 성 정체성으로 인한 목회자로서의 신앙을 고민하며 도덕적으로 혼란스러웠다. 도대체 나는 무엇이 문제란 말인가? 나의 사랑이 동성애든 아니든 인정받고 싶었고, 그녀에게 내 사랑이 진심임을 고백하고 싶었다. 성 정체성으로 인한 혼란과 신앙적 이중성 때문에 그녀를 만나기가 점점 힘들어질 무렵 나는 뉴욕의 어느 비영리 단체의 스카우트 제의를 받고 결국 떠나기로 결심했다. 설득할 수 없는 사랑에 상처를 받는 것보다는 도망가는 쪽을 선택하고 싶었다. 떠나는 순간까지도 커밍아웃할 생각은 꿈도 꾸지 못했던 것이다.

다시 그녀를 만난 것은 그로부터 3년쯤 후였다. 그녀는 예전보다 더 진지한 목회자로 살고 있었고, 동성애에 관해서 반갑게도 수용적인 태도의 소유자로 변해 있었다. 그녀도 고민을 했던 것 같았다.

그때 나는 캔자스시티에 있는 병원에서 레지던트 사목으로 일하며 임상목회 훈련을 받고 있었는데, 그제야 나의 성 정체성을 깊이 고민할 수 있었다. 원래부터 나는 동성을 좋아했고 그것은 거부할 수 없는 일이며 자연스러운 것이라는 것까지 인정하게 되었다. 더 이상 목사가 되기로 한 것에 후회와 질책을 하지 않기로 했다. 목사로 안수 받기까지 신학대학을 졸업하고도 13년이란 오랜 세월이 걸렸다. 긴 고민의 시간이었다. "과연 나는 어느 것에도 치우치지 않으며 훌륭한 목사로 살아갈 수 있을까? 혹시 목사 안수를 받고 타협하는 자가 되지는 않을까? 차라리 평생을 신께 부름 받은 자로서 살되 직책은 받지 말까?" 하지만 현실의 벽은 내가 직분을 망각하거나 포기하는 것을 허락하지 않았고, 나는 결국 갖추어야 할 것을 갖추어야 함을 인정하고 목사 안수를 받았다. 그때까지만 해도 나는 성 정체성에 대하여 시름이 깊지 않았다. 자신을 당연히 이성애자로 생각했으니까.

그러나 임상목회 훈련과정 중 동성애자임을 고백하고 난 후 모든 것이 달라졌다. 이제껏 읽어왔던 성경이 다르게 이해되었고, 무엇보다도 성경 속 인물들이 생명력이 넘치며 그들의 상황을 피력하고 있다는 것에 즐겁고 놀라웠다. 친구와의 우정을 넘어선 애틋한 사랑, 시어머니와 며느리라는 역할을 넘어선 파격적인 사랑, 남종과 그를 향한 주인의 지극한 사랑……. 그들의 비밀스러운 사랑이 눈물겹게 힘들고 아름답게 느껴졌다. 그런데 왜 나는 십수 년 동안 성경 속에서 이성애적 사랑만을 보았던 걸까? 생각하고 또 생각해보았다. 이성애적인 사랑만이 정상이라 여겨졌고 사회에서 용납되었기 때문이라는 답을 얻었다. 나의 목회 생활에 의무는 있었으되 기꺼움은 없었음을 깨달았다. 나 역시도 어느 면에서는 판에 박은 듯 똑같은 목회자로 길러졌음을 깨달았다. 반은 편하고 반은 불편했던 목회자의 생활을 더 이상은 하고 싶지 않았다.

나는 그녀에게도 커밍아웃을 했고 한국에 돌아갈 예정이라고 했다. 그녀는 "아마도 귀국이란 너의 선택은 동성애를 위해 하나님께서 널 사용하시기 위함이 아닐까? 그래서 널 이제껏 단련시키신 것이고"라며 축복의 메시지를 주었다. 그녀는 나의 동역자였으며 사랑하는 사람이었다가 이제는 친구가 되었다. 그녀는 내가 결혼할 때 한국에 오겠노라고 약속했다. 난 그녀에게 축가를 불러달라고 할지도 피아노를 쳐달라고 할지도, 아니면 축복기도를 해달라고 할지도 모르겠다.

성장기와 첫사랑 이야기

나는 세 딸 중 둘째로 태어나 위로는 두 살 많은 언니 그리고 아래로는 일곱 살 어린 동생이 있다. 동생하고의 터울이 많은 것은 우리 집에 아들이 없다는 이유로 엄마가 늦게나마 아들을 낳으려 했기 때문이다. 어릴 적 내가 초등학교를 다닐 무렵, 시골에 사시던 할아버지가 한번 오실라치면 집안이 발칵 뒤집히곤 했다. 안방에서 흘러나오는 이야기는 없는 아들에 대한 대책 마련이었다. 예를 들면 나의 아버지가 장손이면서도 대를 이을 아들이 없으니 둘째 작은아버지 댁의 차남을 우리 집 아들로 호적에 올려야 한다든가, 씨받이와 같은 입에 올리고 싶지 않은 이야기였다. 난 엄마가 할아버지한테 혼나는 것이 마음 아팠고 그래서 할아버지가 오시는 것이 싫었다.

이런 이야기를 하면 마치 가정적인 이유로 인해 레즈비언이 된 것이 아닌가 하는 오해를 받곤 한다. 직장 동료들은 나를 두고 유년기의 상황으로 인한, 가부장적 사회가 만든 레즈비언이라 말하기도 하고 얼마든지 이성애자가 될 수 있는데도 스스로 레즈비언이라 착각하고 있지는 않는지 반문하곤 한다. 하지만 성적 지향이란 그리 쉽게 결정되는 것도 아니며 남이 판단할 수 있는 것은 더더욱 아니란 생각이 든다. 내가 레즈비언임을 인정하게 된 데에는 그보다 훨씬 다양하고 복잡한 상황들이 있었다.

나는 남자 친구를 사귈 수 있는 기회가 여러 번 있었다. 대학 다닐 때도 그랬고 유학할 때도 결혼 말이 오갔던 사람들이 있었다. 한 사람은 외국인이었는데 말도 통하지 않는 그는 나를 좇아 한국 교회까지 따라오는 열정을 보이기도 했다. 그 진심에 감복한 나머지 나도 한때는 국제결혼을 생각하기도 했다. 나를 잘 이해해주던 그 사람이 친구로 남아 있다면 좋았을걸 하는 아쉬움이 들기도 한다. 결혼할 기회는 그 밖에도 두어 번 더 있었지만 연애도 결혼도 하지 않았다. 가부장적 사회의 모순적 결혼을 받아들일 수도 없었고 승복할 수도 없었다.

나는 초등학교 가기 전부터 동네 남자아이들이 밖에서 하는 모든 놀이를 섭렵했다. 남자아이들과의 놀이는 내게 즐거운 게임이라기보다 지느냐 이기느냐의 사투에 가까웠다. 게임이나 놀이에는 두 가지 방식만 존재했다. 지느냐, 이기느냐? 혹은 다 따느냐, 다 잃느냐? 언제나 이분법만이 존재했다. 게임에서 이겼을 때의 느낌은 격렬한 운동을 하고 나서 참을 수 없는 갈증이 날 때 물을 마시는 것과 같은 시원함이 느껴지는 너무나 짜릿한 경험이었다. 어른이 되고 나서도 적과 싸움은 할지언정 동침은 할 수 없다는 생각이 들었다. 그것이 내가 갖고 있는 남자에 대한 한계다. 안전함을 느낄 수 없는 존재와 함께 산다는 것이 얼마나 불행한가? 제도, 즉 모든 남자와 여자가 결혼을 해야 한다든가 남자는 여자와, 여자는 남자와 반드시 결혼을 해야 한다든가 하는 것에 동의하지 않는다. 제도는 질서를 유지하기 위해 사람들에게 파란불일 때 건너라고 하지만 나에게는 그 파란불이 빨간불로 보인다. 그래서 건널 수가 없는 것이다. 성적 자기 결정권은 사회가 개개인이 내리는 선택을 인정해야만 발휘될 수 있는 권리다. 세상이 변화하는데 왜 유독 사랑을 할 수 있는 권리에는 제한이 따르고 검열이 가해져야만 하는지 따져볼 일이다. 이 제한과 검열은 누구를 위한 것인가? 누가 누구의 사랑을 검열할 수 있다는 말인가?

나는 여자아이들하고는 잘 놀지 못했는데, 그들이 하는 놀이 대게가 격렬함이 없고 승리감이 덜한 것들이어서 별로 재미를 못 느꼈다. 하지만 안전함을 느꼈고 이겨야 한다는 강박관념도 상대적으로 적었다. 그래서 여자아이들과 있으면 마음이 편했다. 그런 느낌이 나의 성 정체성을 잘 대변해준다. 여중, 여고를 다니면서는 어릴 때 남자아이들에게 가졌던 승부욕이나 경쟁의식을 느껴본 적이 별로 없다. 동성 친구는 지켜주고, 도와주고, 협력해야 할 대상이라는 생각이 들었다. 하지만 여학교 시절 동성애로 인해 고민하거나 '내가 동성애자가 아닐까?' 하는 의문을 가져본 적은 없다. 다만 친구들이 가끔 내 이야기를 하며 좀 색다른 아이 취급을 하곤 했다. "○○는 남자애처럼 말도 잘 안 해", "○○가 청소하면 이상해" 등등 남녀의 역할이 고정된 일상생활의 틀에 비춰볼 때 나는 친구들에게 여자아이도 남자아이도 아니었다. 이 정도가 나의 초중고 성장기의 대부분을 이룬다. 한 번도 특별한 동성 친구를 사귀어본 적이 없었다.

처음으로 동성과 연애를 한 것을 신학교를 졸업한 후였다. 일본에 잠시 머무르던 중 바닷가에 1박 2일로 놀러 간 적이 있었는데, 여자는 나와 요시코라는 일본인 친구뿐이었고 나머지는 모두 남자였다. 늦은 밤 거나하게 취해서 남자들이 각자 방으로 간 후 요시코와 나는 놀던 방에서 같이 잠을 자게 되었고, 어떻게 같은 이불 속에 누웠는지는 정확하게 기억나지 않지만 자다가 보니 둘이 한 이불 속에 있는 걸 알았다. 새벽에 자다 깨서 화장실에 갔다 오는데 벽에 요시코의 옷이 걸려 있었다. 난 좀 놀란 마음에 살짝 이불을 들췄고 알몸으로 자고 있는 요시코를 보았다. 그날 밤 이후 우리의 관계는 애인 사이로 발전했고, 그 후 2개월 남짓한 일본 생활은 내 인생에서 너무나 달콤한 시간이 되었다. 신앙인으로서의 동성애 잣대를 들이댈 사람도 없었고, 나 역시 그것이 혐오스러운 것이라고 생각하지 않았다. 어릴 때부터 금기시해오던 동성애 행위를 직접 하고 보니 불쾌하기보다는 오히려 누군가와 하나가 되는 교감을 느꼈다. 아이러니한 경험이었고 앞으로도 그렇게 살면 좋겠다고 생각했지만 동성과의 사랑이 목회자로 살고 싶은 내 꿈을 접지는 못했다. 그것이 나의 첫사랑이었다.

내 첫사랑은 나름 진실했지만 비겁했다. 일본인이었기에 내 주변의 아무도 모를 거란 전제하에 그녀를 사랑했고, 예정된 시간에 맞춰 끝냈다. 지금도 가끔 요시코를 떠올리곤 한다. 검은 단발머리의 시골 소녀, 웃을 때면 입을 가리고 수줍게 웃던 얼굴, 우리가 함께 듣던 그녀가 좋아하던 록그룹의 노래……. .

호모포비아를 극복하고 나를 찾다

나는 고등학교 졸업 후 바로 대학에 들어가지 않았다. 앞에서도 언급했듯이 대학을 결혼의 관문이라거나 성공을 위한 목표로 설정하는 것은 내가 원하는 것이 아니었다. 대학에 왜 가야 하는지에 대해 납득하려 했으나 그러면 그럴수록 남들이 다 가기 때문에 나도 그럴 뿐이라는 결론만이 내려졌다. 그렇게 삼수를 하면서 소위 인생의 바닥을

치는 경험을 했다. 그때 나는 도무지 갈 곳도, 가고 싶은 곳도, 만날 친구도, 하고 싶은 것도, 또 인생의 의미를 찾을 수도 없었다. 내 눈에 세상은 온통 회색 천지였다. 그러다가 생각한 곳이 신학교였다. 엄마와 알고 지내던 분이 늦은 나이에 신학교를 가셨는데 그 학교에 대한 이야기를 들으면 왠지 끌리곤 했다. 일반 대학과는 차원이 전혀 다른, '신' 께서 부르신 이들만 가는 듯한 왠지 모를 신비감에 사로잡혔다. 나 몰래 교회 식구들이 나를 위한 21일간 작정 예배를 드렸다고 하는데, 우연히도 예배 마지막 날 내 마음이 움직였다. 바로 그날 원서를 들고 신학교에 지원한 것이다. 그리고 나는 그전과는 전혀 다른 모습으로 4년을 한걸음에 달려갔다. 인생을 고민하던 모습은 온데간데없이 열심히 신앙생활과 학교생활을 했다.

한때는 종교에 심취해 신학교를 졸업하고 종교가가 되어야겠다는 생각을 한 적도 있다. 물론 어릴 때부터 교회에서 동성 간의 사랑이 잘못이란 걸 배웠기에 동성을 사랑하겠다는 생각은 추호도 한 적이 없었다. 요시코를 만나기 전까지는.

신학교를 졸업하던 해, 나는 좀 더 자유로운 세상에 가서 배우고 싶다는 생각에 열심히 유학 준비를 해서 미국 일리노이 주에 있는 대학의 철학과 학사과정에 편입했다. 유학 시절 중 철학과 친구들과 어울리다 시 낭송회에 갈 기회가 있었다. 그때 나는 김소월의 「집 생각」이란 시를 영어와 한국어로 읽었다. 눈물이 났다. 진짜 집 생각이 나서. 그런 나를 친구들은 많이 위로해주었고 그중 한 친구는 밸런타인데이

파티에 나를 초대했다. 게이, 레즈비언들이 모인다고 하기에 좀 망설여지긴 했지만 한번 가보기로 했다. 파티에 갔더니 사람들이 음악을 틀어놓고 춤을 추고 있었다. 카우보이 복장을 한 둘 다 남자 같아 보이던 레즈비언 커플, 여자보다 더 쭉쭉 빵빵한 여자 같은 남자와 그 남자를 안고 춤을 추는 체격 좋고 남성미 넘치는 남자…… 그 외에도 많은 동성 커플들이 제각각 부둥켜안고 춤을 추었다. 내게 동성애에 대한 관심과 호기심이 있긴 했지만, 그들의 모습은 충격적이었고 호모포비아마저 느껴졌다. 그 후 그들 소모임에 갔을 땐 캠퍼스에서 마주친 동양계 학생들, 얼핏 한국인 2세로 보이는 친구들이 있어서 불편한 마음에 모임이 끝나기도 전에 도망치듯 빠져나왔다. 그러다 그 모임의 회장과 친구가 집에 찾아와 모임에 대해 자세히 설명해주었고, 그때야 비로소 나는 내 성 정체성에 대해 태어나서 처음으로 진지하게 대화할 수 있었다.

두 번의 모임을 갖은 후 내가 동성애자라는 사실을 인정하게 되었지만 아직 레즈비언으로 살아가기에는 용기가 부족하다는 것을 알았고 내 안의 두려움을 직시했다. 그때의 나는 더 이상 앞으로 나아갈 수 없었고 인생의 중요한 부분(내가 동성애자라는 사실)을 마음의 책갈피에 잘 접어놓았다. 다시는 그 페이지를 펴보지 못할 수도 있다는 안타까운 마음과 함께.

그 후 10년이 조금 더 지나서야 내 마음의 책을 펼칠 기회가 생겼다. 나는 여전히 미국에 살고 있었고 병원에서 목사로 일하며 공부하던 레지던트 사목 시절이었다. 내가 일하던 병원에는 레지던트 및 사목들이 스무 명쯤 되었는데, 오전에는 모여서 수준별로 공부하고 오후에는 세 개의 병원을 돌며 순환 근무를 했다. 한국에도 이런 시스템이 생기고 있는데 임상목회 훈련Clinical Pastoral Education: CPE이라 부른다. 이 훈련을 통해 병원에서 일하는 목사가 갖추어야 할 태도와 환자나 그 가족들을 돕기 위한 교육 등을 받는다. 그중에서도 나에게 가장 큰 영향을 미쳤던 교육은 '자기 개방'이었다. 내가 누구인지, 내가 무엇을 하고 싶어 하는지, 내가 무엇을 해야 하는지를 단계별로 접하고 동료들과 상사들과의 대화, 상담을 통해 배우는 것이다.

1년 반 동안 5단계 학습과정과 2단계 수준을 거치며 나에게는 참으로 많은 변화가 있었다. 자기 개방을 하지 못하는 동료들이 중도 하차하는 것을 보기도 했다. 동료나 슈퍼바이저들로부터의 격려, 질타, 칭찬, 대립 등을 피할 수 없기 때문이다. 나도 첫 단계부터 어려움이 있었다. 자기 개방을 한다는 것은 내가 누구인가를 보여주어야 한다는 것인데, 과연 어디까지 개방해야 하는 건지 난감했다. 그간 내가 한국에서 받은 교육은 지식 습득에 치우쳐 있었기 때문에 교육을 통해 인격적인 관계를 갖는 것에 익숙하지 못했다. 친절한 교육에 익숙하지 않은 내 자신을 발견했고 그 친절함을 받아들이지 않고는 성장할 수 없음을 알게 되었다. 성인이 되고 나서 성장통을 겪어야 한다는 것, 새로운 도전을 해야 하는 것은 힘들었다. 그러나 변화에 대한 설렘도 있었다.

내게 자기 개방이 유독 두려웠던 이유는 내가 솔직해졌을 때 인정받지 못하고 사랑받지 못할 수도 있다는 것 때문이었다. 그러나 나는 그룹 내에 있는 다른 사람들을 보며 용기를 얻었다. 동료들 중 성공회 집사이자 정치학과 교수였던 사람이 있었는데 그는 게이인 것이 드러나 학교에서 부당 해고를 당했다. 그 친구로부터 에이즈에 걸린 이야기와 그것을 딛고 일어나기까지의 과정에 관한 이야기를 들으면 들을수록 내 속에서 무엇인가 꿈틀거리기 시작했다. 그 친구는 수업 시간에 "예수께서 에이즈를 고쳐주셨다"라고 이야기했다. 너무나 놀라운 말이었다. 성경에서 허락하지 않는 동성애를 신을 통해서 치료받았다라고 너무나 당당하게 이야기하는 것을 들으며 나는 성 정체성의 혼란을 느꼈다. "드디어 올 것이 왔군." 이런 말이 절로 나왔다. 이 숙제를 풀지 않고는 내가 온전한 크리스천으로서 살 수 없다는 것을 잘 알고 있었다.

가톨릭 신부, 수녀, 성공회 지도자, 무슬림 이맘, 유대교 랍비, 유대교인 등 각 종교를 대표하는 지도자와 함께 교육을 받으며 난 하나님께서 세상 어디에나 계시고 그 어떤 것도 하실 수 있는 분임을 느꼈다. 동료들을 통해 나는 그들의 하나님을 발견했고 그들이 찾는 진리가 나의 것과 별로 무관하지 않음을 느꼈다. 그동안 말로만 듣던 타 종교에 관해 직접 보고 들으니 생생한 교육이 되었다. 하나님의 사랑을 알기 위해서는 세상의 많은 다른 종교인들 혹은 비종교인들을 만나는 경험을 해야 한다는 것을 그때서야 알았고 진정한 자유를 경험한 것이다.

처음 석 달 동안은 교육을 받는 날마다 손수건과 휴지를 한 움큼씩 들고 강의실에 들어가야 했다. 아니면 주체할 수 없이 흘러내리는 눈물을 감당할 수 없었으니까. 하나님이 절에도, 유대교 회당에도, 무슬림들의 회당에도, 하다못해 하나님을 빙자해 거짓 예배를 하는 곳에도 계시다는 걸 알았다. 하나님은 우리와 함께 계신다. 그러니 내가 레즈비언으로 나고 성장하는 것도 아시고 이제껏 함께하신 것이다. 내가 아는 하나님을 사람들과 함께 공유하는 것이 바로 나의 할 일이다. 받아들이고 받아들이지 않고는 상대의 몫이 될 것이다. 씨를 뿌리는 자의 몫이 바로 나의 몫임을 알기까지 나는 인생을 우회하며 살았다. 세상이 두려워, 사람들이 두려워, 내가 두려워서 말이다. 그리고 누구보다도 사랑하는 가족들이 나로 인해 상처받게 될까봐.

일주일 중 내가 임상목회 훈련을 받으러 캔자스시티로 갔다가 다시 돌아오는 과정은 마치 천국과 지옥을 오가는 느낌이었다. 여태껏 할 수 없었던 나의 성 정체성에 대한 고백을 마음껏 하는 곳이 천국이었다면, 그저 소명을 받은 목회자로서 교회에서 맡은 바 소임을 감당해야 하는 곳은 지옥이나 무덤과 같았다. 줄리아 카메론의 『아티스트 웨이』라는 책에는 그때의 나를 잘 묘사한 부분이 있다.

많은 사람들은 미덕과 고난을, 그리고 예술과 빈둥거림을 동일시한다. 물론 열심히 일한다는 것은 좋은 일이다. …… 신은 우리가 행복하고 즐겁고 자유롭기를 원한다는 말을 하면서도, 다른 한편으로 아티스트라는 퇴폐적인 길을 가려 하면 우리를 파멸시킬 것이라고 생각한다. 그런데 대체 어떤 근거로 신을 이렇게 제멋대로 생각해버리는 것일까? (중략) 창조의 신은 우리의 아버지이고 어머니이며 창조성의 원천이지만, 현실의 아버지나 어머니, 교회나 선생님, 친구들은 우리가 가져야 할 책임감에 대해 주입시켜왔다. 창조성은 책임감이 필요하지 않으며 지금까지 그랬던 적도 없다. 왜 책임감이 필요하단 말인가? 왜 당신은 책임을 느껴야 하나? 당신은 아직도 희생에 미덕이 있다고 생각하는가? 예술을 하고 싶으면 예술을 하면 된다. 아주 미미한 것일지라도, 단 두 줄의 글을 쓸지라도, 한 운율일지라도, 유치하기 짝이 없는 유치원 아이들의 이런 노래일지라도.

신은 예술을 좋아해.
그건 바로
우리 부모님이 무시하는 것.
신은 예술을 좋아해.
나도 예술을 좋아해.
그게 바로 신이 날 좋아하는 점이야.

이런 내용을 대하다보면 내 속에 존재하는 종교가, 잘못된 훈련으로 인해 내 자신을 속박하고 있는 게 틀림없다는 결론에 이르곤 한다. 천국과 지옥은 그곳에 가야만 느낄 수 있는 세상이 아닌, 바로 내가 사는 이곳에 이미 존재하는 것이며 우리는 그것을 경험하고 살고 있지 않은가? 더 이상 예전처럼 나를 목사로 옭아매는 어떠한 틀에서도, 의무의 연속선에서도 살지 않을 것이다. 나의 창조성을 일깨우고(비록 그것이 세상에서 손가락질 받는 동성애자의 삶일지라도) 그것에 귀 기울이며 내 안의 하나님의 음성을 들으며 하루하루 살아갈 것이다.

임상목회 훈련을 통하여 나의 인생은 송두리째 바뀌었다. 순응하며 살았던 그간의 삶을 대대적으로 바꾸기 시작한 것이다. 몇몇 분께 한국에 돌아오기 전 커밍아웃을 했다고 했더니 믿을 수 없다는 반응을 보였다. 하지만 더 이상 남을 위한 삶이 아닌 나를 위한 인생을 살아가기로 작정한 이상 두려워하지 않으려 한다. 그게 바로 신이 날 좋아하시는 점이 될 것임을 확신하면서 말이다.

한국에 돌아와 커밍아웃하기까지

이십 대에 미국으로 건너가 마흔이 넘어 한국에 돌아왔다. 미국을 떠나기 전 오랫동안 다녔던 교회에 가서 예배를 드렸는데 그전에는 보이지 않고 들리지 않던 것들이 보이고 들렸다. 목사님들의 설교와 예배가 마치 길거리 약장사의 상투적이고 비즈니스적인 말과 행동처럼 느껴졌다. 주류인의 성공과 물질만능주의를 찬양하는 것에 반발심을 느낀 나는 한국에 돌아와 여성교회를 찾아갔다. 여성교회에서는 소수의 사람들이 아주 개방적인 분위기 속에서 예배를 드리고 있었다.

이곳에서 나는 숨통이 트이는 것을 느꼈다. 그리고 교회에 다닌 지 몇 개월이 지난 후 커밍아웃을 했다. 새로운 사람들이 보일 때마다 커밍아웃을 해야 했고, 그러다보니 습관적인 일이 되어 점점 자연스러워졌다. 교회에서 나의 커밍아웃은 이제 더 이상 쇼킹하지 않다. 작년은 교회가 창립한 지 19년이 되던 해였는데, 그때 나는 파트너와 함께 레즈비언을 주제로 한 짧은 연극을 했다. 아마 그때 한국기독교교회협의회KNCC의 총무님과 원불교 교무님을 비롯한 여러 종교인들이 왔던 것으로 안다. 짧은 연극이었지만 보는 이들도, 연기하는 우리도 즐거웠다. (그때 했던 <판타스틱 동성애> 연극 대본은 《일다》여성주의 사이버저널에도 게재되었다. 이 글 마지막에 올린다.)

현재 나는 시민단체에서 활동가로 일하고 있다. 15년간의 미국 생활을 정리하고 한국에 돌아오면서 걱정을 많이 했다. 잘 적응할 수 있을지, 무엇을 하며 살지, 어떤 교회에 나갈지 등등. 한국에 온 지 얼마 되지 않아 어떤 수녀님의 소개로 수원에 있는 병원의 임상목회 훈련을 시작하는 기관에서 Supervisor in Training슈퍼바이저가 되기 전 수련단계을 거쳐 슈퍼바이저로 일할 것을 제의받았다. 그러나 면접에서 나의 성 정체성과 관련해 내가 가르치게 될 목회자나 학생들에게 커밍아웃할 것이라고 이야기하자 담당신부님은 곤란해했다. 개인적인 커밍아웃은 문제가 되지 않지만 정치적인 커밍아웃은 문제가 될 수 있다는 것이다.

내가 미국에서 경험한 임상목회 훈련의 가장 큰 장점은 모두가 다양성을 개진할 수 있고, 누구도 비난을 위한 비난을 하지 않는다는 것이었다. 그리고 논의에는 정답이 존재하지 않는다는 것이 동의된 교육이었다. 나는 그런 조건을 가진 임상목회 훈련시설을 한국에서 찾기 어렵다는 것을 예감했고, 신부님으로부터 이사회가 임용을 반대했다는 통보를 받았다. 어리석은 짓을 한 것일까? 어떤 이는 내게 계란으로 바위치기를 한 것이라고 했다. 그러나 나는 비록 거절당한 것에 실망은 했을지언정 후회는 하지 않았다.

일반 교회에서 일할 수가 없으니 차선책으로 시민단체에서 일하게 되었다. 동료들에게는 처음부터 자연스럽게 커밍아웃을 시도했는데 놀라게 하고 싶지 않아서 밥 먹다가, 일하다가, 농담하다가 자연스럽게 이야기했다. 동료 중 하나가 나에게 이런 질문을 한 적이 있다. "왜 일부러 묻지도 않는 얘기를 하느냐? 그래서 득이 될 게 있느냐?" 사회적 약자로 보이는 것이 싫어서일까? 이 부분을 해명하기 위해서는 고민이 좀 더 필요하다. 이성애자들은 이성을 사랑한다고 커밍아웃을 하지 않는데 왜 나는 굳이 커밍아웃을 하는 걸까?

가족인 엄마와 언니에게 커밍아웃을 하는 것은 더욱 어려운 일이었다. 더구나 나의 가족들은 내가 목사로 서기까지 든든한 후원자 역할을 해왔다. 2년 전쯤의 일이다. 외국에 사는 언니가 잠시 귀국을 해서 함께 종합검진을 받으러 가게 되었다. 자궁암 검사를 받기 전 몇 가지 확인할 것이 있다고 해서 별생각 없이 언니와 같이 문진실에 들어가 간호사를 마주 대했는데, 간호사가 이것저것 묻다가 나더러 "성경험 있으시지요?" 하는 것이다. 순간 나는 움찔하며 꼭 말해야 하느냐고 반문했다. 간호사는 경험 유무에 따라 검사 방법이 다르기 때문에 답해야 한다고 했다. 그래서 나는 "경험이 없다"고 했고 그 방에 언니와 같이 들어간 것을 후회했다. 나는 언니에게 뭐라 설명을 할 수가 없었고, 언니는 아무 말도 묻지 않았다. '어떻게 나이 마흔이 넘도록 섹스 한 번(순전히 생물학적 남성과)을 안 할 수가 있냐?' 라는 말조차도.

며칠 후 일요일, 언니와 함께 여성교회에 갔다. 설교를 듣다 우연히 언니와 병원에서의 일을 이야기하게 되었는데 '에라, 모르겠다. 이야기해 버리자' 라는 생각이 들었다. 그래서 왜 내가 성 경험이 없는지에 대해 말하기 시작했다. 사랑하는 사람을 찾기 전까지는 내 몸을 지키겠다는 생각이 있었고 그러다가 현재까지 이른 것이라고. 그리고 나는 동성 간의 사랑을 원한다고. 언니는 예배를 마치고 집으로 돌아가는 길 내내 거의 입을 열지 않았다. 하지만 나는 다른 누구보다 가족들이 나의 확고한 마음을 이해해주고 허락해주었으면 했다. 동생인 내가 남자가 아닌 여자를 원한다는 사실을.

꿈에 그리던 파트너를 만나다

나는 TV 드라마에서 연애 장면이 많이 나오는 것을 싫어했다. 공감이 적기 때문이다. 흔하디흔한 사랑 노래도 마찬가지였다. 그런 내게도 사랑이 찾아왔다. 따스하고 달콤한 어느 봄날처럼 그런 사랑이 나를 맞아주었다.

우리는 성소수자 기독교인들이 모여 성경 공부를 하는 모임에서 처음 만났고 지금은 결혼을 꿈꾸는 사이로 발전했다. 내 파트너는 나와 엄마가 사는 집에 수시로 놀러 온다. 같이 밥 먹고, 잠자고, 놀러 가고, 일도 한다. 우리 엄마는 우리 관계를 묻지 않으신다. 나를 잘 도와주는 친구 정도로 아시기 때문이다. 나 역시 우리를 어떻게 여기시는지 직접 여쭤보지 않을 생각이다. 나의 현재 작전은 '가랑비에 옷 적시기'다. "○○는 언제 오니? 좀 오라고 해라. 보고 싶구나"라는 말씀을 하시게 될 날을 만드는 것이다. 우리는 성공할 그날을 꿈꾸며 열심히 산다.

나와 내 파트너는 보기에 그냥 친구 사이 같다. 어디 나가면 자매냐고 묻는 사람도 많다. 그래서 우리는 지하철이나 버스 안 같은 공공장소에서 자연스럽게 스킨십을 한다. 우리는 교환 일기도 한동안 썼다. 서로의 일상을 일기에 쓰고 공유했는데 서로 다른 성격, 배경, 가족, 친구, 지난 사랑에 대한 아픔을 알아가는 데 교환 일기가 도움이 되었다. 우리는 열심히 각자 살았던 날들을 공유하고 앞으로 만들

추억을 기대하며 살고 있다. '사랑'이 이렇게 나를 흥분시키며 즐겁게 만들 줄 몰랐다. 감정을 잘 표현하지 않아 친구들이 나무토막 같다고 했던 내가 하루에도 몇 번씩 애인에게 사랑한다고 낯간지럽게 속삭인다. 엄마에게도 아침에 출근할 때 꼭 껴안고 얼굴을 비비며 인사한다. 스킨십을 즐겨 하지 않던 내가 이렇게 변했다. 직장 동료들 중에는 노골적으로 나의 연애를 반기는 사람도 있다. 연애 후에 내가 훨씬 더 부드러워지고 덜 빡빡해졌다고 한다. 불혹의 나이에 깨달은 사랑의 위력에 나는 너무 행복한 비명을 질러본다. 파트너로 인해 나는 내 속에 잠재되어 있던 창조성과 여성성을 깨워 즐기며 살 수 있게 되었다.

파트너와 나는 2009년 9월 15일 '교회의 날' 개회 예배에서 '교회를 이루는 몸들 - 소수자의 목소리'편을 맡아 짧은 연극을 했다. 제목은 "예수가 동성애자와 어울리지 않은 이유는?"이었는데, 이 연극을 보고 목사님은 좀 충격을 받은 듯했고 예배에 참석했던 사람들은 놀람 반 호기심 반인 표정을 지었던 게 생각난다(이 글을 읽게 될 독자들의 반응도 궁금하다. 대본을 이 글의 마지막에 덧붙인다). 우리는 이런 짧은 연극, 만담 등을 앞으로 계속할 수 있었으면 좋겠다는 생각을 했다. 이반도 일반인과 별반 다르지 않다는 걸 재미있는 형태와 소재를 통해 해학적으로 표현하고 싶다.

우리는 가까운 미래에는 집 근처에서 농사를 지으며 살기를 꿈꾸고 있다. 엄마와 파트너, 그리고 파트너의 가족들과 같이 사는 것도 괜찮을 것 같다. 파트너의 동생은 우리를 인정하는 듯하다. 우리는 이미 서로의 가족을 받아들이는 수업을 하고 있다. 법적으로 동성 간의 혼인을 허락하지 않는 것이 현실이지만 누군가는 그 금기를 깨뜨리게 될 거고 우리들도 그 대열에 합류할 것이다. 하나님께서 내 파트너를 사랑하시고 또한 나를 사랑하시니, 우리가 부부로 연을 맺고 살겠다는 언약을 한다면 기뻐하시고 허락하실 것이다. 하나님은 그런 분이시라고 믿는다. 가난한 자, 한부모 가족, 소년소녀 가장, 병든 자, 노인, 홀로 된 자, 나와 같은 성적 소수자, 그리고 하나님을 필요로 하는 곳에 함께하시는 분이라고.

성소수자 모임과 차세기연의 멤버로 활동하며

2006년도 마지막 날을 며칠 앞두고 사랑하는 이에 대한 막연한 그리움과 외로움(그때는 현재의 애인을 만나지 못했던 시기였다)을 느꼈다. 그래서 레즈비언 커뮤니티의 회원이 되었다. 회원들은 삼십 대 중반 이상의 연령이었고 직업과 배경이 다양했다.

우리 커뮤니티는 연애 관계가 서로 얽혀 있지 않는 건전한 모임을 지향하고 있다. 폭력을 휘두르는 등 위화감을 조성하거나 남의 사생활을 폭로하면 탈퇴해야 한다. 종교적으로는 자유로운데 몇몇 독실한 크리스천이 있어 때때로 종교 모임이나 토론회 같은 곳에 함께 가기도 한다. 회원들의 꿈은 나이가 든 후 함께 생활공동체를 이루며 사는 것이다. 회원들 중에는 현재 파트너와 살면서 공증 및 상속인 절차를 밟고 있는 경우도 있다. 법적으로는 동성 간 결혼이 합법화되지 않아서 상속이 불가능하지만, 할 수 있는 최대한의 지혜를 발휘해서 파트너에 대한 법적 배려를 하고 있다. 일반인들은 사망 시 그의 배우자에게 혜택이 돌아가도록 법적 장치가 되어 있는 데 반해, 이반들에게는 아직도 꿈같은 이야기다. 우리가 남들과 동등한 권리를 가질 수 있는 그날을 생각하며 이반모임은 투쟁하며 성장할 것이다.

차별없는세상을위한기독인연대[이하 차세기연]는 내게는 특별한 모임이다. 차세기연은 차별에 반대하기 위해 장애인, 이주노동자, 비정규직, 그리고 성소수자들과 관련된 아카데미(토의, 포럼 및 강의) 활동을 벌이며 사회적 변화를 이루고자 하는 단체다. 친한 이의 강력한 권유로 처음 차세기연 모임에 갔던 날, 사실 나는 컨디션이 너무 안 좋았다. 그러나 기독교인 모임이 이반들을 향해 열린 마음으로 대화한다는 말을 듣고 병원 대신 교회로 향했다. 자칫 동물원의 원숭이 꼴이 되어 커밍아웃하는 분위기가 될까 걱정했는데, 모임은 부담스럽다기보다 즐겁고 자유로웠다. 무엇보다 '기독교인'들이 모여 동성애 인권을 위해 함께한다는 사실이 믿어지지 않았다.

그렇게 2008년에 차세기연과 만난 나는 모임의 주체가 되자는 생각에 현재 회원으로 활동하고 있다. 차세기연은 성소수자들을 있는 그대로 받아주는 단체고, 다양성을 인정하는 성숙한 모임이다. 천만 기독교인의 교세를 자랑하는 한국 기독교가 독선과 아집에 빠져 무사안일을 외치고 있는 지금, 차세기연과 같은 단체가 있음에 우리 모두 감사해하는 한편 주류 기독교인들은 부끄러워해야 한다고 생각한다. 차세기연은 하나님의 편견 없는 사랑을 동성애자도 함께 누려야 함을 믿는다. 힘든 우리들의 길에 마치 예수님의 제자인 마리아, 베드로, 요한 등이 동행하고 있는 것 같은 든든함을 주는 곳이다.

나, 크리스

　기독교인의 동성애 혐오증은 어디에서부터 기인한 것인가? 성경의 해석 차이로 오늘도 이 땅의 많은 크리스천과 목회자가 성 정체성을 숨기고, 혹은 발견조차 하지 못하고 살아가고 있다. 평신도의 성 정체성이 문제가 된다면 아마도 나와 같이 안수를 받은 목사는 더욱더 지탄의 대상이 될 것이다. 목회자란 이유로 내가 삼십 대 후반까지 성 정체성에서 절대 자유로울 수 없었던 것이 이를 입증한다. 더 이상 이렇게 인생을 아깝게 소진하며 살지 말아야 한다. 누구도 자신을 왜곡하며 살도록 내버려두어서는 안 된다. 모든 인간은 신께 사랑 받을 자격이 있고, 사랑할 자격 또한 지니고 태어났다. 그와 마찬가지로 모든 인간은 다른 사람에게 사랑 받을 권리가 있고 사랑할 권리도 가지고 있다.

다른 눈으로 보면 성경은 동성애를 꾸짖지 않고 오히려 옹호한다. 단지 그 사회가 처해 있는 상황을 거스르지 않고 표현할 따름이다. 귀가 있고, 눈이 있고, 입이 있고, 무엇보다도 마음이 있는 사람은 알 것이다. 간음을 하는 현장에서 잡혀온 여인을 두고 "너희 중에 죄 없는 자가 먼저 돌로 쳐라" 하셨던 예수. 과연 누가 동성애자에게 돌을 던질 수 있을까?

10-20년 후쯤 커밍아웃은 더 이상 사회적, 종교적, 개인적으로 문제가 되지 않을 수도 있다. 지금은 나와 같은 생각을 가진 개인과 단체들이 비록 소수에 지나지 않고 크게 드러나 있지 않지만 그들 모두 변화를 요구하고 있기 때문이다. 개인의 행복이 중요한 시대에 살고 있다. 성소수자는 이제 더 이상 소수가 아니다. 친구, 사촌, 엄마, 아빠 등등 우리의 이웃으로 엄연히 존재하고 있는 실체다. 성소수자들의 권리를 인정하는 중심에 교회와 종교가 있길 바란다.

나는 늘 크리스천으로서 살 것이며 크리스천의 의무를 다할 것이다. 또한 동성애자로서의 삶을 기꺼이 받아들이고 감사하며 살 것이다. 그리고 더 나아가 하나님께서 주신 목회자로서의 소명을 필요한 곳에 가서 나누며 살게 되기를 바란다. 성 정체성을 고민하는 사람들과 함께하고 그들을 껴안으리라. 예수께서 그러셨듯이 나도 사랑하는 삶을 선택하여 사람을 낚는 어부가 될 것이다.

⟨판타스틱 동성애⟩

장면 1.

크리스: 아, 우리 교회에 몇 달 다녔던 그 사람들이 네 친구였니? 걔네들 너무 예쁘더라고. 둘이 손잡고 다니는데도 자연스럽고 잘 어울렸어. 마음에 안 맞는 남자랑 사느니 그렇게 사는 게 낫지. 안 그래?

마고: 내 엑스 걸프렌드도 나한테 그랬어. "웬만한 남자 비위 맞추는 것보다 내 비위 맞추는 게 더 어려워. 그러니까 너는 이다음에 남자 만나도 잘할 수 있을 거야"라고.

크리스: 그래서 너 레즈비언이라고 고백하는 거니, 지금?

마고: 말하자면 그래. 넌 동성애를 이해하고 있는 것 같아서. 너무 충격적인 고백인가?

크리스: 난 네가 동성애자인 건 상관없는데, 내가 가지고 있는 종교나 윤리적인 면으로는 맞지 않는 거 같아.

마고: 너의 종교나 윤리하고 내가 동성애자인 게 무슨 상관이야?

크리스: 글쎄. 사실 교회에서나 우리나라 사회에서 동성애적인 행동이 드러나 있지도 않을 뿐더러 금기시되어 있잖아? 그런 걸로 볼 때 난 자신이 없어. 네가 내 친구니까 너의 동성애는 이해하는데 또 다른 사람이 하면 어쩐지 좀 으으으! (자기 팔을 벅벅 긁는 시늉, 닭살 돋는, 소름 끼치는)

마고: 개인의 종교나 윤리가 다른 개인의 존재 방식을 함부로 규정하거나 부정할 수 있는 건지 모르겠어. 하나님께서는 모든 인간을 아무런 차별 없이 포용하고, 계급이나 성, 인종으로 편 가르고 배제하지 않으시잖아?

이신학 교수: 사랑만 하십시오. 동성애자 여러분, 정말 어쩔 수 없다면 사랑은 해도 됩니다. 하지만 섹스는 안 됩니다. 사랑하는 사람을 아끼고 교회의 순결을 보호하는 마음으로 섹스는 하지 마십시오. 사랑한다면 참아야 합니다. 그리고 참을 수 없거든 교회에서 나가주십시오.

조반석 목사: 교수님의 태도는 성적 소수자들을 향한 폭력이며 억압입니다. 인간의 존엄성에 대해 훼손과 폄하를 하지 마십시

오. 성적 소수자들에 대한 악의 없는 혐오감이나 그들의 관계를 보고도 못 본 척하고 인정하지 않는 소극적인 부정 또한, 윤리적 판단에서 볼 때 의도하지 않은 '악'으로부터 결코 자유로울 수 없습니다.

장면 2.

크리스: 저는 십수 년 전에 동생에게 커밍아웃했는데요, 동생이랑 같이 미국 영화 <보로크백 마운틴>을 봤어요.

마고: 그 동성연애도 하고 남자끼리 섹스하는 영화? 나 같은 이성애자한테는 그런 장면이 동성애자들에 대한 편견을 갖게 해. 나는 그게 가슴 아팠어. <왕의 남자>는 그렇지 않았거든?

크리스: 그럼 <왕의 남자>에서처럼 평생 쳐다보기만 해야 한다는 거예요? 동성애자는 낭만적인 사랑만 하라는 법 있나요? 그건 동성 섹스에 대한 편견이에요. 또 동성연애자가 아니고 동성애자라고 부르세요. 이성연애자라고 하지 않고 이성애자라고 하는 것처럼. 동성애자라고 평생 연애만 하고 사는 게 아니거든요.

마고: 알았어. 그런데 레즈비언들은 기본적으로 남자에 대한 거부감이 너무 많은 거 같아. 나는 네가 안 그랬으면 좋겠어, 다른 동성연애자들처럼. 남자들하고도 만나고 어울리고 말이지. 너무 외롭지 않니?

크리스: 흐음…… . 남자에 대한 거부감이라…… . 사실 남자가 너무 좋아, 이러긴 어렵겠지요. 그나저나 언니, 동성연애자가 아니라 동성애자라니까요! 그리고 저 외롭지 않아요. 제가 속해 있는 성적 소수자 커뮤니티와 교회를 통해 살아갈 수 있다는 자신감이 불끈 생겨요. 먹구름에 가려져 있던 무지개가 이제는 선명하게 보인다고나 할까? 세상에 내 편이 있다는 것은 축복이에요.

〈예수가 동성애자와 어울리지 않은 이유는?〉

마고: 여보 여보, 퀴즈 맞혀볼래?

크리스: 그래, 뭔데?

마고: 사대복음서에 보면 예수님은 성매매 여성, 세리, 그리고 이방인하고도 어울리셨잖아.

크리스: 응, 그랬지.

마고: 근데 왜 동성애자하고 어울렸다는 기록은 없을까?

크리스: 응, 진짜 그러네! 왜 그럴까?

마고: 잘 생각해봐.

크리스: 글쎄. 난 별로 생각해본 적이 없어서리, 다른 사람들은 어떻게 생각하는지 물어볼까? 혹시 아는 분 계세요? 창녀, 세리, 심지어 이방인하고도 어울리신 예수가 왜 성소수자하고 어울렸다는 기록이 없을까요?

마고: 왜냐면 그때 예수님한테 커밍아웃한 동성애자가 마태, 마가, 누가, 요한한테는 커밍아웃을 안 해서 그런 거야.

크리스: 와, 맞다! 자기는 그걸 어떻게 알았어?

마고: 뻔하잖아. 예수님이 안 어울린 사람이 없고 안 고쳐준 병이 없는데, 그 시절에 사람 축에도 못 들던 여자도 제자로 받아주신 분인데 성소수자를 차별했을 리가 없지.

크리스: 정말 그럴까?

마고: 뭐, 아니면 어때? 그렇다고 차별하라고 하신 것도 아니잖아? 네 이웃을 네 몸과 같이 사랑하되 성소수자는 절대로 유대교 회당에 들이지 말라. 뭐 이런 말씀도 없으셨잖아?

크리스: 그럼 우리 다시 교회 나갈까?

마고: 글쎄…… . 사람들이 동성애가 옮는 건 줄 알고 청소년들한테 옮을까봐 안 된대. 사실 십 대들한테야말로 잘 가르쳐줘야 하는데 말이야.

크리스: 그래, 맞아. 말하지 못하는 성소수자 아이들에게 하나님은 너희들을 미워하지 않는다고 가르쳐줘야 하고, 성소수자가 아닌 청소년들한테는 다름을 이해하고 서로 존중하면서 살도록 가르쳐주고 말이야.

마고: 그렇지! 그리고 우리가 이렇게 알콩달콩 사는 모습도 보여주고. 청소년들은 보고 배울 모델이 없잖아? 남자 아니면 여자, 엄마 아니면 아빠니까 말이야.

크리스: 근데 동성애가 옮을까봐 걱정하는 어른도 많아.

마고: 어른한테도 옮는다고?

크리스: 응, 그렇지. 동성애 성향이 있는 걸 인정하지 않고 억누르고 산 어른들이 주로 그러는 것 같아. 동성애, 이성애가 어디 하란다고 되는 거야. 나도 할 수만 있으면 이성애자 하겠네. 가족들이나 아는 사람들한테 떳떳하고, 결혼도 해서 자식도 낳고, 연금이랑 세금 혜택도 받고 얼마나 좋냐?

마고: 그래서 부러워?

크리스: 부러울까, 안 부러울까? (관객을 향해) 여러분은 어떨 것 같으세요?

나의 커밍아웃 이야기

_ 하나님, 나, 그리고 신앙 공동체에게

양지

"내가 같은 여성을 사랑한다는 것이 세상과 공동체를 위하여 하나님께서 주신 은사(선물)라는 것을 알기까지 정말 오랜 시간이 걸렸습니다."

얼마 전, 1년간 함께 공부하던 기독공동체 모임에서 내가 커밍아웃하면서 꺼낸 첫마디였다. 이렇게 써놓고 보니 이 말에는 참으로 많은 생각과 사건들이 담겨 있음을 새삼스레 느낀다. 그만큼 내가 지금까지 신앙과 정체성이 뒤엉킨 시간을 지나왔다는 의미일 것이다. 그러나 그 가운데서도 지금까지 내 마음속 가장 깊은 곳에 변함없이 존재한 한 가지 확신은 하나님께서 나를 사랑하신다는 것, 그분이 만드신 내 존재가 처음부터 그분 안에 살아 숨 쉬고 그분과 함께하고 있다는 것이었다.

지금 나는 하나님과 함께, 그리고 사랑과 헌신을 약속한 사람과 함께 진정 행복하게 살고 있다. 또한 자신의 있는 모습 그대로, 받은 은사대로 서로 섬기고 사랑하는 사람들과 함께 새로운 신앙 공동체를 가꾸어가고 있다. '나의 정체성을 긍정'하는 것과 '나의 신앙을 긍정'하는 이 두 가지 일은 내가 오랫동안 고민하고 강요받은 것처럼 양자택일해야 하는 것이 아니었다. 나는 기독교인이면서 동시에 동성애자인 내 존재가 '서로소의 교집합'처럼 이 세상에는 없는, 지워진 존재라고 여겼지만 결국에는 '없는 것을 있는 것으로 부르시는 이로마서 4장 17절, 고린도전서 1장 28절'가 하나님이라는 것을 깨닫게 되었다. 이런 깨달음은 나와 하나님 사이의 길고 긴 씨름의 결과였다. 그렇지만 그러한 씨름은 결코 나 혼자만의 것이 아니었다. 그것은 나와 세상 그리고 나와 다른 사람들(특히 기독교인들과 신앙 공동체) 사이에서 일어난 치열한 씨름이기도 했다.

십 대의 나는 사랑보다 우정이 좋았다. 다들 사랑은 남자와 여자가 나누는 것이고, 우정은 여자와 여자, 남자와 남자 사이의 것이라고 했다. 나는 나의 특별한 여자 친구들과 일대일의 깊고 비밀스러운 관계를 가지는 것이 참 좋았다. 한 친구와는 열정적인 교환 일기를 몇 권이

나 주고받기도 했다. 교환 일기는 민망할 정도의 온갖 애칭과 찬사, 매일 보면서도 상대방을 얼마나 그리워하는지 등 뜨거운 마음을 가득 담은 러브레터였다. 교환 일기에 나의 마음을 적을 때면 가슴이 터질 듯 행복감에 부풀어 구름 위로 떠오르는 듯했다. "My Fairy(나의 요정), 나는 너와 함께 있어도 너에게 갈증이 난다. 내 존재가 너와 더욱 가까워져서 완전히 겹쳐져 버릴 수는 없는 걸까. 나는 그런 상상을 해. 완전히 하나가 되고 싶다." 그 나이다운, 불안하면서도 폭발적이고 낯간지러운 줄 모르는 글이었다. 그렇게 문학적 상상력을 발휘하며 틈틈이 교환 일기 쓰는 일에 몰두할 때면 이 세상에 오직 나와 그 친구만 있는 것 같았다. 친구에게 교환 일기를 건네받고 건네주기 위해 달려가는 '쉬는 시간'은 하루 중 가장 생기 넘치는 시간이었다. 하루는 친구와 진지하게 입술을 마주 댄 일도 있었다. 나는 키스가 무엇인지도 몰랐지만 대담하게 친구의 뺨을 붙잡고 긴장한 친구의 입술에 내 입술을 누르고는 한참을 가만히 있었다. 그때 친구가 가만히 내 허리에 손을 올려놓았던 것이 기억난다. 친구의 숨결을 느끼던 그 순간은 정말 따뜻하고, 기분 좋았다.

그런가 하면 나는 남자아이들에게 끌린 적도 있었는데 그 아이들과는 별로 말이 통하지 않았었다. 그래서 나는 여자 친구들과 경험했던 아름다운 존재적 충만함을 생각하며 (이성 간의) 사랑이란 (동성 간의) 우정에 비하면 별것 아닐 거라고 생각하기도 했다. 사랑에 대하여 이성애적 개념만이 압도적이던 환경 속에서, 나는 나의 경험을 우정외의 다른 언어로 표현할 수 있는 틀을 가지고 있지 못했다. 그리고 '레즈비언', '동성애자'라는 말은 알고 있었지만 '내가 그렇다'라고는 생각하지 않았다. 친구와 입맞춤을 한 후에는 나의 이런 감정이 그런 종류일까 하고 잠시 스치듯 생각하기도 했지만, 비교할 만한 현실적인 대상을 만난 적이 없었기에 나를 그렇게 지칭해야 할 필요를 느끼지 못했다. 감히 동성애자라는 타이틀을 달려면 뭔가 더 특별하고 대단한 것이 있어야만 할 것 같았다. 떠올려보면 나는 남녀 간의 로맨틱한 관계에 대한 상상력을 불러일으키거나 직접적인 연애 이야기로 가득한 영화나 만화 따위에 별로 흥미가 없었다. 그런데 대부분의 아이들은 그런 것을 좋아했기 때문에 '나는 뭔가 좀 취향이 다른 것 같다'는 막연한 외로움이 있었다.

한편 나의 이런 '특별한 우정'들은 주변 사람들에게 친구 사이의 돈독하고 아름다운 우정으로 '통과'되었기 때문에 나는 이성에 별 관심 없이 공부만 열심히 하는, 자타 공인 점잖고 모범적인 학생이라는 정체성을 가지고 자랐다. 지금의 관점에서 보면 그 특별한 우정들은 나의 성적 지향과 모종의 연결성이 있는 것이 분명하지만 그렇다고 그것을 '연애'였다고 해야 하는 건지는 잘 모르겠다. 그들은 여전히 내 친구들이고, 그들과의 추억 역시 특별한 우정으로 간직해도 될 것 같다. 그때 일들은 이후에 내가 경험한 연애들만큼이나 강렬한 기쁨과 슬픔, 단맛과 쓴맛을 나에게 가져다주었지만 어쨌거나 나는 그때 그것을 사랑보다 더 숭고한 우정이라고 생각했으니까 말이다.

어찌 보면 그때의 경험은 내가 이성애다 동성애다, 사랑이다 우정이다 하는 말로 무엇인가를 구분해내기 전에 특정한 이름 없이 있는 그대로 자유롭게 존재할 수 있었던, 그래서 손에 잡히지 않고 어느새 빠져나가 버린 그런 '무엇'이다. 마치 '성 정체성'이라는 선악과를 따 먹기 전의 에덴동산에서처럼.

독실한 기독교 가정에서 태어난 내게 신앙은 언제나 내가 발 딛고 서 있는 땅처럼 전제되어 있었다. 하나님은 어려서부터 나와 떼려야 뗄 수 없는 분이었던 것이다. 부모님은 선교 단체의 사역자셨고 나는 말을 배우기 시작할 때부터 예수님에 관해 듣고 성경 암송을 하며 자랐다. 그리고 형식이나 제도보다는 복음의 본질과 삶의 헌신을 중요하게 여기는, 원칙적이고 철저한 신앙을 부모님으로부터 배웠다. 그래서 청소년기 때부터 하나님과 신앙에 관하여 근본적인 일관성을 따져 물으며 남들보다 더 신앙적인 고민을 했는지도 모르겠다. 어려서부터 나는 여성이나 동성애 등 교회가 성과 관련된 문제를 다루는 방식에 대해서 의문도 많고 고민도 깊었다. 교회의 성차별적 관행과 가르침에 자주 화가 났고, 동성애라는 주제가 등장하기만 하면 비이성적일 정도로 무서운 말로 정죄하는 그들을 잘 납득할 수 없었던 나는 '남색' 등으로 번역된 성경 구절을 대할 때면 불편하고 괴로웠다.

성 정체성을 자각하지 못하던 십 대에도 이것이 나에게 크고 심각한 문제였던 이유는 '하나님은 옳은 분이신가?'라는 질문을 하게 만들었기 때문이다. 여자와 남자는 모두 하나님이 사랑하시는 피조물인데 왜 서로 사랑하는 것으로 충분하지 않고 아내가 남편에게 복종해야 한다고 말씀하셨단 말인가? 하나님은 남자를 더 사랑하신단 말인가? 남자가 여자보다 더 가치 있으며, 무엇인가를 결정할 자격을 갖추었다고 여기신단 말인가? 똑같이 서로를 사랑할 뿐인데 왜 이성 간에는 사랑해도 좋고 동성 간에는 안 된다는 것인가, 남에게 해를 끼치는 일도 아니지 않은가?

내가 느끼기에 하나님이 만들었다는 세상의 질서는 하나님의 성품이라고 배웠던 것과는 거리가 멀었다. 하나님은 선한 분이라고 배웠는데 이런 질서는 '선'이라고 하기엔 숭고하지도 고상하지도 않았다. 특별한 이유 없이 누군가에게만 더 유리한 규칙을 세워놓고 그 기준에 맞지 않는 사람들을 구분하여 억누르거나 정죄하는 것이 어떻게 '선'일 수 있는가? 이보다 뭔가 더 인격적이고 따뜻한 '선한 질서'를 인간인 나도 상상해볼 수 있는데 참 이상했다. 하나님은 분명 정의로운 분일 텐데 교회가 가르치는 성적 질서가 정의라고는 생각하기 힘들었다.

십 대의 나는 이 문제를 해결할 수가 없었다. 주변의 모든 신앙인들과 어른들은 그것이 하나님의 뜻이라고 했기 때문에 나는 내 자신의 생각이 틀린 것이라 여겼다. 그래도 하나님에 대해서 배운 관념과 실제적으로 경험하는 하나님이 불일치한다는 것만은 확실했다. 어른들이 하나님의 성품이라고 이야기해주었던 것과 그분들이 구체적인 사안, 특히 성과 관련하여 보이는 태도는 상반되는 것이었다. 그것은 사랑하는 태도로도, 인격적으로도, 정의롭게도 보이지 않았다. 그런데도 그것이 사랑이고 정의고 하나님의 질서라고 하니까 나는 '아, 수긍해야 하는데……' 하면서도 이해가 안 되었고, '배운 하나님과 실제 경험하는 하나님이 같지 않다'는 괴리감을 느꼈다. 왜 어른들은 자신들의 말과 행동, 태도가 다르다는 사실을 잘 인식하지 못하는 것일까? 나에게 하나님과 신앙은 너무나 절대적인 것이었기에 나는 내내 '하나님은 잘 알 수 없는 분'이라며 깊이 고민했고, 심각하고 진지한 성격을 가진 조금은 우울한 아이로 자랐다.

스무 살에 찾아온 짧았던 첫사랑은 환희로 가득 찬 시작과 지독히 혼란스러운 과정을 나에게 선사했다. 동갑내기였던 그 아이는 내가 만화 동호회 활동을 하며 만난 사람들 중 한 명이었다. 자기 세계와 주장이 뚜렷하고 사람을 즐겁게 하는 말재주를 가진 그 아이를 다들 좋아했다. 그 아이에게는 좋아하는 언니가 있었는데 아마도 그 아이의 애를 태우는 모양이었다. 동호회 안에 동성을 사귀는 사람이 몇몇 있어서 나는 생각보다 자연스럽게 그 일을 받아들였고 그 아이의 매력에 끌려 급속히 친밀해졌다. 우리는 말이 잘 통했고 취향도 맞았다. 그 아이와 밤새도록 즐겁게 통화를 하고서도 아쉬워하며 전화를 끊고는 했지만, 나는 그저 그 아이가 너무 좋았을 뿐 학창 시절에 그랬듯이 이런 관계의 정체가 무엇인지 심각하게 생각하지 않았다. 그저 깊은 속내를 나누면서 특별한 감정과 순간을 공유할 뿐이었다.

그러나 시간이 지날수록 그 아이와 상대 언니, 그 아이와 나와의 관계를 비교하고 그 아이에게 매력적으로 보이기 위해 애쓰며 긴장하는 자신을 깨닫게 되었다. 그 아이와 함께 시간을 보내고 싶고 중요한 순간들을 함께하고 싶었다. 그 아이의 눈을 들여다볼 때면, 그리고 그 아이의 손을 잡을 때면 심장이 뛰었다.

오래지 않아 이런 나를 나보다도 먼저 그 언니가 눈치챘다. "ㅇㅇ과 계속 만난다면 너와 헤어지겠다"는 언니의 말에 나에 대한 그 아이의 태도는 급격히 냉랭해지기 시작했다. 우리가 공유했던 시간은 내가 스스로 감정을 깨닫기에는 짧기만 했고, 나는 길이 보이지 않는 혼란 속으로 빠져들기 시작했다. 결국 더 이상 나와 만날 수 없다고, 연락하지 말라고 말하는 그 아이의 말에 나는 대꾸도 하지 못하고 얼어붙고 말았다. 뭔가로 가슴을 얻어맞은 것만 같았다. 예상하지 못했고 정체도 알 수 없었던 감정적 충격은 일상을 온통 흩뜨려놓았다. 그 아이와 관련된 모든 사물과 장소가 나를 괴롭게 했다. 오감과 생각이 오로지 그 아이의 흔적만 좇았다. 내 안에서 이런 격렬한 감정과 반응이 나온다는 것이 믿어지지 않을 정도였다. 그 아이가 보고 싶고 그로 인해 마음 아파하는 내 상태도 괴로웠지만, 이런 내가 대체 어떤 상태인지 뚜렷하게 알 수 없어서 더 힘들었다. 이것이 우정이 아니라면 나는 같은 여자를 사랑하는 사람이란 말인가.

첫사랑과 함께 찾아온 성 정체성에 대한 고민은 심각한 신앙적 위기가 되었다. 교회가 가르치는 대로 하나님이 정말 모든 사람을 이성애자인 남자와 여자로 만드셔서 그 둘의 조합만을 승인하셨다면, 그분은 이런 나와는 양립할 수 없었다. 아니 그 전에 나는 누구이며 이 경험은 무엇인지 결정할 수도, 이해할 수도, 해석할 수도 없었다. 어릴 때부터 하나님의 일을 하겠다고 헌신한 나인데 이런 일을 겪을 때까지 하나님은 여태껏 내 삶에 나타나신 적도 없지 않느냐며 하나님을 원망했다. 이렇게 하늘이 무너져 내리는 것만 같을 때 내가 붙잡을 만한 것이 없지 않느냐고……. 성경을 집어던지며 하나님을 버리고 상관없이 살아버릴까라고도 생각했다. 그렇지만 차마 그 말은 입 밖에 낼 수가 없었다. 하나님이 나를 버린 것 같았지만 어쩐지 나는 하나님을 버릴 수가 없었다.

실연의 고통과 하나님으로부터 버림받은 듯한 절망이 가슴에 맺혀 제대로 터져 나오지도 않는 울음을 밤새도록 끙끙대며 작은 자취방 안에 쏟아놓는 나날들이었다. 나는 자학적으로 간신히 학교를 다니면서 깊이 생각하기를 회피했다. 세상은 아무런 색깔도 없는 듯 무의미했고 나 자신은 점점 몇 년이나 계속된 가뭄으로 푸석하게 말라비틀어진, 죽어가는 나무같이 느껴졌다. 그러나 나는 회피하는 데에 그다지 재주가 없었던 것 같다. 이런 고통을 6개월쯤 겪고 나자 더는 버틸 힘도 없고 진절머리가 났다. 아직도 나는 그 아이를 생각하고 있었다. 이제 그만 인정할 수밖에 없었다. "나는, 그 아이를 사랑한다." 이 한마디를 인정하기가 그렇게 힘든 것이었단 말인가.

　그 밤에 나는 하나님께 "나는 여자를 사랑합니다. 나는 동성애자인 것 같습니다. 대체 어쩌란 말입니까" 하고 커밍아웃을 했다. 그것은 나 자신에게 한 커밍아웃이기도 했다. 그리고 얼마 후 나는 어떻게든 자신을 추스르고 감정을 정리하기 위해서 그 아이에게 오랜만에 전화를 걸어 내 감정을 고백했다. 그 아이는 꽤나 매몰차게 거절했지만 어쨌든 그것으로 나는 그 아이의 주위를 맴돌던 것을 멈추고 한 발자국 앞으로 나아갈 수 있게 되었다.

　하나님과 나 자신에게 커밍아웃을 하고 나자 신앙과 가치관의 고정된 틀이 해체되는 속도가 좀 더 빨라졌다. 질문만 하던 과거와 달리 좀 더 적극적으로 관심을 가지고 실행하기 시작한 것이다. 그 일환으로 학내 총여학생회 행사와 여성주의 모임에 참여했다. 여성주의가 말하는 것들은 내가 청소년기 내내 질문하고 생각했던 너무나 익숙한 이야기들이었다. 나와 같은 생각을 하는 사람들을 만났다는 기쁨이 컸고, 그들의 도전적이고 창의적인 운동 방식과 생각보다 훨씬 정교한 현실 분석과 이론들은 나를 매료했다. 새로운 공간에서 만난 관계 속에서 새로운 나 자신을 발견해갔다. 레즈비언 페미니스트 그룹과도 만나 친한 친구들이 생겼다. 그리고 처음으로 연애도 했다. 사실 첫사랑 이후 나는 내가 동성애자라는 것을 조금은 반신반의하는 마음이 있었다. 계속해서 여자를 사랑하게 될지 알 수 없다는 생각을 했던 것 같다. 그렇지만 제대로 연애를 하게 되자 나는 서서히 동성애자로 나 자신을 정체화하는 일에 익숙해졌다. 스스로에게 커밍아웃한 이후 나는 하나님이 어떻게 생각하실까 하는 단 한 가지 고민만 빼면 내가 동성애자인 것이 언제나 자랑스러운, 자신만만한 레즈비언이었다. 누구나 그러하듯 나 역시도 나 자신과 내 경험이 특별하고 소중했다. 아이러니한 것은 나의 이러한 긍정적인 자아의식이 신앙에 기반하고 있었다는 사실이다.

나는 교회와 선교단체 활동 등 신앙생활을 어설프게나마 계속 유지했다. 그런 신앙생활은 내게 별 의미를 주지 못했다. 종교 활동과 학교생활 그리고 여성 운동과 연애생활로 구분된 양쪽 영역을 오가며 가면을 썼다 벗었다 하는 삶은 피곤하기 그지없었다. 성 정체성을 드러낼 수 있고 인정받는 공간과 그렇지 않은 공간으로 양분된 분열된 삶이었다. 내적으로는 해결되지 못한 신앙적 갈등이 여전히 남아 있었다. 하나님께 커밍아웃했지만 하나님이 그것을 어떻게 받아들이실지 자신이 없었다. 이러한 고민은 양분된 내 삶의 공간 어디에서도 공유되기 어려웠다. 나의 정체성이 인정되는 공간에서는 너무 신앙적인 고민이었고 스스로를 부정하는 못난 내용이었으며, 애인이나 친구에게는 상대방마저도 부정하는 것이 될 수 있는 미안한 이야기였다. 그리고 나의 신앙이 공유되는 공간에서 나의 고민은 너무 죄스러운 것이었다.

외적인 갈등도 있었다. 가면을 쓴 채 계속하는 신앙생활은 너무 불편했고, 성과 관련된 문화는 교회든 학교든 나에게 지뢰밭이었다. 가면은 내가 원한 것이 아니었고, 좀 더 정확하게 말하면 내 의지로 쓴 적이 없는 것이었다. 나는 언제든지 가면을 벗고 싶었다. 일관되고 통합된 나의 삶을 원했다. 그렇지만 교회와 선교단체, 학교에서의 관계들은 항상 나에게 이성애자 여성의 가면을 씌우곤 했다. 그 가면을 통해서만 나를 바라보았다. 나는 일상의 모든 대화들이 얼마나 성性과 긴밀한 것인지 절실히 느낄 수 있었다. 호의와 환영을 표하기 위해 하는 칭찬은 내가 남성의 상대자로서의 여성이라는 전제 없이는 이루어지지 않았다. 나는 멋있고 싶은데 예쁘다는 칭찬만 하는 식이었다. 근본적으로 나는 인간에게 성 말고도 다양한 특성이 있는데 왜 이성애자 남성과 여성으로 정형화된 성적 특성을 앞세우지 않고서는 서로 관계를 맺을 수 없는지 한탄스럽기도 했다.

내가 자주 듣는 말은 "여성스럽게 생겼는데 왜 머리를 기르지 않느냐?" 또는 "바지에 티셔츠 말고 좀 신경 써서 예쁘게 입고 다니지 그러느냐"는 것이었다. 가장 난감한 대화는 "남자 친구 있느냐?", "이상형이 어떤 사람이냐?"로 이어진다. "애인은 있는데 남자 친구는 아니다"라거나, "당당하고 주관이 뚜렷하면서도 대화가 잘 통하는 멋진 여자가 이상형이야"라는 대답을 할 수 없으니 기분은 좋지 않고 대화는 으레 꼬이기 마련이었다. 성경 공부 시간은 미래의 이성 교제나 가족 형성을 위한 조언으로 한참이 지나간다. 내가 참여할 수도 동일시할 수도 없는 이런 대화는 너무나 일상적이었다. 대단한 정죄 선포만이 나를 밀어낸 것이 아니었다. 이 모든 것이 나를 온전한 한 구성원으로 적응하고 관계 맺지 못하게 했다. 교회나 선교단체, 학교에서 나는 매 순간 내가 이방인임을 확인할 수밖에 없었다.

그래도 나는 신앙생활을 포기하지는 않았다. 가끔 비신자인 친구들에게 푸념을 하면 이런 질문을 받았다. "너는 왜 신앙을 떠나지 않는 거야?" 그럴 때 나는 "하나님은 내 존재의 기반이거든. 하나님 없이 나를 생각하기 힘들어"라며 모태 신앙인다운 이야기를 하곤 했었고, 지금은 "나에게 너무나 소중한 신앙이라는 영역을 되찾아오고 싶어서. 빼앗긴 채로 두고 싶지 않아서"라고 대답한다. 당시의 나는 동성애라는 문제에서는 하나님과 아직 합의에 이르지 못했지만, 여전히 하나님은 나를 만드신 분이고 나는 그분을 기반으로 하고 있으며, 그분은 나를 사랑하신다는 믿음이 있었다. 언젠가는 진짜 하나님의 뜻을 내게 보여주셔서 해답을 찾게 할 것이고, 결국 나를 당신의 온전한 길로 이끄실 것이라고.

'동성애에 대한 하나님의 뜻이 무엇인가' 라는 문제는 나에게 너무나 절실한 것이었기에 나는 기회가 닿는 대로 주변 사람에게 질문하여 그 실마리라도 붙잡고자 끊임없이 시도했다. 돌아보니 교회나 선교단체에서 나와 조금이라도 인격적인 관계를 맺었던 리더들 대부분에게 나는 커밍아웃을 했다. 그런데도 나는 오랫동안 '내가 커밍아웃했다' 는 사실을 기억하지 못했다. 아마도 내가 그들과 제대로 소통되고 있다고 느낀 적이 없었기 때문인 것 같다. 그들은 나의 이야기를 더 들어보기도 전에 '동성애'라는 개념으로만 나의 경험을 판단하고 부정하거나 이상한 방향으로 오해하기도 했다. 나는 커밍아웃을 했는데, 커밍아웃이 되지는 못했던 것이다.

어릴 때부터 다니던 교회에 그리 잘 적응하지는 못했지만 고등부 전도사님과는 어쩌다 보니 꽤 여러 가지 이야기를 하는 사이가 되었다. 대학에서도 연락이 이어져서 나는 그분에게 좋아하는 아이가 생겼다는 것과 성 정체성에 대해 고민하고 있음을 이야기했었다. 그런데 어느 날 전도사님은 자신의 아내가 우리가 만나는 것을 힘들어 한다고 말했다. "(내 아내 말이) 그런 중요한 문제를 왜 나에게 상담하느냐고 하는 거야. 네가 나를 좋아하는 게 아니냐고……." 교회에서 전도사와 청년 사이에 연애 사건이 생기는 경우를 아내가 너무 많이 보아서 그렇다고 했다. 생각지도 못한, 참 어이가 없는 말이었다. 내 이야기를 아내에게 한 것도 마음에 걸렸지만, 아내가 한 말을 나에게 전달하는 그의 저의도 이해할 수 없었다. 이후로 더는 그 전도사님을 만나지 않았다.

교회 리더를 맡은 지 반년쯤 되었을 때 실연으로 인해 너무 힘들어서 주어진 일을 제대로 할 수 없었던 적이 있었다. 그래서 설명을 하느라고 교회 청년부 간사님에게 커밍아웃을 했는데 그분은 적잖이 당황하셨던 것 같다. 전도사님께는 말하지 말아달라는 내 부탁과는 달리 보고를 하셨던 것이었다. 전도사님과의 상담에서 나는 나의 연애 경험과 실연의 아픔을 말했지만 전도사님은 "동성애는 하나님의 뜻이나 창조질서가 아니다"라는 요지의, 창세기의 아담과 하와 이야기로 시작하는 긴 설교를 하셨다. 그 외에도 상담을 할 수 있을 거라고 생각되는 리더들에게 커밍아웃하고 질문해보았지만 결론은 항상 같았다. "동성애는 하나님의 뜻이 아니고 벗어나야 할 죄다." 나는 계속 납득할 수 없었지만 신앙적 틀 안에서 다른 해답을 구체적으로 상상하기도 어려웠고 하나님에게 가진 막연한 죄책감도 벗을 수 없었다.

나중의 일이지만 동성애가 신앙적으로 문제되지 않는다는 확신을 가지게 된 후, 소그룹 모임이 활성화되어 있으며 공동체성이 매우 돈독한 한 교회에 커밍아웃하고 들어간 적이 있었다. 그 교회 목사님은 "동성애는 선천적인 것이 아니다"라며 "동성애자들의 힘이 세져서 요즘 목사님들은 무서워서 제대로 (동성애를 정죄하는) 말씀도 못한다"라는 말을 강단에서 이야기한 적이 있었다. 그분은 "스스로 어찌할 수 없을 수도 있지만 적어도 동성애가 죄라는 것에는 동의해야 교회 공동체에 함께할 수 있다"고 말했다. 결국 나는 그 교회와 함께할 수 없었다.

한번은 내적 치유에 관심이 많으셨던 어머니의 권유로 기독교 상담을 받다가 어쩔 수 없이 커밍아웃을 하게 되었다. 그런데 그 상담사는 동성애를 정죄하는 데 사용되는 온갖 성경 구절을 찾아 이야기하는 것뿐 아니라 자신 꾼 꿈 이야기를 하면서 "동성애는 말세에 가장 큰 기독교 대항세력이 될 것"이라고 말했다. 이런 분들을 보면 정말 호모포비아라는 말이 그렇게 적절할 수가 없다는 생각이 든다. 어쩌면 이렇게 동성애자들을 비상식적으로 무서워할 수가 있을까? 차별과 배제의 대상이며 그들이 휘두르는 힘에 피해를 입고 있는 것은 오히려 동성애자들인데. 이렇게 한마디씩 인용하면 이 사람들이 굉장히 이상해 보이지만 평소에 다른 사안에 대해서는 너무 멀쩡한, 온화하고 친절한 사람들이라는 것이 더 곤란하고 무서운 일이다.

고민에 휩싸여 지내던 시절, 죄책감과 더불어 마음 한편에서는 대체 하나님은 왜 나에게 신앙적인 해답을 제대로 주시지 않느냐는 원망도 있었다. 그렇지만 지금 생각해보면 하나님은 나에게 해답을 주시지 않은 것이 아니었다. 진심으로 하나님 앞에서 궁금한 것들을 질문했을 때, 나는 하나님으로부터 제대로 대답을 들을 수 있었다.

여성운동 언저리에서 알게 된 비참한 사실들이 내가 십 대에 가지고 있었던 하나님의 선하심에 대한 질문을 더욱 깊어지게 했을 때, 이런 비참함이 여성이자 동성애자인 나의 경험과 연속선상에 존재하고 있는 것으로서 심각하고 고통스럽게 다가왔을 때, 하루는 거의 폭발할 지경이 되어 하나님 앞에 따져 물으며 기도했다. "어떤 사람들이 역사 대대로 고통 받는 것이 정녕 하나님의 뜻이란 말입니까? 이런 성적 질서를 만드신 분이 하나님이란 말입니까? 대답해주십시오!" 하나님은 내가 성경 말씀을 읽는 가운데 대답하셨다. "고아와 과부의 재판을 굽어지게 하는 것은 나의 뜻이 아니다." 성경 속의 표현은 '고아와 과부'

에 대한 이야기였지만 그때 이 말씀은 나의 질문에 대한 답으로 주어진 것이었다. 그것은 하나님은 정의를 원하시고 힘이 없는 자들을 억압하는 현실을 원하지 않으신다는 포괄적이고도 분명한 대답이었다. 그러나 이 대답은 내가 하나님에 대한 온전한 신뢰를 가지기 전에는 해답이 되지 못했다. 나에게 문제는 가치나 윤리도, 어떤 논리나 대답도 아니었던 것이다. 문제는 하나님과 나와의 관계였다. 그리고 그 관계를 푸는 핵심은 하나님과 나 사이에 가장 큰 걸림돌로 작용하고 있는 나의 성적 지향에 대해 하나님과 대화하는 일이었다.

그렇게 하나님 주변을 맴돌면서 묻고 좌절하는 사이 몇 년이 흘렀다. 내 내면의 신앙적 갈등이 오래도록 곪아서 최고조에 이르러 있었다. 더 이상 지속하기 힘들 만큼 이중적이고 분열된 삶에도 지쳐 있었다. 나를 가장 힘들게 했던 것은 여성 운동과 성소수자 운동 주변에서 만난 동지이자 친구들이 서로에게 상처를 입히며 쉽게 관계를 끊어버린 일이었다. 그로 인해 실패와 실망감을 맛보며 힘든 시간을 보낼 때였다. 설상가상 당시 내가 사귀고 있던 사람이 내 친구와 바람을 피워 헤어지게 되었다. 심신이 나락으로 떨어진 나는 내 인생에서 가장 힘든 시간을 보냈다. 그리고 그 시간은 한편으로는 하나님을 간절히 찾게 되는 계기가 되었다. 그 당시 찾아갔던 교회에서 지금 나의 동반자가 된 신실한 리더 언니를 만났다. 그녀는 하나님에 대한 열정이 누구보다 뜨거웠고 그 안에 계신 성령으로 인해 반짝반짝 빛이 났다. 그녀와의 만남은 너무도 신기한 일이었고, 그녀가 들려주는 하나님 이야기는 내가 하나님께 진정으로 나아가도록 동기를 부여해주었다.

그 무렵 매년 가던 수련회에서 나는 때가 왔음을 직감했다. 아니나 다를까, 그때가 하나님과 나의 '바로 그 시간'이었다. 전도서 강해에서 듣게 된 말씀은 하나님 앞에서 인간인 나 자신이 갖고 있는 연약함과 악함을 자각하게 했다. '모든 것이 헛되다'는 전도서의 말씀은 그동안 혼자 부딪히다 지친 나 자신을 직시하게 해주었다. 또한 하나님은 연한 살이 다 드러난 내 마음을 미처 생각하지 못하고 있던 부분까지 다 위로하고 어루만지셨다. 수련회 첫날부터 나는 펑펑 울었다. 거짓말처럼 하나님의 사랑이 가슴 가득 흘러넘쳐서 주체할 수가 없었다. 왜 그랬는지, 그것이 무엇이었는지 설명하기 어려운 신비로운 일이었다. 나는 이렇게 나를 사랑하시는 하나님을 한번 덮어놓고 믿어보자고 결심했다. 꽤 놀라운 하나님과의 전면적인 화해 사건이었다. 나는 하나님께 당신이 완전히 이해되지 않는다고 해도 따르겠다고 말했다. 하나님 앞에 나의 연약함과 악함, 나의 오류 가능성을 인정한 것이다. 또한, 말하고 5초 뒤에 약간 후회하긴 했지만 나를 향한 하나님의 뜻을 알 때까지는 아무도 사귀지 않겠다고 했다. 하나님의 뜻을 객관적으로 받아들이는 데 방해가 될 수 있는 나의 원함을 먼저 내려놓겠다는 결단이었다. 그리고 나는 내 전부를 하나님께 드리기로 했던 것이다.

나는 다른 활동들은 다 그만두고 신앙생활에 집중하는 시간을 보냈다. 지금 생각해보면 당시 나의 신앙관은 그리 균형 잡힌 것이라고 볼 수 없지만 나로서는 최선을 다하여 하나님과의 관계를 잘 이루어나가려 노력했다. 성과 속을 구분하는 이원론적인 신앙을 완전히 벗어나지도, 나의 정체성을 신앙 안에서 확신하지도 못한 상태였지만 그 시간은 내가 하나님은 물론 세상과의 더욱 온전한 관계를 배운 소중한 때였다고 생각한다. 실제로 그때는 하나님과 나 사이의 밀월과도 같은 시간이었다. 그 시간을 보내고 난 뒤 결국 나는 하나님께서 이끄신 길을 따라 동성애자로서의 내 삶을 신앙 안에서 재정립하게 되었다.

그리고 그보다 먼저 특별한 경험을 하게 되었다. 하나님의 일은 갑자기 찾아왔다. 사람들이 성령 체험이라고 말하는 것이었다. 한동안은 내 영혼이 온종일 하나님께 무엇인가 끊임없이 기도를 올렸다. 길을 걸으면서도, 자면서도, 잠에서 깨어나면서도 내 속에는 하나님을 향한 무언의 언어가 울려 퍼졌다. 특정한 성경 말씀이 나를 위한 하나님의 말씀으로 뇌리에 강렬하게 떠오르곤 했고, 방언의 은사를 받고 싶다고 기도하자 그것도 주셨다. 더욱 놀라웠던 것은 내 인생에 항상 깔려 있던 회색빛 우울함이 어느새 사라져 버렸다는 점이다. 나를 둘러싸고 있던 어떤 막이 벗겨진 것처럼 기쁨과 슬픔, 아름다움 등의 감정과 감각이 갑자기 선명해졌다. 다시 태어난 것처럼 하나님 안에 있는 나의 존재를 의식적으로 아주 분명하게 확신했다. 더 이상 두려워하지 않고 하나님과 함께 스스로 인생을 결정해나갈 수 있는 힘이 생겼다는 것을 알 수 있었다. 부모님께 배운 신앙의 내용이 새롭게 나의 것이 되었다. 나의 정서와 의지가 치유되고 구원 받았다. 이 모든 과정은 당시 항상 내 옆에 있어주었던 언니가 목격했고 함께했다. 언니는 하나님의 영이 나에게 오시는 통로였다.

결론적으로 하나님은 나에게 짝을 주셨다. 더불어 살며 하나님 나라를 함께 지향할 수 있는, 사랑하는 사람을 말이다. 나는 나의 동반자를 만나는 과정을 통해 하나님께서 결코 동성애 자체를 문제로 삼으시지 않는다는 것을 확신할 수 있었다. 내가 나의 정체성에 대한 신앙적 확신을 가지게 된 과정을 생각해보면 참 재미있다. 나는 나의 원함을 내려놓아야 하나님의 뜻을 객관적으로 파악할 수 있을 것이라고 생각하고, 확신을 얻을 때까지 아무도 사귀지 않겠다고 했었다. 물론 원함을 내려놓은 것은 내가 하나님의 시각을 흐트러뜨리지 않고 직시하는 데 도움이 되었다. 그렇지만 나의 확신은 아무런 사건, 누구와의 관계도 없이 머릿속의 깨달음으로만 일어난 것이 아니었다. 하나님은 오히려 내가 어떤 이와의 관계를 하나님 안에서 형성해가는 과정을 통해서 하나님께서 나의 성 정체성과 성적 지향을 아름답게 보시며, 나의 인생 계획 가운데 이를 사용하신다는 확신을 얻을 수 있게 하셨다.

그렇지만 언니를 받아들이고 함께하게 된 과정은 순탄치 않았다. 그것은 나의 신앙과 신학적 지식의 미숙함 때문이기도 했고, 우리의 관계를 확인해줄 신앙 공동체가 튼튼하게 존재하지 못했기 때문이기도 했다. 몇몇 친구들 그리고 그 무렵 만나게 되었던 동성애자 기독교인 커플 몇 명만이 서로를 확인해줄 수 있는 관계였다. 우리에게는 흡

어져 있는 관계들을 넘어, 온전한 성도와의 사귐을 통해 전인적인 동성 간 결합을 지지하는 신앙 공동체가 필요했다.

이런 외로움에도 불구하고 우리가 누리게 된 자유와 기쁨은 온 세상을 가득 채울 수 있을 만큼 크고 아름다웠다. 하나님과의 관계 속에서 누리게 된 자유가 너무나 커서 실제적인 삶 가운데 억압과 부자유가 존재하는 괴리적인 상황을 견디기 어려울 정도였다. 자유를 주셨는데 그 자유를 쓸 데가 없었다. 하나님께서는 우리가 계속 그러한 상태로 살아가기를 원하지 않으셨다. 하나님께서는 우리가 하나님과 함께 직접 이 땅에 자유의 터전을 만들고 가꾸어가기를 원하셨다. 우리는 하나님께서 이끄시는 다음 걸음을 기대하고 있었고 하나님은 우리를 두 번째 해방으로 인도하셨다. 그것은 하나님 나라의 평화를 이 땅에서 함께 이루어가며 우리의 생명을 억누르는 잘못된 질서에 함께 대항할 아름다운 신앙 공동체를 꿈꾸는 일이었다.

결국 나는 진로를 바꾸어 신학을 공부하게 되었다. 신학은 내가 내면적이며 개인적인 방법으로 가졌던 확신을 사람들에게 설명할 수 있도록 해주었다. 우리는 우리들의 자유의 터전을 개척하기 위해 기존의 교회에도 들어가 보고, 몇몇 동성애자들과 교회를 세워보려고도 하는 등 시행착오를 거쳤다. 이를 통해서 알게 된 것은 기존의 교회는 너무나 벽이 높고 우리는 공동체 경험이 절대적으로 부족하다는 것이었다. 사람들이 모여 신뢰 있는 관계를 만들어가는 것도, 신앙에 관한 의견들을 자유롭게 나누며 그것을 하나로 모아가는 것도 쉽지 않았다.

그러다가 학교에서 만난 친구를 통하여 기독 청년 운동과 지도력 훈련을 하는 곳을 알게 되었고, 그곳의 공동체 공부와 훈련 프로그램에 참여하게 되었다. 처음부터 기대 반 두려움 반의 긴장된 시작이었다. 왜냐하면 1년간의 훈련 과정은 자신을 열어놓고 관계성을 훈련하며, 상호 주체성 안에서 상호 목회(서로 간에 관계 형성을 바탕으로 자연스럽게 신앙적 조언과 상담을 하는 것)하는 것으로 그 과정 중 커밍아웃은 피할 수 없는 일 같았기 때문이다. 사실은 커밍아웃을 할 수 있길 바라기도 했다. 깊고 온전한 성도 간의 사귐이 무엇인지 배우고자 하는 과정에서 이 문제로 인해 물러서고 싶지 않았다. 그동안의 신앙 공동체에서처럼 답답하게 관계를 맺을 수는 없었다. 무엇보다 내가 공동체 훈련을 하고자 하는 이유가 나와 같은 성소수자들이 있는 모습 그대로 온전한 한 구성원으로서 신앙 공동체를 이루며 살도록 하기 위함이 아닌가.

　　그렇지만 훈련 과정에는 신학교 동기나 그와 관련된 사람들도 있었는데 나는 아직 신학교에서 만난 사람에게 커밍아웃을 해본 적이 없었다. 또 이렇게 여러 명에게 커밍아웃해본 경험도 없었다. 지금까지 내가 다닌 교회나 신학교에서는 여성주의적인 의견이나 성소수자에 대하여 긍정적인 의견을 가지고 있다는 것만으로도 소통되기 쉽지 않았다. 어느 정도 수위에서 나를 드러내고 대화해야 할지 고민이 되었고 용기가 필요했다. 먼저 나는 자기 소개글을 통해서 나의 소명이 성과 섹슈얼리티 영역에서 하나님의 정의와 평화를 실현하는 일이라는 점을 밝히고, 이후 기회가 닿는 대로 잘 대화해 나가야겠다고 마음 먹었다. 커밍아웃 자체에 초점을 두기보다 주어진 훈련 과정에 따라 사람들과 잘 관계를 맺으면서, 개인적으로든 전체적으로든 자연스럽게 나 자신을 드러내기로 했다.

1년간의 과정은 내가 기대했던 것 이상이었다. 나는 하나님으로부터, 그리고 함께한 사람들로부터 많은 선물을 받았다. 가장 먼저 공동체 성서 읽기와 삶 나눔은 다른 사람의 삶의 맥락과 그로부터 나오는 다양한 텍스트에 대한 해석을 폭넓게 받아들이는 연습을 하게 했다. 또한 목사님의 말씀 나눔을 통해 교리적 논쟁을 넘어 구체적인 맥락 안에 있는 사건으로서, 그리고 공동체적 관점에서 성서를 읽는 법을 배웠다. 역사와 철학, 신학 분야의 다양한 책들을 공동 학습하면서 일관성 있는 사고 훈련, 역사적이고 사회적인 지평을 사유하면서도 자신의 삶의 과제와 맞닿아 새로운 생활양식을 창출하는 공부, '영적'이라는 미명 아래 머릿속에서만 존재하는 신앙이 아니라 육화되는 신앙을 서로 격려하였다. 훈련 과정은 결국 나를 드러내는 것뿐만 아니라 다른 사람들을 더 깊이 알아가는 법을 배우는 시간이었고, 내가 모르고 있던 나 자신을 신뢰 관계 속의 다른 사람들을 통해 발견하고 스스로 변화하려는 동기와 방향을 깨우치게 한 시간이었다. 서로에게 가지는 깊은 관심으로 인해 상호 주체적으로 형성되는 영향력이 바로 공동체적 지도력이라는 것을 이해할 수 있었다.

모임의 분위기는 진지하고 열려 있었다. 여성과 성소수자들에게 온전한 해방과 성원권membership이 주어지는 하나님 나라를 꿈꾼다는 나의 말에, 사람들은 관심을 가지고 좀 더 이야기를 듣고 싶어 했다. 나는 비이성애자들도 이성애자들과 마찬가지로 신앙 안에서 문제될 것은 없다고 생각한다는 의견을 냈고 몇 가지 질문에 답했다. 사람들의 반응은 다양했지만 퍽 긍정적이었다. 이런 주제에 대하여 별로 생각한 적이 없었는데 대화를 통하여 새로운 관점을 가지게 되었다는 반응, 그동안 동성애에 대하여 부정적으로 배웠는데 아직 잘은 모르겠지만 생각을 환기해보게 되었다는 반응들은 신기하게 느껴졌다. 그도 그럴 것이 공동체 훈련에 참여한 사람들은 대부분 평범한 한국 교회에서 자란, 즉 보수적인 신앙 배경을 가진 사람들이었기 때문이다. 그동안 이야기를 꺼내기도 힘들었을 뿐만 아니라, 이야기를 한다 해도 하나님을 위해 동성애가 죄악이라는 믿음을 포기할 수 없었던 사람들이 바로 한국의 보수적인 기독교인들이었다. 내가 그간 여러 교회에서 경험했던 사람들과 여기서 만난 이 사람들이 그렇게 다른 것일까?

나는 현재 시점에서 생각이 서로 다르다는 것이 문제가 되거나 함께할 수 없는 이유가 되는 건 아닐지도 모른다는 생각이 들었다. 변화해갈 수 있는 원활한 '소통'과 변화로의 '의지'가 없는 것이 더 큰 문제일 것이다. 내가 그동안 교회에 잘 적응하지 못하고 힘들어했던 원인은 지배적인 가부장제 이성애 문화 자체에 있었지만, 사실은 더 근본적인 차원이 존재하는 것 같다는 생각을 하게 되었다. 그것은 의사소통과 관계성의 문제였다. 이데올로기적 편견이나 권력적

위계를 벗고 일관성을 좇아갈 수 있는 의사소통 양식과, 교리적 틀을 벗어나 서로를 생명으로 바라보며 관계를 맺을 수 있는 공동체적 역량이 있었다면 조금 다르지 않았을까 하는 것이다. 이런 역량에는 하나님 나라를 함께 지향하고 이루어간다는 동지 의식, 공동체 의식이 바탕이 될 것이다. 모임에서는 이러한 것들이 형성되어갔기에 교회에서와는 달리 소통이 가능했다는 생각이 들었다. 대화하며 변화해 갈 수 있다는 신뢰와 소망이 있다면 결과도 중요하지만 과정도 의미 있을 것 같았다.

게다가 공동체 훈련을 하면서 또 하나 발견한 것은, 깊이 있는 사귐을 지향할수록 각 개인의 다양한 특성을 통합적으로 이해하게 된다는 것이었다. 이런 문화 가운데에는 사람을 남성과 여성이라는 성적 특성으로만 단순하게 구분하고 규범화하는 가부장제 이성애 문화의 범주적 폭력이 별로 작동하지 않았다. 실제로 나는 이 부분에 대한 스트레스는 별로 받지 않았다. 물론 가부장적이고 연애지상주의적, 가족주의적인 지배적 문화와 가치 자체에 대한 비판 담론이 직접적으로 존재하기 때문이기도 했다.

공동체 훈련 과정을 통해 점차 나는 그동안 신앙 공동체나 그 지도자로 인한 부정적인 경험 때문에 나도 모르게 형성된 불신과 편견을 넘어, 뚜렷한 현실 인식 속에서도 믿음과 소망을 회복하고 유지하는 법을 배워갈 수 있었다. 하루는 공동체 훈련을 이끄시는 목사님에게 진로 상담을 하게 되었는데, 그러다 보니 섹슈얼리티 문제에 관한 나의 관심에 대해서도 이야기하게 되었다. 나는 목사님이 성소수자에 대하여 어떤 신학적 견해를 가지고 계시는지는 알지 못했다. 그렇지만 나는 목사님에 대한 스승으로서의 신뢰를 가지고 솔직하게 대화하다가 혹시 이야기가 나오게 되면 커밍아웃도 하자고 마음을 먹고 있었다. 섹슈얼리티 문제, 성소수자 문제에 대한 나의 집중된 관심을 이야기했을 때 목사님의 첫 질문은 "그 관심이 너의 실존적인 문제로부터 나오는 것인가?" 하는 것이었다. 참 독특하기도 하고, 기억에 남는 질문이었다. 나는 물론 그렇다고 대답했다. 목사님은 나의 커밍아웃을 이해하신 것 같았다. 곧이어 목사님은 자신의 질문을 설명해주셨다. 실존적 연결성 없이 머릿속에서 형성된 문제의식이나 사명감은 지속적인 동력을 가지지 못하기 때문에, 청년들이 어떤 문제에 대한 집중된 관심을 가지고 있을 때 확인을 위해 묻곤 하는 질문이라고 하셨다. 이후 이어진 상담에서 나의 성 정체성에 관한 내용은 더는 나오지 않았다. 그렇다고 그것을 무시하고 이루어진 대화는 아니었다. 내가 요청한 상담이 진로에 관한 것이었기 때문에 목사님은 그 주제에 집중하여 조언해주셨다. 상담이 끝난 후 목사님은 "그럼 함께 살고 있는 언니도?"라고 질문하셨다. "부부 관계 같은 거죠"라는 나의 대답에 목사님은 "그럴 것 같았다"라며 살짝 웃으셨다. 묘한 기분이었다. 내게는 특별한 경험이었지만 목사님에게는 아마도 평범한 상담이었을 것이다. 나는 나의 정체성이 다른 청년들과 전혀 다르게 다루어지지 않았다는 것을 알았다. 나는 목사님과 대화하는 동안 편안하게 나 자신으로 있을 수 있었다. 그리고 이것이 내가 오랫동안 바라왔던 것이라는 점을 알 수 있었다.

공동체 훈련 과정을 해나갈수록 하나님 나라를 지향하는 사람들과 함께 삶을 구체적으로 나누고 공유하는 공동체로 살고 싶다는 열망이 커졌다. 나는 공동체 훈련 과정을 하는 도중 공동체의 꿈을 공유하게 된 몇몇 친구들과 나의 반쪽인 언니와 함께 새로운 공동체 모임을 꾸리게 되었다.

머지않아 공동체 훈련 과정에서도 전체적으로 커밍아웃을 해야겠다는 생각을 하던 중 ≪인생은 아름다워≫라는 드라마를 보게 되었다. 아들이 부모에게 커밍아웃을 하자, 부모와 식구들이 한편으로는 힘들어하면서도 그를 받아들이는 이야기가 나왔다. 부모와 서로 부둥켜안고 우는 아들의 모습을 보면서 나는 북받치는 눈물을 참을 수 없었다. 그리고 나도 내가 사랑하는, 나를 사랑하는 사람들에게 나를 열어놓고 소통하고 싶다는 생각이 매우 간절해졌다. 그렇지만 막상 모임에 갔을 때는 입이 쉽게 떨어지지 않았다. 한 주가 더 지난 후에 나는 8개월이 지나도록 하지 못했던 이야기를 꺼내놓았다. 말할 내용을 미리 준비한 것은 아니었다. 이야기를 해야겠다고 마음을 먹자 한 문장이 내 머릿속에 떠올랐다. "내가 같은 여성을 사랑한다는 것이 세상과 공동체를 위하여 하나님께서 주신 은사(선물)라는 것을 알기까지 정말 오랜 시간이 걸렸습니다." 이것이 내가 공동체 훈련 모임에서 커밍아웃한 첫마디였다. 그래, 이렇게 커밍아웃하고 싶었다. 이것이 하나님 안에서 새롭게 발견한 나 자신이었다. 다른 사람들이 그러하듯, 나의 나 됨도 하나님이 지으신 고유한 모습인 것이다. 그러한 고유한 모습이야말로 세상과 공동체를 섬길 은사가 아니겠는가.

사람들은 특별한 무리 없이 나의 커밍아웃을 잘 받아들였던 것 같다. 표현하지 않은 사람들의 의견은 잘 알 수 없지만 전체적인 분위기는 우호적이었다. 표현하기 어려웠을 네 자신의 이야기를 해주어서 고맙다는 사람도 있었고, 그동안 혹시 자신이 무신경하게 잘못 말한 것이 있을까봐 걱정하는 사람도 있었다. 한 친구와는 전에, 사람을 있는 그대로의 다양한 특성으로 보지 않고 성적 대상으로서의 여성과 남성으로만 구분하고 바라보는 시선이 얼마나 사람들 사이의 관계를 피상적으로 만드는지에 대하여 이야기한 적이 있었다. 그 친구는 나의 커밍아웃을 듣고 난 후 내게 "내가 동성애자이기 때문에 이성애적 질서 바깥에서 그것을 바라볼 수 있는 깊은 통찰력을 갖게 된 것 같다"고 말했다.

내가 커밍아웃한 이후로 목사님의 말씀 나눔에서 조금 달라진 점이 생겼다. "동성 간이든 이성 간이든 연애할 때, 자본과 같은 시대의 우상을 거슬러 하나님 나라의 가치를 추구하며 삶의 일관성을 지키도록 특히 주의할 필요가 있다." 내가 커밍아웃한 이후로 목사님은 공동체 훈련 모임에서 이런 식으로 동성애 관계를 인식하는 내용의 발언을 하셨다. 물론 이전부터 목사님은 일반적인 범주를 넘어서는 '공동체적 관계'를 인식해오셨기 때문에 이러한 발언이 더 자연스러울 수 있었다. 그래도 이런 목회는 들어본 적이 없어서 꽤나 감격적이었고 들을 때마다 어쩐지 얼굴이 화끈거리기도 했다.

누군가가 커밍아웃은 한 번으로 끝나는 것이 아닌 끊임없는 과정이라고 했다던데 그 말은 옳은 말이다. 커밍아웃을 했다고 해서 나와 사람들의 관계가 크게 변한 것은 아니지만, 가끔씩 그 부분에 대해 대화를 나누게 되었다는 점은 이전과 달랐다. 대화 내용 중에는 당황스러운 질문도 있었다. 사람들이 커밍아웃을 받아들였다고 해서 모든 게 끝난 것은 아니었다. 오히려 커밍아웃은 대화의 시작인 것 같았다. 그렇지만 적어도 나는 진정을 다해 서로를 알아가며, 그 과정을 통해 또 다른 너와 내가 되기를 소망하는 공동체를 보며 지금의 대화를 이어나갈 용기를 얻었다.

이처럼 하나님께서 내 마음 안에 뿌려놓으신 소망의 씨앗은 구체적인 형태로 싹을 틔우기 시작했다. 신앙 공동체가 필요하다는 마음은 절실했지만 가능한 방법이 무엇인지 찾지 못했던 나는, 드디어 모델이 될 만한 방법론과 함께할 사람들을 발견한 것이다. 나는 지금 가슴 부푼 꿈을 꾸고 있다. 그것은 다양한 성 정체성을 가진 사람들이 함께 만들어가는 하나님 나라의 꿈이다. 가부장제 이성애적 질서가 질곡이었던 나에게는 예수님께서 장차 부활하여 하나님 나라에서는 "시집도 장가도 가지 않고 천사들과 같을 것마태복음 22장 30절, 마가복음 12장 25절, 누가복음 20장 34-35절"이라고 하신 말씀이 빛과 같은 구원이었다. 성적 억압과 왜곡에서 벗어나 각자가 지음 받은 대로 받아들여지며 사랑하는,

아름다운 공동체의 모습을 그려본다. 온전한 그리스도의 몸을 이루는 공동체들이 생성되어 이성애적 가족주의를 뛰어넘는 새로운 생활양식을 형성해가는 그런 꿈이다. 앞으로도 길고 어려운 과정이 남아 있겠지만 이 일이 훗날 나처럼 교회로부터 상처 받은 다른 이들에게 작은 위로가 될 수도 있었으면 좋겠다. 하나님 나라가 이 땅 위에 아름답게 만들어져가는 과정을 보며 살고 싶다.

7년을 기다린 기억

도임방주

　　어머니는 가끔 나에게 "사람에게는 죽기 전까지 세 번의 기회가 온다"는 말씀을 하셨다. 어릴 적엔 '왜 세 번일까' 하는 의문을 품기도 했지만 지나고 보니 어머니가 내게 알려주고자 하셨던 것은 '세 번'이라는 수가 아니라 '기회'가 아니었나 하는 생각이 들었다. 태국에서의 기억이 어머니의 그 말씀을 떠오르게 했다. 정확히 말하자면 '기억'이 아니라 내 인생을 돌아보게 만든 '계기'였다고 해야 할 것이다. 그때의 경험이 내 인생을 다른 눈으로 되돌아보게 했으니 어머니가 말씀하신 인생의 기회란 바로 그런 계기가 아닐까 싶다.

헉, 역시 태국! 비행기 문이 열리고 공항으로 통하는 통로로 나서자 숨 막히는 더위가 엄습했다. 이 나라에서 석 달을 버텨야 한다고 생각하니 기내에서 세운 온갖 계획과 기대감은 어디론가 사라져버렸다. 출국장에 서서 아무리 둘러보아도 마중 나온다던 사람을 찾을 수가 없었다. 모두 비슷비슷한 얼굴이었다. '필렉'이란 이름으로는 남자인지 여자인지도 모르겠고, 이름이 적힌 팻말이라도 있을까 찾아보았지만 북적이는 인파 탓에 도통 눈에 띄지 않았다. 하릴없이 돈므앙 국제공항을 한 바퀴 돌고 있는데 흰옷을 입은 이슬람교도들이 공항 바닥에서 메카를 향해 절을 하기 시작했다. 갑자기 몽롱해졌다. 더운 데다가 사람도 못 찾겠고, 이 와중에 텔레비전 다큐멘터리 프로그램에서만 보던 장면이 별안간 펼쳐지니 정신이 멍해졌다.

또 한 바퀴를 돌고 지쳐 앉아 있는데 어떤 태국 여자가 "알 유(Are you)?" 하며 다가왔다. 맞다! 나를 마중 나온 사람이었다. 반가움도 잠시, 그녀의 탱글리시(Thai-English: 한국식 영어를 콩글리시라고 하듯 태국식의 발음과 비문법적인 영어를 뜻하는 말이다) 억양에 그만 뭘 묻는지 뭘 답해야 하는지 또 멍해졌다. 상황을 간파했는지 그녀는 말없이 나를 사무실로 데려다주었다. 이렇게 6개월간의 나의 태국 버마이슈[1] 인턴 생활이 시작되고 있었다.

스태프 하우스 숙소에서 버마이슈 사무실까지는 걸어서 3분 정도

걸리는 아주 짧은 거리지만 그 사이에 식당 두 개, 이발소 하나, 구멍가게 하나가 있는 빽빽한 주택가였다. 아침 출근길에 눈인사를 하면 'Good Morning' 이라고 답하는 사람들을 보면서 '내가 확실히 외국인으로 보이는구나' 라는 생각을 하게 될 정도로 동네에서 나는 눈에 띄는 존재였다.

그렇게 한 달 가까이 지내다 보니 머리가 많이 자라 늘 지나치던 이발소에 들어가 머리를 손질했다. 나이가 나보다 많아 보이는 이발사 청년과 짧은 영어로 간략한 호구조사와 취미, 특기, 좋아하는 영화와 할리우드 스타에 대해 이야기를 나누었다. 친절하고 붙임성이 좋은 그와 나는 곧 지나가다 서서 이야기를 나눌 정도로 친근해졌다.

태국의 찜통더위와 한밤중의 기습 소나기를 처음 경험한 지 어느덧 두 달, 친절한 이발사 친구가 시간 되면 저녁을 먹자고 했다. 가까운 데 좋은 곳이 있으니 가자고. 자신이 갖고 싶은 직업이 '요리사' 인데 곧 요리를 배우러 유럽에 가게 될지 모르니 가기 전에 같이 식사를 하고 싶다며 묻지도 않은 이유를 굳이 밝혔다. 거절할 이유도 없었고 오히려 현지인과 '민주주의와 인권, 투쟁' 이 아닌 사는 이야기를 나눌 수 있겠다는 생각에 흔쾌히 '오케이' 했다. 사무실에 들어온 나는 이발소 친구와 저녁 식사를 같이하기로 했다며 스태프들에게 시간 되면

1_ 태국 방콕에 있는 버마('미얀마'의 전 이름) 민주화 NGO로 비폭력 수단을 통한 버마의 민주화를 목표로 하고 있으며, 소수민족의 교육과 어려운 현실을 세계에 알리는 데 주력하고 있다. (www.burmaissues.org)

같이 가자고 제안했고, 한 태국 친구가 함께하기로 약속했다. 그런데 식사를 하기고 한 날, 태국 친구가 갑자기 못 가게 되었다고 했다. 태국 스태프들이 서로 눈치를 보면서 뭔가를 말하고 싶어 했지만 난 혼자라도 상관없다며 약속 장소로 향했다.

이발사 친구와 나는 시끄러운 공연과 흥정이 오가는 시장 안에서 조금 조용한 레스토랑에 앉아 식사를 시작했다. 이발사 친구는 또 묻지도 않은 자신의 꿈에 대해서 주절주절 이야기를 시작했다. 이발사를 하려고 방콕에 있는 것이 아니라며, 밤에는 시내 식당 주방에서 일을 하는데 사장의 지인 중 유럽에서 요리를 배울 수 있도록 주선해줄 수 있는 사람이 있어 이번 기회에 유럽으로 갈 생각이라고, 자신의 인생 계획을 자세하게 설명했다. 내가 이해하지 못할까봐 보디랭귀지까지 섞어가면서. 남들이 본다면 나를 청각 장애인으로 착각할 정도였다. 사실 그의 말은 한 번에 알아들을 수가 없어서 여러 번 반복을 해줘야 이해가 되었다. 내가 이해를 못했다고 생각하면 그 친구는 아주 차근차근 자신이 알고 있는 모든 영어 단어를 동원해 또 설명했다. 그의 꿈과 희망 이야기는 계속 이어졌고 조금씩 주변 사람들은 우리가 뭘 먹고 있는지 무슨 이야기를 주고받는지 궁금해하기 시작했다.

식사가 거의 끝날 즈음 그 친구는 "당신을 위해 음식을 만들어 주고 싶어요"라고 말했다. 나는 "와, 기대가 됩니다"라고 답을 했다. 그런데 이 짧은 대화가 오간 뒤 나는 뭔가가 나의 기대와 다르게 흘러가고 있다는 것을 느꼈다.

"어떤 음식을 좋아하세요? 한국 음식은 모르는데, 태국 음식 어때요? 언제가 좋아요? 출국하기 전이 좋을 것 같은데 이번 주 어때요?"

대답을 기다리지 않고 이발사 친구는 계속 질문은 했다. 진심이라는 느낌이 들었다. 예의상 초대하니 예의상 '언젠가' 라고 응대하면 될 줄 알았는데 이야기는 당장이라도 답을 하지 않으면 안 되는 분위기로 흘러갔다. 나는 뭐라고 말해야 할지 몰라 우물쭈물 망설였다. 누가 보면 우리 사이를 오해할 수도 있겠다는 생각이 뇌리에 스치면서 확실하게 말하지 않으면 안 되겠다는 결론에 이르렀다. 그래서 망설이다 물었다.

"무슨 뜻…… 이에요?"

"당신이 맘에 들어요, 좋아요!"

순간 '앗! 이건가?' 라는 생각이 들면서 할 말이 떠오르지 않았다. '복잡해진다. 어떡하지? 거절해야 하는데 뭐라고 하지?' 머릿속이 빙글빙글 돌아가기 시작하고 식은땀이 났다. '거절해야 하는 거지? 그게 맞는 거지? 어떻게 거절하지? 애인이 있다고, 난 동성애자가 아니라고? 이 사람의 인권은 어떻게 하지, 거절하면 인권을 무시하게 되나?'
짧은 순간 동안 지금까지 배우고 들었던 이론과 단어들이 떠오르고 사라졌다. 민주주의, 당사자주의, 인권, 인간에 대한 예의, 성적 자기 결정권…… . 복잡할 대로 복잡해진 머리를 화장실에서 식히고 돌아와 커피를 마시면서도 한편에서는 어떻게 '거절'하면 좋을지 궁리에 여념이 없었다. 그때 이발사 친구가 '폼 나게' 거절할 미끼를 던져주었다. "같이 살고 있는 친구가 있지만 내 마음을 이해해줄 거예요"라고. '이거다. 이때다!' 나는 그의 말이 끝나기가 무섭게 "그러면 안 되죠. 사귀는 사람이 있는데 이러면 안 되는 거잖아요. 안 돼요, 당신의 친구가 불쌍해요"라고 여유 있게 웃으며 내가 거절하는 것이 정당하다고 천천히 이성적으로 설명하기 시작했다.

지금까지 고민한 것이 무색할 정도로 이야기는 순풍의 돛 단 배처럼 술술 풀려갔다. 나는 이발사 친구에게 비윤리적인 사람이 되지 말아야 한다고 설득하는 한편, 같이 살고 있는 파트너로 화제를 돌리려고 노력했다. 파트너가 있으니 이러면 안 된다는 것을 계속 상기시키는 것이었다. 파트너가 기다리고 있으니 가봐야 하지 않겠냐며 나중에 더 좋은 기회가 올 거라는 말로 서둘러 자리를 파했다. 아쉬움이 남았는지 그 친구는 택시를 잡고 서서 "그럼 그냥 다음에 또 식사하자"고 계속 제안을 하는데 나는 "에" 하고 말을 흐렸다. 택시가 떠나자 놀란 가슴을 진정시키기 위해서 시끄러운 음악이 흘러나오는 야시장에서 들어가 생맥주를 들이켜며 한숨을 돌렸다. '방금 뭔일이 있었는데…… . 아, 머리 아파.'

지금도 그 순간을 떠올리면 그때의 감정이 실시간으로 다가온다.

유난히 후텁지근했던 날씨, 땀에 젖어 끈끈했던 피부, 시끄러웠던 노랫소리, 혼란스러웠던 머리, 어디에 둘지 몰랐던 내 시선, 적당한 단어를 찾기 바빴던 입. 하지만 그때의 만남은 그동안 잊고 지낸 한 친구를 기억나게 해주었고, 나를 '의심' 하고 다른 사람을 '구경' 했던 지난날을 떠올리게 했다.

1989년 겨울 그리고 1998년 겨울
_말해도 되는데 말하기 어려운 이야기

1989년 겨울, 중학교 졸업식 날이었다. 아이들은 두세 명씩 짝을 지어 기념사진을 찍기 바빴다. 이 순간이 지나면 모두 멀어질 거란 생각 때문인지 친했든 안 친했든 무조건 찍는 것이다. 나 역시 가슴에 한가득 꽃다발을 안고 분주하게 이리저리 왔다 갔다 하는데 한 친구가 사진을 찍자고 다가왔다. 썩 친했다고 할 순 없지만 흔쾌히 함께 사진을 찍었다. 사진을 찍고 나서 그 친구가 편지 한 통을 내밀었다. 자를 대고 쓴 깨알 같은 글씨. 그 친구는 선생님에게 '남자답지 못하게' 글씨를 쓴다고 몇 번이나 주의를 받았지만 여전히 10센티미터짜리 자를 대고 눈금 크기만큼 글씨를 쓰는 습관을 버리지 못했다. '졸업식 때 남자끼리 편지라니……' 어이없었지만 별생각 없이 편지를 받았다.

집으로 돌아와 편지를 뜯어보니 내용은 평범했다. 그런데 기분이 묘했다. 평범한 안부, 졸업의 안타까움, 다시 보자는 약속 비슷한 인사. '보통의 남자' 애들이 쓰는 말은 아니었다. '이게 뭐지?'

그 후 그 친구에게서 몇 통의 편지가 더 왔지만 나는 답장을 하지 않았고, 서로 볼 일도 없어졌고, 그렇게 우리의 인연은 끊어졌다. 그런데 이제 와 그 친구가 나에게 전하고자 했던 그 모를 감정이 새삼 떠오르는 것은 왜일까? 기억 속의 그 녀석은 웃고 있는데 나는 불편해한다. 그러다 내가 동성애 잡지를 구독했었다는 사실이 불현듯 스쳤다. 정말이지 기억 속에 묻혀 있던 일이었는데…….

1998년 나는 우연히 한국 최초 동성애 잡지인 《버디》를 정기구독했다. 나와 다른 삶을 살고 있는 사람들을 만나고 싶고, 알고 싶다는 생각 때문이었다. 잡지를 통해 그동안 내가 생각지도 못한 삶을 살아가고 있는 사람들을 곁눈질해보았다. 그러나 그때만 해도 그들은 내가 만난 장애인과 더불어 그저 '또 다른 삶을 사는 사람들'이었을 뿐이었다. 정기구독이 끝난 후 누나가 넌지시 던진 질문을 받기 전까지는.

잡지가 더 이상 집으로 오지 않던 어느 날 밥상 앞에서 누나가 지난 추억을 더듬듯 말을 했다. "있잖아, 잡지 보고서 고민했었어. 너 혹시 그런 사람이 아닌가 싶어서"라고. 순간 '나도 의심 받을 수 있다'는 사실에 놀랐다. 맞다, 아니다라고 말할 수 있는 분위기는 아니었다. 장난으로라도 '맞다'고 하면 분위기는 장난이 아니게 변할 것이었고, '아니다'라고 말하기에는 확신이 없었다. 무엇보다도 동성애자의 삶은 주변 사람을 고민하게 만들 수 있다는 사실에 놀랐다.

잡지가 집으로 오는 내내 날 '관찰'하면서 '확증'을 찾기 위해 애썼을 누나의 마음과 행동을 생각하니 쓴웃음이 나왔다. 하긴 내가 여자 애인을 사귀지 않고 있는 것이 누나에겐 심정적 증거였을 것이다. "하하 누나도 참, 물어보면 되지? 그런 걸 뭐"라며 대수롭지 않게 넘겼지만, 사실 대놓고 물어보지도 못하고 얼마나 조마조마해했을까 생각하니 미안하기도 했다.

1992년 겨울, 봄 _페다고지의 기억

끝났다! 희망이 없다! 경쟁률이 20대 1이라니. 막판까지 눈치 보며 넣은 전기대학교 경쟁률이 저녁 뉴스를 통해 나왔다. 짜증과 화가 밀려왔다. '에이 씨, 좀 더 눈치 볼걸.' 잠시 후 친구에게서 전화가 걸려왔다. "뭐, 네가 열아홉 명만 제치면 되잖아!" 말이 열아홉 명이지 친구들이 지원한 학교는 서너 명만 제쳐도 되는데, 나는 재수가 없어도 정말 없었다. 정말 내가 열아홉 명만 제치면 될까? 마인드 컨트롤을 하기 시작했다. 열아홉, 열아홉…… . 시험 당일, 문제를 풀기보다 사람 수를 세느라 정신이 없었다. 결과는 불합격.

　대학에 입학하고 2주가 지났을 무렵 야학 교사가 된 나는 학교 수업보다 야학에 더 열심이었다. 그러던 어느 날 야학 수업이 끝나고 벌어진 술자리에서 분위기가 무르익는다 싶더니 학생들과 교사들은 서로를 교실에서와 달리 부르고 있었다. ‘○○ 씨, ○○ 선생님’ 하던 호칭이 ‘○○ 형, ○○ 어머니, 야! ○○ 선생님’으로 자연스럽게 바뀌고 있었지만 누구도 뭐라 하는 사람은 없었다. 그런데 빈 소주병 수가 행운의 숫자 7을 향할 즈음 누군가 큰 목소리로 화를 냈다. “야, 선생님들은 어느 놈 머리통을 밟고 서서 거기에 있는 거잖아!” 순간 모두 침묵했고 미처 듣지 못한 사람들은 무슨 말이 오갔는지 귓속말을 주고받고 있었다. 긴 연설이 이어질 것 같은 순간이었지만 누군가의 개그로 화제가 바뀌었다(그때의 개그가 뭐였는지 정확히 기억나지 않는다. 다만 굉장히 ‘자학’적이었던 것 같다).

　그 말을 한 학생은 다음 날도 그다음 날도 자신이 무슨 말을 했는지 기억하지 못했지만, 나는 ‘선생님 입장’에서 뭔가 설명해야만 할 것 같아 마음이 무거웠다. ‘내가 대학에 들어오려고 제친 탈락자들을 말하는 건가? 야학 학생들과 달리 대학에 다닐 수 있는 우리들의 경제적인 여유를 말하는 건가?’ 내가 몇 명의 머리를 밟고 여기 서 있는 거라 생각하니 나를 밟고 전기대에 합격한 ‘놈들’ 생각에 울컥하기도 했다. ‘밟고 선다’는 말이 머리를 떠나지 않았다. 동아리 선배에게 고민을 말하니 선배는 웃었다. 그러고는 책 한 권을 소개해주었다. 『페다고지,

억눌린 자를 위한 교육』, 검은 바탕에 빨간색 글씨로 제목을 적은 책이었다. 그 책의 마지막 장을 덮고 나자 내 발밑과 내 머리 위에 정말 뭔가 있다는 생각을 지울 수 없었다.

그 책을 읽고 난 이후 나는 누군가를 밟고 대학에 들어왔다는 것을 인정해야 하는지, 대학생이 된 것을 죄라고 느껴야 하는지, 혼란스러운 마음으로 1992년을 보냈다. 술주정을 했던 학생은 물론(그 일이 있고 나서 한참 지난 후였지만), 그 누구도 명확하게 설명하지 못했다. 궁금한 것을 묻기 위해 이미 세상에 없는 분을 붙잡아보기도 하고, 영원히 살아계신다는 분을 잡아보기도 했다. 하지만 내가 직접 경험할 때까지는 책을 쓰고 돌아가신 분도, 하늘 위에 계신다는 분도 답해주지 않는다는 것을 깨달았다. 5년이라는 시간이 지난 후에야 말이다.

1995년 여름 _차라리 나쁘다고 말해, 욕을 하든지

전두환, 노태우 두 전직 대통령에 대한 '구속투쟁'이 한창이었던 1995년 초반, 의정부를 비롯한 각 지역에서 미군들이 한국인 택시기사를 폭행하는 일이 벌어졌다. 내가 학교를 다니고 있는 춘천에서도 미군부대의 군인들이 한국인 택시기사를 폭행하는 사건이 벌어졌고, 이에 우리들은 거리로 나서서 페인트 병을 던졌다.

아주 더웠던 여름, 거리를 뛰어다녔던 대가로 나는 경찰서에서 지난 1년 동안 내가 한 일을 취조당하고 있었다. 조서를 쓰던 경찰이 한마디 던졌다. "야, 니들이 이렇게 하지 않아도 사회는 잘 굴러가잖아. 왜 그러는 거야 도대체!" 그 뒤로도 그는 나를 만날 때마다 윽박지르는 건지, 타이르는 건지 알 수 없는 훈계를 장황하게 늘어놓았다. 일상적인 투덜거림인지 정말 신념에 차서 하는 말인지 헷갈리기도 했지만, 그 경찰은 초지일관 학생들은 공부해야 한다고 노래를 불렀다. 또 다른 경찰은 "국가가 부모고 국민은 자식인데, 국가가 하는 일을 믿어야 하지 않겠어!"라며 초등학교 도덕 교과서에도 나오지 않는 이야기를 신념인 양 늘어놓았다. 그는 국가가 없다면 국민도 없는 거라며 긴 연설을 하고는, 급하게 실내화를 구두로 번쩍 갈아 신더니 정장을 고쳐 입고 '상관'의 방으로 나를 데리고 갔다. 상관은 부드러운 목소리로 내게 커피 한 잔을 내밀더니 "너희들 마음 다 안다"며 포문을 열었다. 또 국가부모일체론이었다. 이 잔소리를 언제까지 들어야 하는지 짜증이 슬금슬금 밀려왔다. '차라리 나쁘다고 말해, 욕을 하든지.'

1999년, 작대기 세 개를 단 상병 시절. 새천년을 맞아 여러 지식인들의 글을 모아 낸 책에서 조한혜정의 글을 읽다가 '내 이름에 어머니 흔적 넣기'를 하기로 마음먹고 '도임방주'라는 새 이름을 인터넷 아이디로 사용하기 시작했다. 새 이름에 대한 반응은 특이하다, 헷갈린다, 어렵다는 것이 대부분이었다. "아이디가 독특하네요!"라는 댓글이 심심치 않게 달리곤 했고 택배를 보낸 어떤 이는 '도인방주'라고 잘못 써서 보내기도 했다. 그러고 보니 내 이름은 원래부터 사람들을 혼란스럽게 만들곤 했다. 낯선 '도'씨에 무협지에나 나올 법한 '방주'라는 이름 덕에 전학을 가거나 새 학기에 자기소개를 할 때마다 여러 차례 이름을 설명해야 했다. 내 이름을 한 번에 알아듣는 친구들이 거의 없었기 때문이다. 그래서 나를 소개할 기회가 되면 칠판에 이름을 적거나, "조방주, 고방주, 도망주가 아닌 도방주입니다"라고 설명해야 했다. 사연 많은 이름에 어머니의 성인 '임'을 넣은 지 10년이 넘은 지금은 주민등록상의 도방주라는 이름이 어색해졌지만.

숨이 가쁘다. 한 남자와의 만남으로 인해 10년이 넘도록 단 한 번도 떠올리지 않았던 기억이 꼬리에 꼬리를 무니 정신이 없다. 이발사 친구를 만난 건 어머니가 말씀하신 인생의 기회가 맞구나 하는 생각을 해본다. 지난 길을 되돌아보게 해준 이 소중한 만남을 뒤로하고 이제부터 어떻게 살아가야 할까? 이런 생각을 하던 차에 차세기연을 만나고 기독교 내의 동성애자들을 만나게 되었다.

2007년, 큰 무리의 개신교인들이 '하나님'을 무기로 '동성애 부정, 동성애자는 존재가 없으며 죄인임'을 강변하는 일이 벌어졌다. 기가 막힌 슬로건과 함께.

"며느리가 남자라니!"

감탄했다. 탄복했다. 그리고 '왕 짜증'이다. 함께 숨 쉬며 사는 누군가를 없는 사람으로 만들고 없애버리려는 '큰 무리'의 개신교인들의 노력에 뭔가 말하고 싶었다. 그리고 그즈음 동성애와 인권, 신앙을 고민하는 기독교인들을 만나게 되었다. 좀 식상하다고 할 만큼의 전통적인 결론과 세련된 과학적 논거들을 열거했던 토론회는 기독교 내 동성애자들과의 지속적인 '만남'이 중요하다는 사실을 새삼 일깨워주었다.

그렇게 2008년 4월, 함께 나누는 예배를 시작으로 차별없는세상을위한기독인연대_{이하 차세기연}가 세상에 발을 내딛게 되었고, 나도 지난 기억을 다시 꺼내보며 차세기연 회원들과 이야기를 나누기 시작했다. 그리고 7년 만에 비로소 태국의 이발사 친구에 대한 일을 정리할 수 있는 기회를 갖았다. 침묵기를 지나 옹알이를 할 수 있는 시간을 갖게 된 것이다. 기독교인이자 동성애자로 살아가는 사람들과 마음을 나누면서 나는 머릿속에만 있던 '사람을 향한 여행'을 위한 삼발점三發點으로 차세기연을 생각하게 되었다. 그리고 며느리가 남자일 수 없다며 탄식하는 검은 양복들을 보면서 이렇게 한마디 던지게 되었다. "그래서요?"

누군가를 어떠한 조건으로 평가하고 판단하면 엄청난 인권 침해가 벌어진다는 것을 인권운동을 하며 알게 되었다. 하지만 '나는 그러지 말아야지, 조건 없이 상대방을 봐야지' 하면서도 나 역시도 '바람피우면 안 된다'는 도덕적 이유를 들어 7년 전 태국에서 만난 이발사 친구를 '동성애자'로 규정해버렸다. 누군가가 누구에게 좋아한다고 말하는 그 상황을 '동성애자가 이성애자에게 꼬리치고 있다'고 여기면서도, 상대의 인권을 존중해주고 있다고 생각한 내 머릿속의 '인권 착각증'이 검은 양복을 입은 목사님의 모습과 겹친다. 만약 7년 전 그 친구를 다시 만난다면 이제는 이렇게 말할 수 있을 것 같다. "미안, 내 스타일이 아니라서."

내 인생을 바꾼 질문은 세 가지다. 그 내용을 떠올리면 웃음이 나오다가도 그때 그 질문을 하지 않았다면 지금의 내 인생이 어떨까 하는 궁금증이 들기도 한다.

"크리스마스는 왜 12월 25일인가요, 전도사님?"
(중학교 3학년 때 교회당에 발을 내딛은 이후 궁금한 것을 물어보았다가 전도사님의 걱정스러운 눈총을 받았던 질문)

"사탄도 구원 받을 수 있어야 하는 거 아닌가요, 간사님?"
(궁금한 것이 있으면 질문하라는 기독동아리 간사님의 말에 옆 친구가 물어보았다가 바보 취급 당한 질문)

"전 예수님의 부활을 못 믿겠어요, 신부님!"
(회식 자리에서 신부님께 흘리듯 던진 질문)

이 중 마지막 질문에 대한 대답은 혼자 간직하기 아까워 한번 적어본다. 1994년 겨울이었다. 회식자리에서 나는 신부님께 흘리듯 질문을 던졌다. 그러자 신부님이 조용히 내 귀에 대고 말씀하셨다.

"나도 그래. 같이 한번 고민해보자."

혹시 나를 교회에 있게 만들기 위한 '립 서비스'가 아닐까 의심도 했지만, 그 이후 신부님과의 대화를 통해 그분 역시 진지하게 고민하고 계신다는 사실을 알았다. 솔직히 대답해주지 않으셨다면 나는 아마 기독교라는 종교를 기억의 저편으로 보냈을지도 모른다.

누군가는 그게 동성애와 무슨 관련이 있냐고 할지도 모르겠다. 하지만 내가 교회와 가장 많이 부딪힌 것은 이런 질문을 던질 수 없게 만드는 '숨 막히는 침묵'이었다. 신부님의 대답은 동성애에 대한 질문은 할 생각조차 못했으며 입 밖에 꺼내서도 안 되는 것으로 여기고 있었던 내 자신을 자각하게 만들었다.

스스로 이성애자라 받아들이고 있던 나는 동성애자와 만나면서 그동안 내가 '통일, 해방, 민주, 인권'이라는 나의 이삼십 대를 장식한 숱한 이야기들을 막연하게 부여잡고 있었다는 것을 알게 되었다. 하나님에 대해, 세상에 대해, 사람에 대해 그토록 많은 질문을 했건만 태국에서의 만남이 있기 전 어느 곳에서도 동성애에 대해 질문하지 않았으며, 동성애자들이 무슨 이야기를 하는지 들으려 하지 않았다. 그들이 하는 말을 '인권'이라는 말로 바꿔 들었던 것이다. 내 인생을 바꾼 수많은 질문 중에 동성애를 자리하게 만든 7년 전 태국에서의 만남은 잊을 수도, 잊어서도 안 되는 경험이다. 그 만남이 지난 인생을 돌아보고 새롭게 해석할 수 있도록 해주었다.

무엇이든 말하고 이야기하고 논의하는 교회, 현재로서는 상상 속

에 존재하는 교회다. 내 머리로는 그려지지 않는 하늘에나 있을 것 같
은 교회. 하지만 나는 교회를 향해, 기독교인들을 향해 동성애자들과
함께 말하고 하고 싶다. "여기 있으니 같이 질문합시다"라고.

3부

성경으로 만난
동성애

999번 들은 이야기와
한 번 듣는 이야기

김진욱

김 집사님, 얼마 전에 아들 현욱이의 문제로 상담을 요청하셨지요. 제 방에 오셔서 오랫동안 말없이 눈물만 내내 흘리시다 "현욱이가 남자를 좋아한대요. 어떻게 해야 할까요, 동성애는 죄악인데. 그애가 어떻게 살아야 할까요"라며 힘겹게 말씀하셨지요. 김 집사님의 그 말에 얼마나 복잡한 마음이 담겨 있는지 느꼈습니다. 동성애자로서 세상을 산다는 것이 얼마나 힘든 것인지, 교회에서 배운 교리로 따지면 지옥에 갈 죄악인데 어떻게 내 아들이 그럴 수가 있는 것인지, 아들에 대한 한탄과 사랑, 미움, 원망, 안타까움 등이 뒤섞여 있었습니다.

 김 집사님, 저는 그때 고통스러워하는 집사님께 별다른 이야기를 못 드렸어요. 그저 있는 그대로 받아주시라고, 현욱이가 그동안 얼마나 힘들게 살았을지 생각하시고 안아주시라고, 그리고 성경이 단정적으로 동성애를 정죄하는 것에 대해서는 여러 가지 해석의 차이가 있다는 것을 이야기했지요. 대화를 마치고 돌아서는 김 집사님의 뒷모습이 얼마나 쓸쓸하게 보였는지 모릅니다.

 김 집사님, 사실 저는 김 집사님의 이야기를 듣고 그리 놀라지 않았습니다. 석 달 전쯤 현욱이가 제게 찾아와 남자를 좋아한다는 고민을 털어놓았거든요. 고민이라고는 했지만 정말 고민이 되어서 저에게 온 것은 아니었습니다. 그저 믿을 만한 어른에게 자신의 이야기를 하고 싶었다고 하더군요. 현욱이는 담담하게 자신의 성 정체성에 대한 이야기를 풀어놓았습니다. 어릴 때부터 자신이 남들과는 다르다고 느꼈답니다. 동성애자를 처음 만났을 때 낯설고 기뻤다는 이야기와 그로 인해 신앙에 대해 갈등했다는 말을 했어요.

 현욱이는 그 또래의 젊은이들보다 성숙하고 건강한 것 같습니다. 그 아이는 자신의 정체성으로 인한 자책의 늪에 빠지는 대신, '그래서' 앞으로 어떻게 살 것인가에 대해 더 고민한 듯합니다. 그 아이는 자신이 동성애자이든지 이성애자이든지 간에 '사람'으로서 어떻게 살아야 하는지가 더 중요하다고 생각하고 있지요. 김 집사님, 저는 현욱이가 한편으로는 대견하고 한편으로는 부러웠어요. 그 용기, 그 밝음, 그 건강함이 부러웠습니다. 그리고 현욱이를 통해 자신을 향한 사랑과 용기를 배웠습니다.

김 집사님, 저에 대해 한 가지 밝힐 것이 있습니다. 이것을 이쪽에서는 커밍아웃이라고 하더군요. 저도, 동성애자입니다. 아직 용기가 없어서 그 누구에게도 밝히지 못했습니다. 그러나 자신의 아들이 남자를 좋아한다는 고민을 가지고 신앙 상담을 한 김 집사님에게조차 제 성 정체성을 속일 수 없다는 생각이 들었습니다. 저는 이십 대 후반의 늦은 나이에 동성애자라는 사실을 인정할 수밖에 없었습니다. 그때 여름은 저에게 말 그대로 '지옥에서 보낸 한 철'이었지요. 저는 그때까지 동성애는 죄악이며, 동성애자는 변태라고 여겼습니다. 교회에서 어쩌다가 동성애 이야기가 나오면 말세에 일어나는 타락이라고 핏대를 올리며 가르쳤지요. 그런데 제 자신이 동성애자라니…… 그 사실을 받아들이는 것은 결코 쉽지 않았습니다. 그때 이런 글로 제 심정을 표출했었습니다.

나 자신도 인식하지 못했던 또 하나의 모습이 내 안에 숨겨져 있음을 알았을 때, 그것을 애써 거부해도 아무 소용이 없음을 깨달았을 때, 20여 년 동안 힘겹게 쌓아온 꿈이 단 한 번의 공격으로 너무도 쉽게 무너질 때, 세상이 쉽지 않다는 것을 확인한다.

두 사람의 몫을 산다는 것이 얼마나 힘든 일인지, 그 고통과 괴로움을 하소연할 곳이 없다는 것은 또 얼마나 비참한 일인지, 이 세상의 상식과 가치관이 나를 거부하고 있음을 절실히 깨달았을 때 홀로된다는 아픔과 절망이 얼마나 큰지 그 누가 알까.

하나님! 반란입니다. 무참히 패할 줄 알면서도 어쩔 수 없는……. 하지만 저에게도 반란의 근거가 있습니다. 저는 그렇게 도덕적이지도, 강하지도, 옳다고 여기는 것을 과감히 실천할 만큼 용기 있는 자도 아닙니다. 저는 비굴하고 이기적이고 오염된 마음을 가진 자입니다. 그러나 지금 저의 모습으로 인해 저를 외면하거나 죽이지는 말아주세요. 하나님! 아직은 과정 속에 있는 것 아닙니까? 이 생이 끝난 후에 평가해주십시오. 하나님! 저는 지금 눈을 뜨고 있습니다.

저는 수년 동안 동성애자인 저를 두고 혼란스러워했습니다. 도저히 어울릴 수 없을 것만 같은 두 가지 정체성(기독교인이라는 정체성과 동성애자라는 정체성)을 가지고 무던히도 고민했습니다. 아직도 그 여정은 끝나지 않았습니다. 그러나 이전의 고민이 '왜 나는 동성애자가 되었을까, 성경은 동성애·동성애자를 무엇이라고 이야기하는가'

였다면, 지금은 '동성애자로서 나는 어떻게 살아야 하는가'로 바뀌었지요. 성경이 동성애를 정죄한다고 무조건 단정하기에는 석연치 않은 구석이 많다는 것을 알게 되었고, 다른 해석의 여지도 있을 수 있음을 알게 되었습니다.

김 집사님, 저는 집사님에게 '성경은 동성애를 정죄하지 않는다'고 우기려고 이런 이야기를 하는 것이 아닙니다. 누구보다 성경을 사랑하는 김 집사님과 마음을 열고 대화하고 싶을 뿐입니다. '성경은 동성애를 정죄한다'거나 '성경은 동성애를 정죄하지 않는다'는 결론은 일단 미루어두고 진지하게 이야기하고 싶습니다. 어쩌면 제가 하는 이야기가 생소하게 들리실지도 모르겠습니다. 처음 듣는 말에 거부감이 드실 수도 있지요. 그렇다고 해서 귀를 닫지 마시고 차근차근 생각해보시길 바랍니다.

무슨 이야기로 시작할까요? 아, 그래요. 창세기 이야기를 먼저 하지요. 하나님은 하늘과 땅을 만드시고 그 안에 아름다운 것들을 가득 채워놓으셨어요. 하나님이 만드신 것 중에 똑같은 것은 하나도 없었어요. 하늘의 별도, 동물도, 물고기도, 나무도, 꽃도, 풀도 다 제각각 다른 모습이었습니다. 같은 종류의 나무도 하나하나 자세히 보면 다 다른 모습을 하고 있지요. 달랐기 때문에 조화와 질서를 이루었고 하나님은 이것을 보고 심히 기뻐하셨지요.

하나님은 다른 동식물과는 달리 좀 특별하게 사람을 만드셨습니다.

하나님의 형상대로 사람을 만드셨지요. 그것이 무슨 의미일까요? 하나님도 우리처럼 눈, 코, 입, 소화 기관 등이 있다는 뜻일까요? 하나님의 형상대로 사람이 창조되었다는 것은 사람이 하나님의 외모를 닮았다는 뜻이 아니라 하나님의 어떤 성품을 닮았다는 것이지요. 어떤 성품이란 무엇을 말하는 걸까요? 창조 이야기를 읽어보도록 하지요.

> 하나님이 말씀하시기를 "우리가 우리의 형상을 따라서, 우리의 모양대로 사람을 만들자. 그리고 그가, 바다의 고기와 공중의 새와 땅 위에 사는 온갖 들짐승과 땅 위를 기어 다니는 모든 길짐승을 다스리게 하자" 하시고, 하나님이 당신의 형상대로 사람을 창조하셨으니, 곧 하나님의 형상대로 사람을 창조하셨다. 하나님이 그들을 남자와 여자로 창조하셨다.
>
> 창세기 1장 26-27절

> 주 하나님이 말씀하셨다. "남자가 혼자 있는 것이 좋지 않으니, 그를 돕는 사람, 곧 그에게 알맞은 짝을 만들어 주겠다." 주 하나님이 들의 모든 짐승과 공중의 모든 새를 흙으로 빚어서 만드시고, 그 사람에게로 이끌고 오셔서, 그 사람이 그것들을 무엇이라고 하는지를 보셨다. 그 사람이 살아 있는 동물 하나하나를 이르는 것이 그대로 동물들의 이름이 되었다.
>
> 창세기 2장 18-19절

전통적으로 이 이야기는 이성 간의 결혼과 그 안에서의 성관계만이 창조의 질서라는 주장의 근거로 사용됩니다. 그러나 하나님은 '우리'라는 복수형 대명사를 사용해 당신을 표현하셨고, '우리'라는 복수의 형상대로 '사람을 만들자'라고 하셨습니다. 그리고 나서 복수의 사람, 즉 남자와 여자를 만드셨지요. 사람을 창조한 세부적인 묘사에서는 '혼자 있는 것이 좋지 않다'라고 하면서 또 하나의 사람을 만듭니다.

대부분의 기독교회는 성부 하나님, 성자 하나님, 성령 하나님이 영원 전부터 계시고 활동하신다는 삼위일체 하나님을 믿지요. 하나님은 복수이시자 단수이십니다. 복수삼위라는 것은 성부, 성자, 성령으로 계시는 하나님이시며, 단수일체라는 것은 이 복수가 그 어떤 분열이나 다툼, 어긋남 없이 완벽한 사랑의 관계를 이루고 있다는 뜻이지요. 그러므로 하나님이 삼위일체로 존재하신다는 것은 '관계'로 존재하신다는 말과 같다고 볼 수 있습니다.

하나님이 '우리의 형상을 따라서 우리의 모양대로 만들자'라고 하시면서 사람을 창조하셨다는 것은, 셋이면서 하나로 존재하시는 하나님을 닮은 모습으로 창조하셨다는 것을 뜻하지요. 즉, '관계'로 존재하는 사람을 창조하셨다는 말입니다. 그렇기 때문에 하나님은 처음에 두 사람을 만드셨고 그 두 사람을 하나가 되게 하셨지요. 그러므로 이 두 사람의 하나 됨은 단지 이성 간의 결혼에 대한 이야기라기보다는 '관계'로 존재하시는 삼위일체 하나님의 반영이라고 할 수 있어요.

아담과 하와의 창조에는 '관계'로 존재하시는 하나님의 속성이 반영되어 있다고 볼 수 있어요. 따라서 사람은 홀로 존재할 수 없는 '관계적 존재'라고 할 수 있으며, 이 관계적 존재의 시원적 표현이 아담과 하와의 하나 됨이라고 할 수 있습니다. 그러기에 아담과 하와의 결합이 주는 의미는 관계적 속성으로 존재하시는 하나님의 성품처럼 모든 사람이 서로 필요로 하고 도움을 주며, 모든 사람에 대한 책임과 사랑, 배려, 협력, 돌봄의 관계를 지향해야 한다는 것으로 해석할 수도 있지요.

아담과 하와의 범죄 이야기를 담고 있는 창세기 3장도 이런 맥락에서 이해하는 것이 더 자연스럽다고 볼 수 있어요. 아담과 하와는 뱀의 유혹에 넘어가서 하나님이 먹지 말라고 한 '선악을 아는 나무의 열매'를 따 먹습니다. 하나님은 아담과 하와에게 추궁합니다. 그러나 아담과 하와는 자신들의 잘못을 시인하지 않고 하와는 뱀에게, 아담은 하와에게 책임을 돌립니다. 이 이야기는 관계의 파괴에 대한 은유로 볼 수 있습니다. 하나님과 사람, 사람과 사람, 그 사랑과 신뢰의 관계가 파괴된 이야기라고 할 수 있지요.

그러므로 창세기에 나오는 아담과 하와 이야기를 남녀 간의 영원한 사랑 혹은 결혼에 관한 이야기로만 국한하는 것은 협소한 이해입니다. 아담과 하와 이야기에서 남녀 간의 결혼이라는 원리를 찾는 것을 틀리다고 볼 수는 없지만 좀 더 넓게 보아 사람과 사람 사이의 관계, 삼위일체라는 관계로 존재하시는 하나님의 형상을 찾는 것이 더 설득력 있지 않을까요?

보수적인 기독교인들이 동성애를 반대하는 중요한 이유 중 하나는 '결혼의 신성함'이 파괴될까 두려워하기 때문인 것 같습니다. 그러나 마태복음에 기록된 예수의 말씀을 보면 '남녀 간의 결혼'은 영원한 관계가 아니라는 것을 알 수 있지요.

마태복음 22장에 보면 이런 이야기가 있습니다. 유대인들 중에서 사두개파 사람들은 부활이 없다고 주장했습니다. 그들이 그 근거로 제시한 것은 고대 이스라엘 사회에 있었던 형사취수제라는 제도입니다. 형사취수제란 형이 결혼을 한 후 자녀를 남기지 못하고 죽으면, 동생이 형수와 결혼을 해서 아이를 낳아 형의 자손을 이어주는 제도입니다. 사두개파 사람들은 예수님에게 와서 묻습니다. 어떤 사람에게 일곱 형제가 있었는데 맏이가 결혼을 해서 자녀 없이 죽었고, 그리하여 둘째 동생이 형수와 결혼을 했는데 둘째 동생 또한 자녀 없이 죽었고…… 이렇게 해서 일곱째 동생까지 자녀를 낳지 못하고 죽었다면 나중에 부활할 때 이 아내는 누구의 아내가 되는 것인지에 대해서 말이죠. 사두개파 사람들의 질문에 담긴 의도는 부활이 없는 게 아니냐는 것이지요.

사두개파 사람들은 결혼 관계, 가족 관계의 지속성을 근거로 부활을 믿지 않았습니다. 부활을 믿지 않았던 사두개파 사람들의 질문에 대해 예수님은 "너희는 성경도 모르고 하나님의 능력도 모르기 때문에 잘못 생각하고 있다. 부활 때에는 사람들은 장가도 가지 않고 시집도 가지 않고 하늘에 있는 천사들과 같다"라고 말씀하셨습니다. 이 세상에서의 결혼 관계, 가족 관계가 부활 후의 삶에서는 지속되지 않는다는 것이지요.

이 세상에서의 결혼 관계, 가족 관계는 부활 후의 하나님 나라를 목표로 하고 있습니다. 부활 후의 관계는 삼위일체인 하나님의 속성이 충만하게 이루어진 공동체적 관계입니다. 부활 후의 하나님 나라에서는 더 이상 혈육에 얽매인 관계가 아니라 모두가 다 하나가 되는 공동체적 관계가 이루어지겠지요. 그러므로 하나님이 아담과 하와를 창조하시고 둘을 하나가 되게 하신 이야기를 단지 남녀 간의 결합으로 축소하기보다는 모든 인류가 맺어야 할 관계의 씨앗으로 보고, 이 씨앗이 뿌려져서 무궁무진한 다양한 관계의 열매를 맺는 것으로 해석하는 게 더 타당하지 않을까요?

그렇다면 하나님의 관계적 속성을 반영하는 관계는 단순한 남녀 사이를 넘어 다양한 인간관계를 통해서 가능하다고 이야기하는 것이 잘못된 것일까요? 그리고 이 다양한 인간관계에 동성에게 성적인 끌림이 있는 사람들의 책임 있는 사랑과 돌봄, 배려의 관계를 포함하는 것은 용납할 수 없는 일일까요?

선뜻 동의하기 어렵다고요? 억지스럽다는 생각이 들 수도 있을 것 같네요. 김 집사님의 마음에 동성애에 대한 성경의 부정적인 몇몇 구절들이 떠오를 것도 같군요. 이해해요. 아마도 받아들이기 쉽지 않겠지요.

김 집사님, 저는 성경에 근거해서 동성애를 반대하는 기독교인들의 의견을 진지하게 살펴본 적이 있습니다. 그런데 동성애 관련 구절에 대한 해석에서 이해할 수 없는 두 가지 문제가 있더군요. 첫째는 해석에 일관성이 없다는 것이고, 둘째는 성경 해석의 다양성을 유독 '동성애' 관련 구절에서만 인정하지 않는 점입니다.

동성애에 관한 성경 구절들은 엄격하게 문자 그대로 해석하면서, 왜 다른 구절들은 그 시대의 특수한 상황 등을 고려해서 유연하게 해석할까요? 구약의 율법을 문자적으로 해석해서 동성애를 정죄하는 기독교인들은 왜 구약 율법에 나오는 질외 사정에 대한 정죄, 서로 다른 옷감으로 하나의 옷을 만들지 말라는 법, 한 밭에 여러 작물을 섞어서 심지 말라는 법, 돼지나 장어 등은 먹지 말라는 법 등에 대해서는 문자적으로 해석하지 않을까요? 바울은 신약 성경의 고린도전서 11장에서 여자는 기도를 할 때 머리에 천을 쓰라고 명령합니다. 그리고 남자가 머리를 길게 기르고 기도하는 것은 자신을 욕되게 하는 것이라고 하지요. 야고보서에는 장로들이 기도할 때 기도를 받는 사람에게 기름을 바르라는 권면을 합니다. 그런데 이러한 명령이나 권면을 오늘날 문자 그대로 해석해서 실천하는 교회는 별로 없지요. 이외에도 예는 무수하게 많습니다.

그리고 2000년의 교회사는 성경에 대한 해석이 다양하다는 것을 증명하지요. 견해에 차이가 있었지만 교회 역사는 성경 해석의 다양성을 인정해왔습니다. 현대 개신교 내에서만도 구원의 방식, 성령세례, 주님의 재림을 비롯한 종말의 때 등에 대해 양립할 수 없는 견해들이 성경을 근거로 다양하게 존재하지만 서로를 정죄하거나 죄악시하지 않지요. 구원에 관해서 어떤 교파는 하나님의 절대적 은총을, 어떤 교파는 인간의 협력을 주장합니다. 신약 성경에 나오는 다양한 성령의 은사들이 이미 끝났다고 주장하는 교파가 있는가 하면, 지금도 유효하다고 주장하는 교파도 있습니다. 그러나 의견이 다르다고 해서 서로 정죄하지는 않습니다. 무천년설을 주장한다고 해서 전천년설을 주장하는 사람들을 정죄하거나 전적으로 무시하지 않는 것처럼 말입니다.

그러나 동성애에 관한 성경 구절들의 해석에 대해서는 이런 다양성을 인정하지 않지요. 하나님이 시대와 문화의 한계 안에서 말씀하신다는 것, 계시의 점진성, 맥락과 상황 그리고 성경 전체의 사상을 고려해 해석한다면 그동안 동성애를 정죄하는 데 사용되었던 구절들을 새롭게 해석할 수도 있지 않을까요? '내 주장이 옳다고 생각은 하지만 상대방 주장도 허무맹랑한 소리는 아닐 수 있다'는 정도의 관용은 있어야 하지 않을까요? '동성애'보다 '구원의 방식'이라는 주제가 훨씬 더 중요하고 사활을 좌우하는 것임에도, '구원의 방식'에 대한 이견은 받아들이면서 그보다 덜 중요한 '동성애'에 관한 이견은 받아들이지 않고 오직 문자적 해석만 고집하는 것이 타당할까요?

기독교인들이 동성애를 정죄할 때 주로 등장하는 내용 중 창세기에 나오는 소돔과 고모라, 사사기에 나오는 기브아 주민들의 이야기가 있습니다.

소돔과 고모라는 창세기 18, 19장에 나오는 이야기입니다. 소돔과 고모라에 사는 사람들의 죄악이 너무도 심해서 하나님은 그 두 도시를 심판하기로 작정하시고, 두 천사를 보내서 소돔과 고모라의 사정이 어떠한지를 알아보도록 합니다. 두 천사는 저녁때 소돔에 도착했는데 아브라함의 조카인 롯이 이 두 천사를 집에 초대해 접대를 합니다. 낯선 사람이 도시에 들어왔다는 소식을 들은 마을 남자들은 모두 롯의 집에 와서 낯선 남자^{천사}들과 상관을 하려고 하니 내놓으라고 폭력적으로 윽박지릅니다. 그러자 롯은 마을 남자들에게 제안을 합니다. 이 낯선 손님들을 건드리지 않는 대신 남자를 전혀 알지 못하는 자신의 두 딸을 줄 테니 마음대로 하라고요. 롯은 자신의 집에 온 손님들을 보호하는 것이 무엇보다 중요한 일이었으므로 딸들을 희생해서라도 이 손님들을 지키고 싶었던 것이지요. 그러나 마을 남자들은 롯의 말을 듣지 않고 롯의 집에 머물고 있는 낯선 손님들에게 성적인 폭력을 행사하겠다고 물러서지 않았습니다. 다행스럽게도 낯선 손님^{천사}들의 도움으로 롯은 위기를 넘기고, 그다음 날에 소돔과 고모라는 하나님의 심판으로 잿더미로 변합니다.

사사기 19장에도 이와 비슷한 이야기가 있습니다. 이스라엘에서 제사 업무 등의 일을 하던 레위 지파 출신의 한 남자가 한 여자를 첩으로 데리고 살았습니다. 그런데 이 여자가 무슨 일인지는 모르지만 화가 나서 고향으로 돌아갑니다. 남자가 살고 있던 지역은 에브라임이고 여자의 고향은 베들레헴입니다. 레위 남자는 여자를 데려오려고 베들레헴으로 갑니다. 남자는 베들레헴의 여자 집에서 며칠간 머무르며 여자를 달랩니다. 결국 남자는 여자를 데리고 돌아오게 되는데, 밤이 되어서 머물 곳을 찾다가 기브아라는 곳에서 잠을 자기로 합니다. 그런데 기브아는 낯선 손님에게 우호적인 지역이 아니었던 것 같습니다. 아무도 이들을 환영하는 사람이 없었습니다. 그러다 한 노인이 호의를 베풀어서 자신의 집으로 두 사람을 초대합니다. 그들이 노인의 집에서 휴식을 취하고 있는데, 그 마을의 불량한 청년들이 몰려와 레위 남자와 관계를 맺어야겠다고 하며 노인에게 행패를 부립니다. 노인은 불량배 청년들에게 악한 일을 하지 말라고 간청합니다. 더구나 노인은 자신의 딸과 레위 사람의 첩을 불량배들에게 주겠다는 제의를 하면서까지 이 레위 남자를 지키려고 합니다. 그래도 불량배들이 말을 듣지 않자 레위 남자는 직접 자신의 첩을 불량배들에게 주었고 불량배들은 밤새도록 레위 남자의 첩을 윤간합니다.

어떤 기독교인들은 이 두 이야기를 근거로 '성경이 동성애를 정죄한다'라고 주장합니다. 그러나 소돔과 고모라 이야기나 기브아 이야기의 주제는 '동성애에 대한 정죄'가 아닌, 구약의 중요한 법칙이었던 '손님 환대의 법칙을 어긴 것에 대한 정죄'입니다. 이 이야기들은 '나그네에 대한 폭력'을 다루고 있으며, 그 폭력 방식으로 성폭력이 동원되었다고 볼 수 있습니다. 그러므로 소돔과 고모라, 기브아의 죄는 동성애 자체가 아니라 강간 등의 성폭행, 나그네에 대한 무자비한 폭력이었습니다.

사실 소돔과 고모라 사람, 기브아 주민들은 동성애자들이 아니라 이성애자들이라고 할 수 있어요. 기브아의 불량배들은 레위 남자 대신 그의 첩^{여자}을 윤간했고, 소돔과 고모라 이야기에서도 롯이 천사들^{남자} 대신 그의 딸들을 주겠다는 언급을 하는 것으로 보아서 소돔과 고모라, 기브아의 죄악은 동성애가 아니라 성폭행이 동반된 무자비한 폭력이라고 할 수 있어요. 즉, 전쟁에서 남성 포로들에게 치욕을 안겨주고자 동성 강간을 하는 것과 같은 것이지요. 그러므로 이 이야기를 동성애를 정죄하는 근거로 사용하는 것은 적절치 않아 보입니다.

신약의 서신서에 언급된 동성애 관련 구절 역시 '동성애(동성애 행위)'를 정죄하는 것 이외의 다른 해석의 여지가 없는 것은 아닙니다. 신약의 서신서에서 동성애에 대해 부정적으로 평가하는 맥락을 보면 인간이 다른 인간을 이용하고 학대하는, 그 시대의 특정한 동성 성행위에 대한 정죄이지 동성애 자체에 대한 정죄는 아니라는 해석이 가능합니다.

김 집사님, 저는 김 집사님께 동성애에 관한 성경 구절을 일일이 해석해드리려는 것이 아닙니다. 기독교인들이 성경 해석의 다양성을 인정하면서 유독 '동성애'와 관련된 구절에 대해서는 그렇지 않은 것을 문제 삼고 싶은 것이지요. 구원에 관해서 하나님의 절대 주권설을 주장하는 교파와 신인 협동설을 주장하는 교파의 해석 차이가 얼마나 양극단을 달립니까? 그렇다고 해서 성도 간의 교제에서 절대 주권설을 주장하는 사람들이 신인 협동설을 주장하는 사람들을 배제하나요, 신인 협동설이 죄악시된 주장이라고 정죄하나요? 주님의 재림과 관련해서도 교파 간의 해석은 다양합니다. 그러나 그 다양한 해석으로 인해 서로를 정죄하거나 이단으로 취급하지는 않지요.

성서 해석의 다양성을 받아들이자고 해서 모든 해석을 다 받아들이자는 뜻은 아닙니다. 나와 다른 해석을 주장한다고 해서 정죄할 것이 아니라 그 가능성을 열어두자는 것이지요. 나와 다른 해석과 적용을 받아들이지는 않더라도 믿음의 형제자매로서 정죄하지 않고 '그러한 해석도 가능할 수 있겠다'라는 정도의 인정은 해주어야 하지 않을까요? 구원의 교리에 관해 베푸는 관용보다 동성애 해석에 베푸는 관용이 더 커야 하지 않을까요? 동성애에 관한 구절이 구원에 관한 교리보다 무겁지 않다면 말입니다.

오늘날 동성애를 정죄하는 한국의 교회는 교회와 사도들을 핍박했던 유대의 율법교사 가말리엘의 태도에서 도움을 받을 수 있을 것 같습니다. 유대 공의회가 사도들을 잡아다가 죽이려고 하자 바리새파 사람인 율법교사 가말리엘이 이런 이야기를 합니다.

이스라엘 동포 여러분, 여러분은 이 사람들을 어떻게 다룰지 조심하십시오. 이전에 드다가 일어나서, 자기를 위대한 인물이라고 선전하니, 약 사백 명이나 되는 사람들이 그를 따랐소. 그러나 그가 죽임을 당하니, 그를 따르던 사람들은 모두 다 흩어져 없어지고 말았소. 그 뒤에 인구 조사를 할 때에, 갈릴리 사람 유다가 일어나 백성들을 꾀어서, 자기를 뒤따라 반란을 일으키게 한 일이 있소. 그도 죽으니, 그를 따르던 사람들은 다 흩어지고 말았소. 그래서 지금 내가 여러분에게 말씀드리는 바는 이것이오. 이 사람들에게서 손을 떼고, 이들을 그대로 내버려 두시오. 이 사람들의 이 계획이나 활동이 사람에게서 난 것이면 망할 것이요, 하나님에게서 난 것이면 여러분은 그것을 없애버릴 수 없소. 도리어 여러분이 하나님을 대적하는 자가 될까봐 두렵소.

사도행전 5장 35-39절

김 집사님, 우리가 이 정도의 관용과 여유도 베풀 수 없을까요? 기독교 동성애자들은 동성애 성향과 동성 간의 책임 있는 애정 관계를 신앙의 조명 아래에서 건강하게 누리고 싶어 합니다. 동성애자들의 동성애적 관계도 목회적 돌봄과 지지가 필요한 일이지요. 성경의 동성애 관련 구절에 대해 상이한 해석과 적용이 가능하다면 동성애에 대한 판단과 정죄, 심판의 몫은 하나님에게 넘겨드리는 것이 겸손한 태도일 것입니다. 우리가 상이한 교리들에 대해 이러한 태도를 취하듯이 말입니다. 양심적 신앙인이라면 최소한 이 정도는 해야 하지 않을까요?

김 집사님, 많은 기독교인이 동성애에 대해 자신이 거부감을 갖는 여러 가지 이유를 이야기하지요. 김 집사님도 아마 여러 가지 이유가 있겠지요. 그런데 그 이유를 자세하게 들여다보면 결국 '재수가 없다, 보기 싫다, 역겹다'는 정서를 밑바닥에 깔고 있는 것 같습니다. '싫기 때문에' 싫은 이유를 찾는 것 같습니다. 싫기 때문에 싫은 이유를 찾으면 모든 것이 싫은 이유가 됩니다. 합리적이고 정상적인 대화가 불가능하지요.

김 집사님, 참된 신앙은 '자기 확신'이 아니라 '자기 의심'인 것 같습니다. 성경이 우리에게 주는 유익함은 '성경'을 통해서 내 생각이나 사상 혹은 가치관이 얼마나 옳은지 확인하는 데 있는 게 아니겠지요. 오히려 성경을 통해서 내 생각, 사상, 가치관 등을 의심하고 고치는 데 있는 게 아닐까요?

얼마 전 한 일간지에 몇몇 기독교 단체들이 동성애자들을 가슴 아프게 하는 광고를 실었습니다. <인생은 아름다워>라는 텔레비전 드라마에서 동성애자 커플이 '정상적'으로 그려지고 있는 것에 대한 불만이 가득 찬 광고였습니다. "<인생은 아름다워>를 보고 내 아들이 게이가 되어서 에이즈에 걸리면 책임지라"는 식의 내용이었습니다. 저는 이 광고를 보고 분노보다는 연민을 느꼈습니다. 이 사람들에게 깃든 공포가 보였고 이 사람들에게서 소돔과 고모라의 주민, 기브아의 불량배 모습이 스쳐 지나갔습니다.

김 집사님, 동성애·동성애자에 대한 판단은 진리의 문제가 아니라 단지 낯선 것에 대한 공포에 의한 것일지도 모르겠습니다. 소돔과 고모라 사람들, 기브아 사람들이 낯선 사람에 대한 공포로 그들을 폭력적으로 대했듯이 오늘날 일부 기독교인들이 보이는 동성애에 대한 태도는 낯선 것에 대한 공포 그 이상도 이하도 아닌 것 같습니다. 낯선 것에 대한 공포는 어떻게 해결해야 할까요? 그 낯선 것을 없애버려야 할까요? 그 낯선 것을 죽여야 해결될까요? 아니지요. 낯선 것에 대한 공포는 자주 접하면 해결됩니다. 그렇다면 동성애·동성애자에 대해 더 듣고, 더 읽고, 더 보고, 더 만나야 하지 않을까요? 그렇게 해야 우리는 좀 더 진리에 가까이 갈 수 있지 않을까요?

오늘 제가 김 집사님께 드린 이야기는 어쩌면 그동안 김 집사님이 단 한 번도 듣거나 생각해보지 못한 것일 수도 있지요. 지금 김 집사님이 느끼고 계실지 모르는 당혹감은 '999번'도 넘게 들었을지 모르는 이야기의 익숙함과 이제 겨우 '한 번' 들은 이야기의 낯섦, 그 거리 때문일지도 모릅니다.

저는 지금 당장 김 집사님에게 동성애를 무조건 받아들이고 인정하라고 하는 것이 아닙니다. 한번 진지하게 생각해보시라는 것이지요. 그동안 당연하게 믿었던 것들, 당연하게 받아들였던 것들을 의심하면서 그것이 정말로 그럴까라는 의문을 가져보세요. 그리고 김 집사님, 현욱이와 이야기를 나누세요. 현욱이를 판단하려고 하지 마시고 우선 그의 말을 들어보세요. 현욱이가 하고 싶은 이야기가 얼마나 많을까요. 그 이야기를 충분히 듣고, 또 들으세요. 현욱이가 담고 있는 하나님의 형상을 보면서 그의 이야기를 들으세요. 그렇게 듣다 보면 해답이 멀리 있지 않다는 것을 경험할 수 있을 거예요.

우리 주 예수 그리스도의 사랑과 평화가 집사님과 현욱이에게 깃들기를 기도하며 이만 편지를 마칩니다.

추신: 기약할 수는 없지만 언젠가 저의 이야기도 들어주시기를.

성, 동성애 그리고 죄

_기독교의 불편한 진실을 재고함

구미정

지난주 우리 교회 청년부에 세 명의 청년이 새로 들어왔습니다. 자신들을 소개하기를 '대학원생'이라고 하더군요. 청년부 부장 권사님이 "어느 학교냐"고 되물었습니다. 듣지 못했는지 그들은 대답하지 않았지만 저는 깜짝 놀라 권사님을 향해 조용히 손을 내저었습니다. 묻지 말라는 신호로요(불행히도 그분은 알아듣지 못하신 듯했지만요). 본인들이 원했다면 이미 말했을 테지요. 말하지 않았다는 건 발설을 원치 않는다는 뜻일 거고요. '그들'이 발설하고 싶어 하지 않는 개인

사정을 캐물을 권리가 '우리'에게는 없습니다. 이것이 이른바 '타자 윤리'의 기본이라고 생각합니다.

오죽하면 생명과 평화를 노래하는 가수 홍순관 님이 부른 동요에 이런 가사가 있겠어요. "엄마, 내 밥에 물 말지 마. 싫단 말이야…… 제발 물어보고 물 말아줘." 아이가 밥을 숟가락으로 푹푹 떠먹지 않고 젓가락으로 깨작거립니다. 그러면 엄마는 음식 가지고 그러면 못 쓴다는 신호로, 밥 한 톨 남기지 말고 다 먹어야 한다는 무언의 압력으로, 아이의 밥그릇에 물을 팍 붓습니다. 요즘 아이들이야 엄마가 그러건 말건 끝내 먹지 않는 만용을 부리기도 합니다만, 우리 어릴 때는 그러지 못했습니다. 밥상머리에서 못되게 굴었다가는 무슨 날벼락이 떨어질지 몰라 그야말로 '울며 겨자 먹기' 식으로 오만상을 다 찡그려가며 물 만 밥을 훌훌 넘겨야 했지요.

한데 이게 바로 폭력이라는 겁니다. 의도야 옳을지 몰라도 표현하는 방식이 그르다는 거예요. 엄마는 결국 어른이라는 권위에 기대어 어린아이의 의사쯤 간단히 묵살해도 괜찮다는 식의 폭력을 행사했다는 거지요. 그러니 평화의 길은 멀리 있지 않다고 홍순관 님은 노래합니다. 밥 먹기 싫다는 아이에게 '물어보고', '아이가 원할 때' 물을 말아주는 게 평화랍니다. 물어보지 않고 무조건 물을 팍 부어버리는 건 폭력이라네요.

낯선 타자들끼리 모인 자리에서 종종 있는 일이 있지요. 서로를 알아간답시고 '호구 조사'를 벌이는 것 말입니다. 나이는 몇 살이냐, 학교는 어딜 나왔느냐, 고향이 어디냐, 직업은 뭐냐, 부모님은 뭘 하시느냐, 결혼은 했느냐 등등. 개인적으로 이것만큼 잔인한 일도 없다고 생각합니다. 타자 윤리의 경계를 자꾸 어기게 되니까요. 그리고 그렇게 생긴 상처만큼 폭력이 자라게 되니까요. 그래서 사람들은 가급적 '나'를 설명할 필요가 별로 없는 익숙한 모임을 선호하게 되나 봅니다. '끼리끼리' 모이는 거지요.

그 끼리끼리의 범주는 아주 다양합니다. 학연이니, 지연이니, 동문이니, 동향이니 하는 표현들이 다 그런 양상일 테지요. 그런데 어쩌다가(그 범주가 무엇이든지 간에) 끼리끼리 모임에 이질적인 사람 하나가 끼었다고 가정해보세요. 게다가 기존의 끼리끼리는 다수인데 낯선 타자는 소수라고 생각해보세요. 다수는 고작해야 그 자리에서 불편함을 느끼는 게 전부겠지만, 이 낯선 소수는 불편함을 넘어 시쳇말로 죽을 맛일 겁니다. 자신의 '다름'을 바라보는 '동일성'의 시선 그 자체가 폭력일 테니까요.

겪어본 사람은 압니다(아니 겪어보지 않은 사람도 충분히 알 수 있습니다. 타자 '배려'의 감수성만 있다면!). 이른바 '정상 가정' 출신인 사람들 사이에서 '결손 가정'이라는 꼬리표를 달고 사는 일이 얼마나 끔찍한 것인가를, 온통 '비장애인'으로 둘러싸인 환경에서 '장애인'으로 사는 일이 얼마나 힘든지를, '백인' 천지에서 홀로 '유색인종'으로 사는 일이 얼마나 고독하고 고통스러운지를, 그리고 대학 나온 사람들끼리 '학번'을 주고받으며 잘난 체를 할 때 남몰래 주눅 드는 고

졸 출신자의 비애가 얼마나 큰지를 말입니다.

이성애주의가 '동일성' 혹은 '정상성'의 규범으로 되어 있는 사회에서 동성애자로 '드러남'도 그러하리라고 생각됩니다. 슬프고, 노엽고, 힘들고, 끔찍한 경험일 것입니다. 더구나 희한하게도 이 경우는 다른 종류의 '드러남'보다 훨씬 더 큰 고통을 동반하는 것 같습니다. 이를테면 앞의 경우의 '드러남'은 동정심을 불러일으키곤 하지만, 동성애자로 '드러남'은 동정심은커녕 혐오감을 유발하기 때문입니다. 혐오감이란 미추美醜의 영역에 속한 것입니다. 그리고 이 영역에 속한 것은 진위나 선악과 달리 '무조건(합리적이거나 논리적인 분석 및 성찰 과정 없이)' 예찬되거나 배제된다는 특징이 있습니다.

죄의 참된 의미

그렇다면 동성애를 누가, 왜 '추醜'의 범주에 귀속시켰을까, 그것부터 살피는 게 순서일 것 같은데 이 대목에서 저는 기독교인으로서 마음이 편치가 않습니다. 왜냐하면 그 '누가'에 기독교가 버티고 있고, '왜'에 기독교가 지키고자 애써온(애쓰고 있는) 것이 무엇인가 하는 '불편한 진실'이 놓여 있기 때문입니다. 그 부분을 겸허하게 성찰하는 것이 개인적으로는 기독교 윤리학도로서의 학문적 책임이며, 집단적으로는 기독교인으로서의 신앙적 책무라 생각합니다.

　단적으로 말해 기독교에서 '죄'는 하느님과 맺은 관계의 어그러짐이라 할 것입니다. 자신의 뜻은 뒤로한 채 하느님의 뜻을 따라야 하는데(이것을 '순종'이라 하지요), 자신이 하느님보다 앞에, 그리고 위에 서려고 할 때 죄가 들어서지요. 인간으로서의 한계를 넘어 하느님의 자리를 탐하는 것입니다. 힘에 대한 동경 혹은 힘의 확장이 곧 죄라는 말입니다. 이렇게 하느님과 맺은 관계가 뒤틀리게 되면 인간관계에서도 어김없이 '힘의 오용 또는 남용' 현상이 일어나게 됩니다. 자신이 가진 힘을 예수님이 보여주신 것처럼 '섬김'에 쓰지 않고 남을 누르는 데 씁니다. 요컨대 소유와 지배, 억압과 착취, 불의와 탐욕 등이 바로 성서가 고발하는 죄의 알짬인 것이지요.

　한데 어느 신학자의 명민한 관찰대로 제도 종교로서의 기독교는 로마 제국의 국교가 되면서부터 죄의 자리를 '힘'과 연결시키기에 곤란한 처지가 되었습니다. '제국의 종교'로서 그 제국의 근본 토대가 되는 '힘'에 대해 발언(이 경우에는 '직언'이라는 표현이 더 적합하겠네요)하는 것은 어딘가 이치에 맞지 않는 일이었을 테니까요(혹은 제국의 종교라는 위상을 포기해야만 가능한 일이었겠지요).

　하여 기독교는 죄의 자리를 '개인화'하기 시작했습니다. 체제나 구조 혹은 국가를 상대로 죄를 논하기보다는 이와 같이 개인화하는 편이 훨씬 더 '관리'하기 용이하기 때문입니다. 아울러 '죄와 구원'의 자동적인 도식이 성립되어야 종교 '장사'가 되기 마련이기에,

'원죄'라고 하는 편리한 교리를 통해 죄를 보편화, 영속화하려는 시도가 등장합니다(여기서 종교 장사라는 표현이 거북하신 분도 계실 겁니다. 이 용어는 종교사회학에서 널리 쓰이는 것으로 이를테면 피터 버거Peter Berger 같은 학자가 현대의 종교 상황을 '시장 상황'에 비유한 데서 따왔습니다). 이른바 예수의 '무흠수태설'과 성모聖母의 '처녀수태설'이 고안된 것도 비슷한 시기입니다. 예수님이 인류의 구원자가 되시려면 그분은 '원죄 없이' 태어나셔야 마땅한데, 그러기 위해서는 필연적으로 그분의 어머니 되시는 마리아가 '생물학적 처녀성'을 보존하고 있어야 한다는 다소 엉성한 논리가 출현하게 된 것이지요.

인류 역사에 현미경이 등장한 건 불과 400여 년밖에 되지 않습니다. 또한 인간의 생식 과정에서 난자의 역할을 관찰할 수 있게 된 것은 대략 300년 전의 일입니다. 그러니 고대인의 생물학 지식이란 얼마나 일천한 것이었을까요. 물론 저는 예수님의 어머니께서 '영원한 처녀'라는 것, 그리고 예수님의 잉태가 '성령으로 말미암은' 신비한 사건이라는 것을 믿습니다. 그러나 이는 고대인의 신앙 고백을 존중한다는 뜻이지 글자 그대로 생물학적 의미의 처녀성을 믿는다는 것은 아닙니다. 말하자면 그러한 표현을 영적인 의미로 받아들이지 육적인 의미로 받아들이지는 않는다는 뜻입니다.[1]

1_ 여기서 이 부분에 대해 상세히 논의하는 것은 글의 흐름에서 벗어나는 일이기도 하거니와 지면도 부족하기 때문에 궁금하신 분들은 필자의 책, 『핑크 리더십: 성경을 통해 깨닫는 여성주의 리더십』 (2010) 중에서 "당신은 영원한 처녀이십니다: 예수의 어머니 마리아" 편을 읽어보시기를 권합니다.

어쨌든 인간의 성과 사랑에 대해 과도한 공포심을 가지고 있던 몇몇 교부들의 정교한 노력에 의해 '원죄의 개념을 섹스와 연결 짓는 시도'가 마침내 성공한 것은 기독교로서는 다행이자 불행이었습니다. 다행이라 함은 이로써 기독교가 종교 시장에서 항구적으로 살아남기 위한 든든한 '밑천'이 마련되었기 때문이고, 불행이라 함은 또한 이로써 기독교가 그 창시자의 근본 신념과 아무 상관 없는 '죽은 교리'나 신봉하는 편협하고 고루한 종교가 되었기 때문입니다.

'죽이는' 구절, '살리는' 해석

사실 성서에서 '섹슈얼리티sexuality'는 하느님의 축복입니다. 자신의 성적 정체성을 깨닫는 것 그리고 자신의 일을 '거들 짝창세기 2장 18절 참고'[2]을 찾아 연합하는 것, 이것만큼 생에 기쁨과 환희를 주는 일도 없습니다. 더 나아가 성서는 에덴을 상실한 인간이 가장 먼저 한 일도 함께 '한 자리에 드는 일창세기 4장 1절'이었다고 증언합니다. 낯설고 힘든 환경에서 인간에게 가장 위로가 되는 일은 반려자와 '에로틱한 연합erotic connection'을 이루는 일이라고 말하는 듯합니다.

2_ 이 글에서 인용된 성경번역은 공동번역을 참고했습니다.

심지어 룻기나 아가서의 본문을 보면 성에 대한 히브리인들의 이해가 대단히 개방적이고 자유로웠음을 알 수 있습니다. 한 가지 보기로, 보리 추수가 끝난 타작마당에서 흥겨운 잔치가 끝나고 모두 술에 취해 자고 있을 때 그 밭의 주인인 보아스와 모압 과부 룻이 펼치는 은밀한 에로스의 향연은 어떻습니까. 그들은 결혼한 부부가 아닙니다. 게다가 여차하면 룻은 다른 남자한테 시집을 가야 할지도 모르는 형국입니다룻기 4장 4절 참고. 그런데도 성서는 이들의 관계를 '혼전 성관계'로 혹은 '불륜'으로 정죄하기는커녕 아름다운 로맨스로 묘사하고 있습니다. 이와 같이 성서는 성 자체를 죄라고 말하지 않습니다. 성행위에 죄라는 혐의가 씌워지는 경우는 그것이 '힘의 남용과 오용'과 연관되어 있는 경우에 한해서입니다.

그럼에도 불구하고 성, 특히 동성애에 관해 교회가 엄격한 태도를 보이는 것은 몇몇 성경 구절에 대한 '전통적인' 해석에 근거하기 때문입니다. 보기를 들면 이런 것들입니다. 구약 성서의 경우 창세기 19장에 나오는 소돔과 고모라 이야기와 레위기 18장 22절[3] 및 20장 13절,[4] 그리고 신약 성서에서 바울의 편지글인 로마서 1장 26-27절[5]과 고린도

3_ 여자와 자듯이 남자와 한 자리에 들어도 안 된다. 그것은 망측한 짓이다.
4_ 여자와 한 자리에 들듯이 남자와 한 자리에 든 남자가 있으면, 그 두 사람은 망측한 짓을 하였으므로 반드시 사형을 당해야 한다. 그들은 피를 흘리고 죽어야 마땅하다.
5_ 인간이 이렇게 타락했기 때문에 하느님께서는 그들이 부끄러운 욕정에 빠지는 것을 그대로 내버려두셨습니다. 여자들은 정상적인 성행위 대신 비정상적인 것을 즐기며 남자들 역시 여자와의 정상적인 성관계를 버리고 남자끼리 정욕의 불길을 태우면서 서로 어울려서 망측한 짓을 합니다. 이렇게 그들은 스스로 그 잘못에 대한 응분의 벌을 받고 있습니다.

전서 6장 9~10절,[6] 디모데전서 1장 9~10절[7]등입니다.

한데 기독교 역사상 해석학적 특권을 장악해온, 성애 공포증^{erotophobia}과 동성애 공포증^{homophobia}에 걸린 교부·신부·목사들에 의해 일방적으로 덧씌워진 안경을 벗고 '맨눈'으로 성서를 읽으면 어떨까요(이때의 '맨눈'은 누구보다도 힘의 문제에 예민했던 예수님의 눈이기도 합니다만). 소돔과 고모라 이야기는 전형적인 '힘의 오용과 남용'에 관한 이야기입니다. 무력한 이방인들을 대상으로 집단 강간을 저지르려는 시도가 얼마나 불의한 것인지를 폭로하는 것이지요. 외국인, 나그네(여행자), 과부, 고아, 이주 노동자 등은 보호 받아야 마땅한 사회적 취약 계층이건만, 소돔과 고모라 성의 사람들은 낯선 나그네를 그리 대하지 않았습니다. 수數와 세勢를 과시하며 힘의 우위에 기댄 위협을 서슴지 않았습니다.

한편 레위기의 본문은 유대인들이 '바 미츠바^{bar mitzvah}'라 불리는 성인식을 앞두고 암기하는 내용이기에 남성 간의 섹스 문제가 특별히 언급되어 있습니다(여성 동성애는 왜 언급하지 않았을까 의아해하실

6_ 사악한 자는 하느님의 나라를 차지하지 못하리라는 것을 모르십니까? 잘못 생각하면 안 됩니다. 음란한 자나 우상을 숭배하는 자나 간음하는 자나 여색을 탐하는 자나 남색하는 자나 도둑질하는 자나 탐욕을 부리는 자나 술주정꾼이나 비방하는 자나 약탈하는 자들은 하느님의 나라를 차지하지 못합니다.
7_ 여기서 알아 두어야 할 것은 율법이 올바른 사람들을 위해서 제정된 것이 아니라는 것입니다. 하느님의 율법을 어기는 자와 순종하지 않는 자, 불경건한 자와 하느님을 떠난 죄인, 신성을 모독하는 자와 거룩한 것을 속되게 하는 자, 아비나 어미를 죽인 자와 사람을 죽인 자, 음행하는 자와 남색하는 자, 인신매매를 하는 자와 거짓말을 하는 자, 위증하는 자와 그 밖에 건전한 교설에 어긋나는 짓을 하는 자들을 다스리기 위해서 율법이 있는 것입니다.

분들을 위해 한마디 보탭니다. 유대 사회에서 성인식은 남자에게만 해당됩니다. 성서의 세계에서 여자는 사람 축에 들지 않았기에, '사람 수'를 셀 때도 당연히 포함되지 않았습니다). 그러나 오늘날 유대교(개혁파든 보수파든)에서는 문제의 본문을 동시대의 게이(그리고 레즈비언)들에게 적용해서는 안 된다고 명시한다고 합니다. "자식 낳고 번성^{창세기 1장 28절}"하는 것이 신의 명령이라 강제되었던 당시, 남성 동성애는 그 명령을 이행하는 데 걸림돌이 되므로 금지했을 것입니다. 따라서 유대교인들은 그 본문의 역사적 가치야 인정하지만 오늘날에는 율법적으로 전혀 구속력이 없다고 이해합니다. 이런 연유로 어떤 이는 유대교를 '은혜의 종교'로, 기독교를 '율법의 종교'로 분류한다고 하니 이 얼마나 아이러니한 일인지 모르겠습니다.

바울의 본문은 번역상의 오류가 있는 것 같습니다. 고린도전서 6장 9절에서 '음행하는 자'로 번역된 그리스어 'malakoi'는 신약 성서의 다른 곳^{마태복음 11장 8절}에서 '옷'에 관한 뜻으로 풀이되고 있습니다(예수님과 그 제자들이 입었던 옷은 검소하고 단순한 것인 데 비해 부자와 권세자들이 입은 옷은 사치스럽고 과시적이라는 의미로 사용되었습니다). 그런가 하면 '남색하는 자'로 풀이되는 'arsenokoitai'는 '침대^{koite}'를 의미하는 단어와 '남자^{arsen}'를 의미하는 단어의 조합으로, 본래 그리스어에는 없던 단어를 70인 역본 성경이 레위기 18장 22절을 그리스어로 번역하는 과정에서 만들어냈을 것으로 추정됩니다.

바울의 편지를 읽은 사람들은 바울이 로마 제국의 문화를 어떤 식으로 고발하고 있는지 그 핵심을 분명히 알아차렸을 것입니다. 권력을 빙자해 얼마나 사치를 부리고, 또 어떻게 성을 유린했는지 말입니다. 바울이 로마서 1장 26절에서 폭로하는 내용이 바로 그것입니다. 제국의 여자들, 그것도 권력의 중심부를 차지하고 있는 여자들은 그 권력을 유지·보존하기 위해 아버지, 남편, 아들을 살해하는 끔찍한 일도 마다하지 않습니다(그러니까 이 본문을 순전히 '성관계'와 연관시킨 성서 번역은 옳지 않습니다). 로마서 1장 27절도 유사한 맥락입니다. 로마 황실의 권력을 독점하고 있던 황제들이 얼마나 방종하고 이기적으로 성행위에 몰두하는지, 그 권력 남용의 실태를 고발하는 내용입니다. 이러한 문화적 정황을 무시한 채 성서의 자구를 함부로 따다가 특정 목적에 봉사하도록 곡해하는 것이야말로 성서에 대한 유린이며 기독교에 대한 죄악이라 할 것입니다.

혈연 가족을 넘어 우주 가족으로

끝으로 한 가지 더 짚어봐야 할 문제가 남아 있습니다.[8] 앞에서 살펴본 것처럼, 성서의 맥락상 남성 동성애가 금지되는 까닭은 그것이

8_ 이하의 논의는 필자의 책 『호모 심비우스: 더불어 삶의 지혜를 위한 기독교윤리』의 167~203쪽을 참고했습니다.

'자식을 낳고 번성' 하라는 하느님의 명령을 수행하기 어렵다는 고대인의 이해에 바탕을 두고 있습니다. 그리고 아브라함 설화에서 보듯이 고대 히브리인들의 의식 세계에서 '자손의 수가 밤하늘의 별처럼 많아지는 것'을 하느님의 축복으로 본 것은, 주변 강대국들 틈에서 떠돌이 유목민의 신세로 살아야 하는 그들 삶의 애환을 반영합니다. 다시 말해 이러한 성서 본문들은 세계 인구가 60억을 훌쩍 넘어 지구의 수용 능력에 심각한 압박을 가하고 있는 현재와 같은 상황에서 나온 게 결코 아니라는 말이지요.

어쩌면 우리가 따져봐야 할 것은 기독교가 왜 이 대목에서는 정작 '기독', 즉 예수 그리스도의 가르침을 외면하는가 하는 점인지도 모르겠습니다. 예수님은 '부모를 공경하라'는 십계명의 제5계명을 모르는 바 아니었으나 공생애共生涯를 사시면서 줄곧 어머니와 형제자매들을 외면했습니다. 예수님이 일으킨 '하느님 나라 운동'은 자기 가족과 직업을 버리고 모인 주변부 남녀들에 의해 활기를 띠었습니다. 그들 공동체는 혈연 중심의 자연적 가족을 부정하고 새로운 종말론적 가족을 표방했습니다. 예수님의 제자가 되려면 누구도 자기 가족을 하느님 나라보다 앞세우면 안 되었습니다.[9]

9_ 누구든지 나에게 올 때 자기 부모나 처자나 형제 자매나 심지어 자기 자신마저 미워하지 않으면 내 제자가 될 수 없다. (누가복음 14장 26절)
나는 아들은 아버지와 맞서고 딸은 어머니와, 며느리는 시어머니와 서로 맞서게 하려고 왔다. 집안 식구가 바로 자기 원수다. 아버지나 어머니를 나보다 더 사랑하는 사람은 내 사람이 될 자격이 없고 아들이나 딸을 나보다 더 사랑하는 사람도 내 사람이 될 자격이 없다. (마태복음 10장 35~37절)

이처럼 '전복적인' 예수님의 가족관은 3-4세기 들어 기독교가 로마 제국의 국교로 자리 잡아가는 과정에서 변질되기 시작합니다. 기독교인 모두가 예수님처럼 살면 이른바 사회의 최소 단위인 가정이 유지되기 어렵겠지요. 그러니 기독교 신앙과 가정을 어떻게든 양립시켜야 했는데 여기에 복잡한 변수로 등장한 것이 바로 섹스였던 겁니다. 섹스는 죄라고 하면서, 가정을 이루는 것을 축복이라 말하는 건 모순이니까요.

그리하여 교부들은 기독교 사회를 3층짜리 집으로 구조화하는 방식을 고안, 가족 문제의 타협점을 모색합니다. 맨 위층에는 '거룩함'을 독점한 독신 남성 집단이 있습니다(독자들은 짐작하시겠지요. 여기서 말하는 '거룩함'이 성관계의 유무와 연결된다는 것, 다시 말해 사제의 독신이 거룩함의 징표라는 것을 말입니다). 그 아래층에는 거룩함은 부여 받지만 생물학적 조건 때문에 남성보다 밑에 자리 잡게 된 독신 여성 집단이 있습니다(생물학적 조건이란 '하느님의 저주를 받아 출산을 위해 '피 흘리는 육체'를 지닌 여성을 가리킵니다. 수녀의 계급이 신부보다 낮은 것은 이 때문이지요). 그리고 맨 아래층에는 성과 출산에 참여함으로써 '저급하고 죄악에 물든' 세계에 머물게 된 결혼한 평신도가 있습니다. 이 대목에서 교부들은 결혼한 부부 간의 섹스조차 오로지 출산에 기여하는 섹스여야지 쾌락을 위한 섹스는 죄라고 못 박는 일을 잊지 않았지요.

개신교는 조금 더 복잡합니다. 산업혁명으로 달라진 생활상, 더욱이 생산과 교육, 보건과 종교 활동 등이 가정 밖의 기관으로 옮겨간 상황에서 중세와는 다른 맥락콘텍스트이 형성된 것이지요. 하여 가정을 '천국의 선취'로서 '안식처'의 기능을 담당하도록 낭만화하는 전략을 취하게 됩니다. 말하자면 개신교가 염두에 두었던 가족이란 '밖에서 돈 버는 남편'과 '안에서 살림하는 아내'인데, 여기서도 여성은 그 '죄 많은 육체'로 인해 묵묵히 희생하고 봉사하는 삶을 살도록 규제된 것이지요.

오늘날 가족의 해체를 우려하는 목소리가 높습니다. 그런데 많은 학자들의 진단에 의하면 해체된 것은 바로 산업혁명 초기에 이상화되고 낭만화되었던 가족이라고 합니다. 인류 역사상 가족은 놀랍도록 다양한 형태로 변이되면서 존속되었을 뿐 결코 해체된 적이 없다는 분석이지요. 그러므로 가족의 해체를 말하기 전에 먼저 살펴야 하는 것은 어떤 형태의 가족이 새롭게 부상되는가 하는 점이랍니다. 이를테면 기러기 가족 같은 게 있잖아요. 지구화된 오늘날의 상황을 반영하는 전형적인 가족 양태 아니겠어요. 맞벌이 가족은 오늘날 너무나 흔한 형태인데 그건 '바깥사람'과 '안사람'의 구분을 완전히 흐리게 합니다. 한부모 가족, 재혼 가족, 입양 가족 등 이미 우리 사회에도 다양한 가족의 양태들이 공존하고 있습니다.

그렇다면 특정한 가족의 형태만을 '정상 가족'으로 규범화하는 것이야말로 폭력이 아닐까요. 더 나아가 예수님의 가르침을 따르는 기독교인이라면 가족의 의미를 '함께 예수의 길을 가는 길벗들의 모임'으로 재규정하고, 단순한 핏줄 중심에서 하느님의 뜻을 받들고 사는 사람들로 그 외연을 한층 넓히는 것이 훨씬 윤리적인 선택이 아닐까요.

다른 복음은 없나니

예수 그리스도가 전해준 '복음'은 모든 사람을 그 매인 것으로부터 풀려나서 자유인이 되게 하는 데 본뜻이 있습니다. 예수님이 바리새인들과 서기관들을 '독사의 자식', '회 칠한 무덤'이라고 그다지도 노엽게 욕을 하셨던 것은 그들이 종교를 오히려 사람들을 가두고 옭죄는 도구로 '이용'하고 있었기 때문이지요. 그들은 자기들과 동일한 방식으로 믿지 않는 사람들, 자기들과 동일한 방식으로 행동하지 않는 사람들에게 가차 없이 '죄인'의 꼬리표를 붙이고 자기들은 의인인 양 거들먹거렸습니다. 경건함과 거룩함을 자기들끼리 독차지하고 자기네 잣대에, 기준에, 취향에, 입맛에 맞지 않는 사람들을 향해서 차별과 배제의 정치 공학을 서슴없이 휘둘러댔습니다. 이처럼 이원화, 서열화를 부추기는 신앙 논리는 '한 분' 하느님의 뜻을 왜곡하는 것이기에 예수께서 그토록 단호히 거부했던 것입니다.

저는 바울이 갈라디아 교회에 보낸 편지에 명시한 내용을 상기하고자 합니다.

그리스도의 은총으로 하느님의 자녀가 된 여러분이 그렇게도 빨리 하느님을 외면하고 또 다른 복음을 따라가고 있다니 놀라지 않을 수 없습니다. 사실 다른 복음이란 있을 수 없습니다. 다만 어떤 사람들이 여러분의 마음을 뒤흔들고 그리스도의 복음을 변질시키려 하고 있을 따름입니다.

갈라디아서 1장 6-7절

이어서 바울은 그 유명한 '차별 금지' 선언을 합니다.

유대인이나 그리스인이나 종이나 자유인이나 남자나 여자나 아무런 차별이 없습니다. 그리스도 예수 안에서 여러분은 모두 한 몸을 이루었기 때문입니다.

갈라디아서 3장 28절

그렇습니다. '다른 복음'은 없습니다. 저는 율법의 노예 생활로부터 우리를 자유롭게 하신 예수님의 복음 이외에, 그리고 '서로 사랑'하라고 했지 '서로 차별'하라고 하지 않으신 예수님의 윤리 이외에 다른 복음과 윤리를 알지 못합니다. 기독교 신앙의 알짬은 하느님의 자기 비움을 본받아 우리도 서로 섬기고 사랑하는 것에 있습니다.

심각한 자기 분열을 겪으며 어느새 '늙은' 종교를 흉내 내어 급격히 보수화되어가는 한국 교회가 '다른 복음'에서 떠나 사랑으로 하나 되기erotic connection를 이루었으면 좋겠습니다. 교회가 입술로는 사랑을 말하면서 실상은 폭력을 휘두른다면, 그 사랑은 결코 건강한 것일 수 없고 사랑의 외피를 입은 포르노에 지나지 않을 것입니다. 정의로운 사랑은 성실합니다. 서로에게 예의를 지킬 줄 압니다. 자기의 욕심을 털어낸 자리에 상대방에게 이로운 것을 채울 줄 압니다. 그리하여 살림의 능력을 발휘합니다.

오늘의 한국 교회는 그간 맘몬 숭배, 성공주의, 숭미崇美주의, 가족주의와 같은 '거짓 복음'을 '참 복음'으로 위장하던 길에서 돌이켜, 이제야말로 하느님의 사랑과 자비, 정의와 평화를 구현하는 대리인으로서 자신의 정체를 확고히 세워야 할 것입니다.

살려거든, 생명을 택하여라.

신명기 30장 19절

주님의 성령이 계신 곳에는 자유가 있습니다.

고린도후서 3장 17절

* 이 글은 2010년 7월 18일 새길기독사회문화원 주최로 열린 "한국 교회와 성적 소수자" 포럼에서 구두로 발표한 내용을 손질한 것입니다. 생각을 다듬고 소통할 기회를 주신 새길문화원 측에 감사의 인사를 전합니다.

|참고 문헌|

Theodore W. Jennings, Jr. 2010.6.7. "동성애 혐오를 넘어서". 제3시대 그리스도교연구소 주최 강연집.

-

David M. Carr. 2003. *The Erotic Word: Sexuality, Spirituality and the Bible*. New York: Oxford University Press.

-

Diana S. Richmond Garland and David E. Garland. 1986. *Beyond Companion ship: Christians in Marriage*. Philadelphia: The Westminster Press.

-

J. Harold Ellens. 2006. *Sex in the Bible: A New Consideration*. Westport. CT: Praege r.

-

James P. Hanigan. 1988. *Homosexuality: The Test Case for Christian Sexual Ethics*. New York: Paulist Press.

-

Judith Plaskow. 1980. *Sex, Sin and Grace*. Lanham. MD.: University Press of America.

동성애와 기독교적 세계관

_하느님의 큰 사랑은 경계를 나누지 않는다

조순애

　　모든 종교는 인간의 영혼과 정신의 문제에, 삶의 시작과 죽음 그리고 구원에 이르기까지 모든 실존의 거대한 질문이 제기되는 지점에 있다. 그동안 기독교 역사에 비추어볼 때 동성애라는 주제는 성서 문헌학적 측면에서부터 해석학에 이르기까지 많은 논란의 중심에 서 있었다(특히 동성애에 관한 7개의 구절은 해석의 논란이 많은 부분이며, 성서는 이 구절을 포함해 인간의 성적 지향에 대해서는 취급하고 있지 않다). 보수적 성향이 강한 기독교의 성 윤리라는 측면에서 볼 때 '동성애'라는 민감한 테마는 한편으로는 상당히 조심스럽게 다루어져야 하며, 다른 한편으로는 기독교의 주요 메시지(창조주 하느님의 창조 의지와 그에 상응하는 인간의 존엄성, 인간의 자유 의지와 선택의 문제)와 어떻게 연결시켜볼 수 있는지 살펴야 한다.[1]

성서 근본주의의 신학적 경향이 압도적인 주류를 형성하고 있고, 보수적인 성향의 신자들이 기독교 인구의 90퍼센트 이상을 차지하고 있는 한국 기독교의 상황에서 동성애에 대한 기독교적 담론은 상당히 비관적이라고 할 수 있다. 즉, 동성애와 연관되어 있다고 하는 성서 내용에 대해 자구 해석에 치우친 나머지 동성애를 전면 부정하거나(따라서 동성애라는 '죄'와 동성애자라는 '죄인'만이 있는 문제), 아니면 아예 동성애에 대한 언급 자체를 피함으로써 동성애의 존재를 인정하지 않는 실정이다. 따라서 동성애라는 주제와 관련해 기독교적 구원의 메시지나 하느님의 창조 의지, 인간의 총체성 회복, 인간의 자유 의지와 선택의 문제라는 주요한 메시지는 거의 외면당하고 있거나 의도적으로 배제되고 있다.

동성애에 대해 긍정적이고 열린 시각을 갖고 있는 기독교인들도 있지만, 그들의 주장은 대다수인 반동성애주의자의 강경한 입장에 밀려 큰 설득력을 얻지 못하고 있다. 이렇게 서로 다른 패러다임 속에서 동성애자들은 온정적인 이웃 사랑이라는 이름하에(제정신을 찾아 집으로 돌아와야만 하는) '잃어버린 자식'을 위한 기도와 교화의 대상이 되거나, 혹은 현대판 속죄양의 한 표본으로 악의 중심에 서게 되는 경

1_ 이 주제에 대한 필자의 상세한 신학적 견해는 『평신도, 성전을 헐다』(2009)를 참고하기 바란다.

향이 지배적이라고 할 수 있다.

성서말씀 중심의 기독교적 신앙에서 성서는 양날의 칼과 같다고 할 수 있다. 성서는 이를 대하는 태도에 따라 하느님의 축복(인간에 대한 하느님의 사랑 이야기)이자 구원의 안내서, 혹은 시대적인 한계를 태생적으로 가진 지극히 이데올로기적인 정치적인 책으로 쓰일 수 있다는 것이다. 지금, 여기서 우리에게 주는 의미가 무엇인가 하는 주체적인 물음으로 성서의 말씀을 대하기보다 성서의 자구에 지나치게 매달리다 보면, 성서는 자칫 무역사적 성격을 띤 위험한 개작으로 변질되어 필연적으로 수많은 오류를 낳을 수밖에 없다. 다시 말해 성서의 내용은 '삶의 자리'를 보면서(시대적, 역사적 상관관계를 고려하면서) 해석하고 이해해야만 진정으로 그 구절이 의미하는 바를 찾을 수 있을 것이다.[2]

그동안 기독교 공동체 안에서 일어난 의도하지 않았던 불협화음과 갈등의 원인 중 하나를 꼽으라면, 가장 먼저 경직된 근본주의적 시각과 폐쇄적인 태도를 지적할 수 있을 것이다. 하느님에 대한 특정한 믿음과 단정적인 하느님 상(像)만을 고집하고, 성서에 대한 일방적인 해석만 받아들이는 경직된 태도는 그와 다른 관점을 지닌 사람들과의 논의 자체를 가능하지 않게 할 뿐만 아니라 다수와의 의견

2_ 예수는 그의 말을 듣는 사람들에게 율법의 자구적, 문자적 의미를 넘어서 그 근본 정신을 알아내어 적용하라고 했다. "율법에 무엇이라 기록되어 있으며 네가 어떻게 읽느냐(누가복음 10장 6절)." 예수는 단순히 살인을 금하는 것뿐만 아니라 분노를 표출하는 것도 피하고, 간음은 물론 그것을 상상하는 짓도 하지 말라고 했다.

일치도 얻어내기 어렵게 만든다. 따라서 한 주제에 대한 시각과 의견에 차이가 있더라도 서로의 공통 기반(기독교적 신앙)이 무엇인지 상기하며, 상대방의 관점이 안고 있는 문제점에 대한 지적과 더불어 상대방의 기대와 욕구에 대한 섬세한 배려와 조율이 필요하다고 생각한다.

기독교 인간론적 측면에서 볼 때 기독교인은 홀로 존재할 수 없다. 진정한 기독교 신자가 되기 위해서는 다른 기독교 신자와 더불어 사는 기독교 공동체가 필요하다. 개인은 공동체 속에서 평가되며, 공동체는 또한 개인을 통해 반영되는 공동의 책임과 불가분의 관계에 놓여 있다. 이런 '공동 인격corporate personality'이라는 개념 안에서 각 기독교 신자들은 어떻게 연결되어 있고, 기독교적 믿음이라는 틀 안에서 개개인은 어떤 존재로 비쳐야 하며, 과연 상호 간에 '의미 있는 타인(다른 말로 사도 바울의 '살아 있는 편지')'으로 자리매김할 수 있는지 물어야 한다. 그리고 이런 물음은 우리의 자의적인 선택의 문제가 아니라 마땅히 지켜져야 하는 기독교인의 의무라고 할 수 있다.

이웃과 상생할 수밖에 없는 기독교적 세계관은 언제나 토론과 기도, 상대방에 대한 배려와 섬세한 관심을 중요시해왔고 서로의 시각과 의견을 마땅히 존중해온 전통 또한 갖고 있다. 따라서 이런 전통 위에 '동성애'라는 민감한 주제에 대해서도 더욱 신중하고 열린 자세로, 많은 토론과 진지한 모색의 장이 마련되어야 할 것이다. 특히 기독교인들 내부에서조차 동성애에 관해 극단의 부정적 시각과 신중한 긍정적 입장, 그리고 미온적인 태도에 이르기까지 다양한 견해 차이가 있다는 점에서 더욱 중요하다고 할 수 있다(결론이 나지 않는 논의의 대부분이 그렇듯이 동성애에 대해 부정적인 입장과 긍정적인 입장 모두 자신들의 주장을 뒷받침할 상당한 증거들을 모아 놓고 있다).

동성애라는 주제 자체가 민감한 성격을 띠고 있는 만큼(개인적인 차원에서는 더욱 정서적, 심정적으로 접근할 수 있다) 토의와 논쟁에서 각자의 관점을 무조건 주장하거나 상대방의 의견을 일방적으로 부정하는 자세는 피해야 한다. 다른 사람들과 의견을 교환하고 생각을 나누는 데 각자의 관점이 과연 적절한 기반을 이루고 있는지 먼저 살펴보아야 할 것이다. 예컨대 동성애에 대한 성서의 역사적인 이해와 더불어 총체적인 접근이 필요하며, 구체적인 성서 적용에 신중해야 한다. 단순히 개인적인 의견이나 기호에 지나지 않는 것을 성서에 빗대어 포괄적인 말로, 자의로 해석하는 일은 철저히 삼가야 할 것이다.

동성애, 동성애자에 대한 예수의 견해는 무엇이라고 추론할 수 있을까? 성서가 예수 그리스도를 만든 것이 아니라 예수가 성서를 만들었다면 우리는 성서를 어떻게 대해야 할까? 그리고 예수가 침묵하는 (성서에서 보듯이) 동성애에 대해서는 어떤 태도로, 무엇을 말할 수 있을까? 동성애자 또한 하느님의 선한 창조 의지로 태어났다면, 동성애자의 삶을 하느님이 인간에게 주신 자유와 선택으로 받아들이지 않고 죄악의 근원으로 보는 게 과연 성서적 진리라고 할 수 있는가?

나아가 성서적 세계관의 특징이며 성서의 추진력 중 하나인 '고통의 분담'이라는 측면에서는 동성애를 어떻게 보아야 할까? 이웃에 대한 사랑과 배려, 나눔을 강조하는 기독교의 실천 윤리는 이웃의 고통에 대한 예민한 의식과 떼려야 뗄 수 없는 관계다. 그렇기 때문에 기독교의 실천 윤리와 동성애자들의 실존적 고통, 현실적 아픔은 어떻게, 어느 정도로 연결되어 있고 연결되어야만 하는가라는 물음이 생긴다.

기독교 중심에 성서가 있고 그 성서의 핵심을 예수 그리스도라고 할 때, 동성애에 관한 모든 논의는 예수의 정신으로 돌아가 그리스도의 마음에 참여하는 것으로부터 시작되어야 할 것이다. 예수의 살아 있는 사랑의 정신은 소위 '성서적 이데올로기'와 함께할 수 없기에, 성서에 의지한 오류를 바로잡고 잘못된 우상숭배를 깨뜨리는 실천적인 일이 지금 여기서 우리 모두가 기독교인이라는 이름으로 해야 할 일일 것이다. 이런 점에서 깨어 있는 의식으로 참여를 통한 공동의 선을 구축하는 일이 진정 서로를 향한 '샬롬'의 의미이자 '그리스도의 작은 향기'일 것이고, 기독교의 성숙한 공동 인격에 한 걸음 다가서는 일이 될 것이다.

길은 잃은 수진이에게 _동성애적 시각에서 본 성서 풀이

풀이 죽어 학교에 다녀와서는 방문을 잠근 채 꿈쩍도 않는 수진이가 걱정이라며 수진이 어머니한테서 전화가 왔다. 당장의 학교생활도 문제지만 앞으로 사회생활을 어떻게 해나갈 수 있을지 항상 신경이 쓰인다던 수진이 어머니의 근심 어린 표정을 떠올리며 수진이네 집으로 향했다.

학교 친구들하고 잘 어울리지 못하고 고집이 세다는 어머니의 평과 달리 내가 기억하는 수진이는 고개를 숙이고 있던 안쓰러운 아이였다. '혹 학교에서 무슨 일이 있었나?' 이런저런 생각에 잠겨 나의 발걸음도 수진이의 얼굴 못지않게 무거웠다.

수진이의 방 앞에서 몇 번이나 노크를 했지만 방 안에서는 아무런 반응도 없었다. "혹시 기진맥진해서 쓰러진 건 아닐까요?"라고 수진이 어머니가 애써 당혹감을 감추며 말을 건넸지만, 수진이는 어머니의 말이 들리지 않는 건지 아니면 무시하는 건지 영 대답이 없었다. "수진아, 무슨 일인지 모르지만 혼자 그렇게 꽁꽁 숨어 있으면 너만 더 힘들어. 함께 이야기하자, 응?" 이런 말로 몇 번이나 간청을 한 뒤에야 수진이는 방문을 열었다. 삐쩍 마른 얼굴이 며칠간의 단식에 가까운 투쟁으로 더욱 수척해 보였다. 내가 빼꼼히 열린 문을 비집고 들어서자 다시 구석으로 가 수그리고 앉는 수진이를 보면서 나는 가슴이 답답했다. 며칠을 저렇게 앉아 있었겠지……. 그런 수진이의 모습을 한참 바라보다가 마침내 입을 열었다.

"무슨 일이 있었니? 오늘 이야기하고 싶지 않으면 다음에 다시 올까?"

아무래도 안 되겠다, 방문을 열어준 것만으로도 오늘은 되었다 싶어 자리를 털고 일어서려는데 힘없이 갈라진 목소리가 나의 발목을 잡았다.

"죄가 뭐예요? 목사님도 제가 이상하다고 생각해요? 애들이 저 보고 변태라고, 이반이라고 해요."

연이어 나오는 수진이의 말을 들으며 나는 수진이가 겪고 있는 문제가 무엇인지 어슴푸레 감을 잡았다.

"무슨 말부터 시작할까? 먼저 죄는 사람을 죽이게 하는 거라고 생각해. 이러저러한 이유를 대서. 하느님이 보내주신 예수님을 믿지 않는 것도 죄라고 성경에는 쓰여 있지. 그리고 난 너를 이상하게 생각하지 않아. 개성이 강하다고 할 수는 있어도. 그런데 친구들이나 사람들은 대게 개성이 강한 사람을 보면 조금은 부럽기도 하고 또 약간은 두렵기도 해서 그 사람을 멀리하지."

"…… 변태는요?"

"글쎄, 그건 조금 설명이 필요할 것 같은데……. 사람들은 다른 이들의 생각이나 느낌, 취향이 자신과 같기를 은근히 바라는 경우가 많은 거 같아. 식당에 가봐. 자신들이 먹고 싶은 것을 골고루 주문하지 않고 한 사람이 먼저 '자장면' 하고 말하면 다들 대충 자장면 먹잖아. 누군가가 다른 음식을 주문하면 '야, 너 뭐가 잘났다고 다른 것 시키니, 그냥 먹어' 하며 면박을 주잖아. 남들과 다르게 행동하고 다른 것을 더 좋아하면 사람들은 별생각 없이 가볍게 그렇게 말할 수 있어. 변태라고. 너희 반 여자 친구들이 남학생이나 남자 연예인 좋아하는데, 너는 남자에게 별 관심이 없고 오히려 너와 같은 여자애들이나 여자 배우를 좋아하면 넌 그냥 자연스럽게 변태가 되는 거야. 다른 말로는 이반이라고 하지. 그런데 그런 말이 그렇게 싫으니?"

"왕따당하는 게 싫고 애들이 내 뒤에서 수군수군하는 것도 싫어요. 그래서 학교 가는 게 싫고…… ."

"며칠 전에 학교에서 무슨 일이 있었니?"

내 직접적인 질문에 수진이는 오랫동안 말이 없었다. 그러곤 한참이 지나서야 퀭한 눈으로 나를 쳐다보며 물었다.

"소도미와 고모…… 이런 비슷한 말이 성경에 나와요? 희경이가 저보고 그런 사람이라고, 그런 사람은 죽여야 한다고 걔 엄마가 말했대요."

그리고 띄엄띄엄 수진이가 한 이야기는 다음과 같았다. 희경이의 어머니는 독실한 신자로 교회에서 권사직을 맡고 있다고 한다. 희경이도 어머니 성화에 못 이겨 할 수 없이 교회에 나가는 척하지만 교회에는 별 관심이 없다고. 어느 날 우연히 틀게 된 TV에서 '동성애'에 대한 내용이 나오자 희경이 어머니는 채널을 얼른 돌리면서 "저것들은 다 죄인이다. 저것들이 TV에 나오다니 세상이 말세다"라며 평소의 습관처럼 "하느님 아버지, 주여!"를 연발했단다. 그리고 희경이에게 혹시 주위에 그런 애들이 있으면 가까이 사귀지도 말고 선생님에게 이야기해야 한다고까지 했단다.

수진이는 어머니를 따라 교회에 두어 번 나왔고, 난 수진이 어머니를 통해 간간이 수진이의 소식을 물어온 터라 수진이가 성경에 대해 아는 게 없으리라 생각했다. 그래서 가방 안에 있던 성경을 꺼내 들고 조심스레 물었다.

"나는 많은 기독교인이 성경을 함부로 이용한다고 생각한단다. 네가 말하는 소돔과 고모라 이야기는 변태나 이반이라고 불리는 사람들과 관련이 없다는 게 내 생각이야. 궁금하면 우리 함께 읽어 볼까?"

수진이는 별다른 관심을 보이지 않았지만 난 소돔과 고모라 부분[3]과

3_ 이하 인용되는 성경 구절은 개역개정판, 대한성서공회 2001년 판을 인용했다.

그와 연관된 사사기 19장을 함께 읽었다.

"잘 이해가 가니?"

"…… ."

"여기에 어디 변태, 이반과 비슷한 말이 있다고 생각해?"

"잘 모르겠어요."

"소돔과 고모라 이야기는 네가 읽은 것처럼 손님에게 부리는 횡포와 폭력에 대한 내용이야. 우리가 함께 읽은 다른 이야기(사사기 19장)도 얼마나 끔찍하니. 사람들이 다른 사람에 대해 폭력을 행하고 전쟁을 일으키고 하는 일들이 알고 보면 이렇게 작은 일들에서부터 시작해. 네 등 뒤에서 수군수군하거나 변태라며 어울리지 말아야 한다고 말하는 사람들이 바로 소돔과 고모라에 나오는 나쁜 사람들이지. 너를 학교에 가기 싫게 만드는 반 친구들이 반성해야지, 네가 기죽어서 방에 숨어 있는 것은 정말 잘못된 거라고 생각해."

"전 그냥 학교에 가기 싫어요."

"수진아, 네가 남자아이보다 여자아이한테 관심이 있다고 해도 그건 잘못이 아냐. 그냥 네 친구들하고 다를 뿐이야. 네 친구 중의 누군가는 오렌지색을 좋아하고, 다른 친구는 파란색을 좋아해. 너는 노란색을 좋아할 수 있고. 그런데 그게 어떻다고? 다른 색을 좋아하는데 왜 문제가 되는 건데? 물론 어떤 색깔을 좋아하느냐에 따라 그 사람의 성격이나 기질 같은 것을 재미로 알아볼 순 있겠지. 마찬가지야. 넌 그냥 여자아이들에게 끌릴 수 있고, 다른 친구는 남자아이들에게 더 끌릴 수 있어. 네가 좋아하는 것을 포기할 수 없다면 스스로 받아들이고 당당하게 사는 거야. 중요한 건 다른 사람들의 생각이 아닌 너답게 사는 것이라고 생각해. 지금은 네 성향이 이렇다고 생각할지 모르지만 그것도 언젠가 변할 수도 있고 변하지 않을 수도 있고, 아무도 몰라. 그런데 왜 네가 그렇게 주눅이 들어 학교생활을 해야 하지?

애들한테 한번 이렇게 말해봐. '그래 나 이반이거든. 어쩔래. 그런데 앞으로 어떻게 변할지는 나도 몰라. 니들도 마찬가지고. 난 지금의 내 모습을 맘껏 즐길래.' 애들이 과연 어떤 반응을 보일까? 좋든 나쁘든 어떤 반응을 보이겠지. 지금처럼 네가 축 처져서 지내는 것보다는 훨씬 나을 거야. 네 용기와 솔직함에 반하는 친구들도 생길 수 있다고 믿어. 그러면 그 친구들과 우정을 쌓아나가면 되는 것이고."

친구를 만들 수도 있다는 말에 수진이의 입가에 빙긋, 쓸쓸한 웃음이 잠시 떠돌다 사라졌다. 이 녀석, 참 많이 외로웠구나 하는 생각이

들며 가슴이 아팠다. 펼쳐놓았던 성경을 다시 가방 안에 넣으며 자리에서 일어서는데 수진이가 묻는다.

"목사님도 이반이었어요?"

"오늘은 수진이 이야기 들었으니, 다음에는 내 이야기해도 될까?"

고개를 끄덕이는 수진이를 뒤로하고, 수진이 어머니의 배웅을 받으며 집을 나섰다. '수진아, 넌 혼자만의 여행을 떠나야 해. 하지만 언제든 지치고 힘들 땐 주위를 둘러봐. 너를 지켜보며 너를 위해 이야기해줄 수 있는 사람이 있을 거야. 그 사람은 어쩜 네게 이렇게 말할지도 몰라. 인간답게 사는 것이 우리들이 인간으로 태어난 소명 중의 하나라면 자신이 선택한 삶을 사는 게 가장 인간답게 사는 길이라고.'

먼 당신의 빈 자리

_동성애적 시각에서 본 성서 해석 사무엘하 6장 20-23절

'생육하고 번성하라 창세기 1장 28절' 는 성서적 계명은 동성애에 대한 담론에서 피해 갈 수 없는 구절이다. 동성애를 비난하는 사람들은 이 성경

구절을 즐겨 인용하며 동성애자들에 대한 하느님의 심판이나 응징으로 간주한다. 또한 생물학적으로 종족 번식의 한계성을 인정할 수밖에 없는 동성애자(기독교 신자인 동성애자의 입장에서는 강한 죄의식을 가질 수 있다)들은 이에 대해 다양한 해석과 논의를 개진하고 있다.

아이를 낳지 못하는 이성애 부부에게 하느님께서 내린 벌이라고 비난하는 경우는 적다(특히 성경은 구약의 사라에서부터 신약의 엘리자벳에 이르기까지 이에 대한 많은 이야기가 의미심장하게 전해지고 있다). 아울러 이성애 부부가 출산 행위를 거부하는 경우에도(피임기구 사용, 정관 수술이 대표적인 예) 이를 개인적인 선택의 문제로 돌리는 경우가 일반적이라고 할 수 있다. 결국 종족 보전이라는 주제에 대해 유독 동성애에만 날선 비판의 잣대가 제시되고 있는 것이다.

더 나아가서는 입양에 대한 문제 또한 마찬가지다. 이성애 부부들의 경우 일정한 조건만 갖추면 아이를 입양할 수 있으나, 동일한 조건을 갖추었다 해도 동성애 커플의 경우에는 해당되지 않아 이는 기회의 평등성의 원칙에도 어긋난다고 할 수 있다. 이성애 부부들이 무책임하게 버린 아이를 동성애 커플이 키우는 경우도 간혹 있지만, 이런 사실이 드러날 경우 동성애 커플은 아이에 대한 양육권을 행사할 수 있는 권리가 없다. 이런 점에서 자비와 정의라는 거창한 구호나 결혼이나 출산에 대한 패러다임의 전환이라는 개혁적인 사고와는 별도로, 건강한 사회로 가기 위해서 동성애자의 공민권과 사회적 '형평성'이라는 측면이 강하게 제기되어야 할 것이다.

일군의 심리학자들과 사회학자들이 공동으로 연구한 바에 따르면 이성애와 동성애의 유일한 차이로 생물학적으로 '생육하고 번성하라' 는 종족 번식이라는 점을 꼽았다. 성서의 첫 장에 쓰인 이 말을 오늘의 우리들은 어떻게 해석할 수 있고, 이해할 수 있는지 그 한 범례를 다음의 설교에서 시도해보았다.[4]

다윗의 편에 선 성경의 저자는 미갈과 다윗의 이야기를 끝내면서 미갈에게 자식이 없는 것을 당연하다는 식으로 결론짓고 있다. 이스라엘 여인에게 자식, 특히 아들이 없다는 사실은 하느님의 저주에 가까운 일로 받아들여졌다. 따라서 이 이야기에는 미갈이 그녀의 오만방자한 태도로 인해 하느님의 저주를 받았다는 저자의 의도가 깔려 있다고 할 수 있다. 우리는 여기서 다음과 같은 사실을 곰곰이 따져볼 필요가 있다. 생육하고 번성하라는 하느님의 말씀을 어떻게 해석할 수 있는가? 자식이 없는 것을 과연 하느님의 저주로만 볼 수 있는가? 이 두 물음에 대해 성서에서 침묵하고 있는 당사자인 미갈의 입을 빌려 그녀의 생각을 옮겨보았다.

"여호와 하느님, 이스라엘의 최초의 왕인 우리 아버지 사울의 하느님, 당신은 오늘 다윗이 제게 행한 모든 것을 보고 들으셨습니다. 제 집안에 대한 모욕은 견딜 수 없는 비통함이어서 저에게 차라리 죽는

4_ 아래의 원고는 2006년 2월 19일 여성교회에서 한 설교의 부분을 정리한 것이다.

것이 복되다는 옛 선지자의 말씀을 생각하게 합니다. 한때 제가 그토록 사랑했던 다윗은 이제 당신의 끝없는 축복에 힘입어 모든 영예와 권력을 쥐고 있지만, 그에게 어쩔 수 없는 불안감과 위기 위식이 있음을 오늘 다시 한 번 확인하게 되어 가슴이 아픕니다. 눈에 보이는 겉과 가리어진 속이 이토록 큰 차이를 보이는 다윗을 불쌍히 여기시고 그의 영혼의 곤비함을 굽어 어여삐 살펴주시옵기를 간절히 바랍니다.

제 아버지 사울에 대한 미움이 제 몸에 미친 탓인지 다윗은 저를 돌아보기를 멀리하고 오늘 당신이 보신 것처럼 우리 집안의 몰락을 자신의 영광의 발판으로 삼고, 이 모든 것이 당신의 축복이라는 말을 집안사람 앞에서 떠벌림으로써 저에게 씻을 수 없는 수치감을 주었습니다. 그러나 다윗을 향한 제 마음은 아직도 남아 있는 것 같습니다. 다윗에게 저라는 존재는 언제나 있어도 그만 없어도 그만인 낯선 타인이었고, 그의 마음속에 제 자리는 없었습니다. 하지만 제게 있어 다윗은 부인할 수 없는 그리움의 대상이었으며, 저는 그의 정실부인으로서 합당한 태도를 취해야 한다고 생각했기에, 저는 오늘 심한 모욕에도 불구하고 다윗에게 아무 말도 하지 않았습니다.

다윗의 궁중에서 새로운 삶을 시작해야 했던 제 인생은 지옥과 다름없었습니다. 다윗의 첫 부인이지만 수많은 그의 여인들 속에서 제 위치는 어느 곳에도 없었고, 더욱이 사울의 딸이라는 사실로 인해 노골적인 미움과 시기를 동시에 받아야 했습니다. 아버지의 눈을 피해 도망 다녀야만 했던 다윗을 위한 제 기도와 사랑을 여호와는 누구보다도 잘 알고 계십니다. 간간이 들려오는 다윗의 염문에도 저는 개의치 않고 오로지 다윗의 안전과 우리가 다시 만날 날만을 손꼽아 기다렸습니다.

하지만 무정하고 권력욕에 사로잡힌 아버지 사울은 요리조리 피해 달아나는 다윗에 대한 미움을 누를 길 없어 죄 없는 저를 다른 남자에게 보냄으로써 분풀이를 했습니다. 그런 아버지 사울의 비인간적인 횡포에 남편인 다윗은 아무것도 행하지 않음으로써 저의 존재를 한층 더 무시하는 또 다른 악을 저질렀습니다. 여자는 인격체가 아닌 교환의 수단에 불과하다는 현실이 한 나라의 공주이자 한 남자를 남편으로 둔 유부녀인 제게도 적용된다는 사실에 저는 몸서리를 쳤습니다. 이런 참담한 현실이 사랑과 은혜, 자비의 주인인 이스라엘의 하느님 당신이 원하시는 것이라면 저는 하느님를 원망하다가 죽고 싶을 뿐입니다.

당신이 우리 민족에게 준 최고의 계율인 '생육하고 번성하라'는 말도 자식이 없는 제게는 해당되지 않는 것 같았습니다. 하지만 과연 꼭 자식을 낳아야만 당신의 명령에 합당하게 사는 것인지 저는 그동안의 제 삶을 되돌아보며 생각했습니다. 결론은 아이를 가질 수 없는 여인도 나름대로 풍요로운 삶을 살 수 있고 번성할 수 있다는 것입니다. 이를테면 일국의 공주인 제게 한낱 목동인 다윗을 사랑하는 마음을 주심으로써 범인이 흉내 낼 수 없는 또 다른 유의 풍요로움을 선사하셨고, 궁중의 여러 사람을 진심으로 배려함으로써 이웃에 대한 사랑을 알게 하셨습니다.

제 의사와는 무관하게 맺어진 두 번째 남편인 발디엘과의 새 생활

속에서 저는 다윗과 나눌 수 없었던 부드럽고 인간적인 친밀한 교감을 나눌 수 있었습니다. 남녀 간의 사랑에는 여러 가지 모습이 있다는 것을 체험함으로써 저는 사람과 삶의 다양한 면을 인정하는 성숙함도 갖게 되었습니다. 이런 제 가치관의 변화 또한 번성의 또 다른 모습, 즉 성장의 상태를 뜻한다고 볼 수 있지 않겠습니까? 그 무엇인가를 끊임없이 느끼고 배우며 삶에 실천하려고 하는 자세가, 번성하라는 당신의 계명의 한 모습일 수 있다고 생각합니다. 저는 당신이 제게 준 고통과 시련 속에서 이와 같은 삶의 지혜를 깨닫게 되었습니다. 역경이 사람을 성숙하게 변모시킬 수 있다고 한다면 저는 그런 본보기 중의 하나라고 생각합니다.

이스라엘의 하느님, 또 한 가지 묻고 싶은 것이 있습니다. 끊임없이 전쟁을 치러야 하는 이 땅 위의 자식을 둔 여인의 운명에 대해서입니다. 자식을, 그것도 사내아이만 다섯을 낳아 모두가 당신의 축복을 넘치도록 받았다고 말했던 저의 언니 메랍에게 과연 무슨 일이 벌어졌습니까? 자신의 아들 모두가 이방인의 손에 죽는 끔찍한 비극을 맛보아야 했습니다 사무엘하 21장 8절. 저는 언니의 비참한 말로를 보며 조카들을 한꺼번에 잃은 말할 수 없는 슬픔을 느끼면서도, 한편으로는 묘하게도 무자식이 상팔자라는 생각을 하게 되었습니다. 아이가 없어 남들로부터 조롱과 멸시를 받던 저지만, 눈 뜨고는 볼 수 없는 자식의 죽음을 당하지 않아도 되니 이런 점에서 여호와 하느님은 공평하다고 할 수 있습니다. 자식이 없는 것이 저주가 아니라 또 하나의 축복이 될 수 있다는, 차마 남들 앞에서는 말하지 못할 생각을 하게 되었습니다.

저와 다윗 사이에 자식이 없는 것을 두고 누군가는 제가 당신에게 벌을 받은 것이라 했고, 누군가는 다윗이 저를 가까이 하지 않았기 때문이라는 망측한 추측을 하지만 진실은 오직 당신만이 알고 계십니다. 저는 항간에 떠도는 유언비어와 억측에 구애 받지 않고 온갖 어려움 속에서도 당신이 제게 주신 삶을 열심히 견뎌내며, 가능한 한 밝고 건강하게 살려고 합니다. 그렇게 생각하고 행동하는 일이 제게 한없이 무심한 다윗을, 저의 집에 대한 그의 오만불손한 태도를 이기는 한 방법이라고 생각합니다. 제가 당신을 의지해 당당하게 저의 길을 가는 것만이 추락한 저희 집안의 명예를 되찾는 길이며 한 여자로서 자신을 지키는 일이라고 믿습니다. 이 또한 당신이 제게 바라는 최상의 축복이자, 여호와로부터 선물로 받은 삶을 소중히 하는 일이 곧 번성하고 생육하는 것이라고 믿기 때문입니다. 이런 제 생각과 믿음은 의미심장하게도 저의 의붓아들, 솔로몬이 훗날 그의 지혜가 넘치는 글을 통해 대변해줄 것입니다."

모든 지킬 만한 것 중에 더욱 네 마음을 지켜라. 생명의 근원이 이에서 남이니라.

잠언 4장 23절

또 하나의 사랑이 부른 하느님의 축복
_동성애적 시각에서 본 성서 해석룻기 4장 13-17절[5]

　"우리들의 삶 속에서 많은 것이 사라져간다. 친절한 마음, 참고 기다리는 인내심, 어린아이와 같은 단순함, 이웃에게 열려 있는 넉넉한 가슴……."이라고 넬슨 만델라는 말했다. 우리들이 잃어버린 것에 대해 몇 가지를 덧붙이자면 그중의 하나로 '우정' 혹은 우정을 나눌 수 있는 능력이라 말하고 싶다. 우정이란 하느님의 선한 창조 안에서 인간들이 어떻게 서로 연결되어 있으며, 그들이 어떻게 관계를 형성하느냐에 대한 것이라고 할 수 있다. 우정은 이를 나누는 사람들의 성별, 나이, 학벌이나 직업 그리고 삶의 형태와 무관하다.

　성경은 역사와 그 속의 다양한 인간의 모습을 우리에게 전해줌으로써 인간과 역사에 대한 하느님의 사랑을 전해주고 있다. 또한 인간의 공동체 삶을 가능케 하는 우정에 대해서도 기술하고 있다. 우리는 구약에 나오는 다윗과 요나단의 깊은 우정과, 예수와 그의 제자인 요한의 아주 친밀한 관계 또한 잘 알고 있다. 그런가 하면 구약에 나오는 룻과 그녀의 시어머니인 나오미의 관계는 여성들 간의 우정의 예로 들 수가 있다. 이 두 여성의 진한 우정에 대해 수많은 여성 신학자들은 여성에게서 찾아볼 수 있는 연대의식의 대표적인 모습이라고 해석했다. 또한 성경에서 찾아볼 수 있는 보기 드문 동성애적 사랑의 관계로

5_ 아래 원고는 2005년 8월 7일 여성교회에서 한 설교를 정리한 것이다.

해석할 수 있다는 주장도 있다. 여기서는 이 두 여인의 관계를 단순한 우정이나 사랑으로 해석하기보단 여성의 경험과 단결이 어떻게 개인적인 것에 머무르지 않고 역사의 장으로 수렴될 수 있는지 함께 생각해보고 싶다. 룻의 이야기를 요약하면 다음과 같다.

사사기 시대에 혹독한 흉년이 들자 베들레헴의 엘리멜렉은 그의 부인인 나오미와 두 아들을 데리고 모압 땅으로 이주를 한다. 엘리멜렉이 죽자 그의 두 아들은 이방인인 모압의 여인들과 결혼을 한다. 두 아들들 또한 죽자 나오미는 홀로 귀향할 생각을 한다. 하여 그녀는 두 며느리들인 오르파와 룻에게 각자 그녀들의 집으로 돌아갈 것을 종용한다. 그러나 룻은 나오미를 따를 것이며 이스라엘의 신인 여호와를 섬길 것을 강력히 주장하며 나오미를 홀로 가게 하지 않겠다고 분명히 밝힌다.

> 룻이 가로되 나로 어머니를 떠나며 어머니를 따르지 말고 돌아가라 강권하지 마옵소서. 어머니께서 가시는 곳에 나도 가고 어머니께서 유숙하시는 곳에 나도 유숙하겠나이다. 어머니의 백성이 나의 백성이 되고 어머니의 하나님이 나의 하나님이 되시리니 어머니께서 죽으시는 곳에서 나도 죽어 거기 묻힐 것입니다. 만일 내가 죽는 일 외에 어머니를 떠나면 여호와께서 내게 벌을 내리시고 더 내리시기를 원하나이다.
>
> 룻기 1장 16-17절

독일어 성경은 이 마지막 부분을 "여호와께서는 내게 이것저것을 할 수가 있으나, 오직 죽음만이 당신과 나를 갈라놓을 수 있다"라고 번역하고 있다.[6] 이러한 강렬한 의지와 사랑의 표현 탓인지 이 구절은 유럽의 결혼식에서 혼인 선언문으로 쓰이는, 가장 선호하는 성경 구절 중 하나다(그러나 이 말이 여자가 여자에게 한 고백이라는 사실을 아는 사람은 그리 많지 않은 것 같다). 룻은 이렇듯 그 당시 여성들에게 지극히 당연한 삶의 방식이었던 '아버지의 집'으로 돌아가는 것을 거부한다. 그녀는 자신의 삶을 외부적인 평가와 가치 기준에 맞추지 않고 오로지 자기 내부의 소리에 귀 기울이며 사랑과 관계를 선택하고 책임진다. 결국 룻의 강렬한 의지와 사랑은 나오미의 마음을 움직여 그 둘은 함께 나오미의 땅으로 돌아가게 된다.

룻과 나오미를 이어주는 또 다른 끈은 그녀들이 맞아야 하는 현실에 있다고도 하겠다. 룻과 나오미는 서로의 약함과 강함을 잘 알고 있었다. 이를테면 이방인인 룻은 이스라엘 땅에 발붙이기 위해 본토인인 나오미가 필요했다. 또한 늙고 힘없는 나오미는 이삭을 줍기 위해 더 이상 들로 나갈 수 없기에 젊은 여성의 도움에 의지할 수밖에 없었다. 두 여성은 살아남기 위해 상대방의 도움과 보호가 절대적으로 필요했던 것이다. 바로 이런 점이 이 이야기가 여성들의 연대의식을 나타내는 일면이라 할 수 있다.

6_ Die Heilige Schrift, Aus dem Grundtext uebersetzt, Elberfelder Bibel rividierte Fassung, 3. Sonderauflage 1992, R.Brockhaus Verlag Wuppertal und Zuerich, S.332.

아울러 생각해야 할 점은 룻과 나오미를 연결하는 다른 변수들이다. 심리적인 측면에서 이 두 여성은 그녀들의 관계를 더욱 단단하게하는 고통스럽고 힘든, 똑같은 과거를 갖고 있다. 사회적으로 그녀들은 법적으로 아무런 권리도 가질 수 없고 그 누구로부터 보호받을 수도 없는 과부다. 더 이상 희망을 가질 수 없는 두 여인의 밑바닥 삶은오히려 그들을 강하게 연결시켜주고 있다는 것이다.

이 룻의 이야기를 지금 여기 우리들의 입장에서 생각해보기를 바란다. 우리가 이 이야기 속의 인물들이라면 어떻게 할 것인가? 나오미의 다른 며느리 오르파처럼 고향으로 돌아갈 것인가, 아니면 룻처럼행동할 것인가. 룻의 이야기에서 의문이 드는 것은 그 무엇이 룻으로하여금 나오미를 따라가게 했는가, 나오미에 대한 룻의 강한 의지와사랑의 정체를 어떻게 이해해야 하는가 하는 점이다. 룻의 저자는 이에 대해 침묵하고 있다. 바로 이런 점 때문에 성경을 이해하기 어려울때가 많은 것이다. 행간의 뜻을 헤아리는 것, 글자 뒤의 숨은 의미를읽는 것은 성경을 이해하는 데 무엇보다도 중요하다.

나오미에 대한 룻의 불가항력적인 사랑과 의지는 룻의 마음에 있다고 본다. 늙고 아이가 없는 나오미는 미래가 없는, 따라서 희망이없는 존재다. 그녀가 마주해야 하는 엄연한 사실은 빈곤과 소외감이라는 비통한 현실이다. 절망적인 삶과 고통을 가진 자를 어떤 이들은외면하지만, 또 어떤 이는 그 절망과 고통 때문에 그를 더욱 가까이하기도 한다. 룻은 바로 후자에 속한다고 할 수 있다.

룻은 나오미의 불행을 결코 간과하지 않았다. 가난한 사람의 불행은 스스로 자신에 대한 희망을 버리는 것에 있다고도 할 수 있다. 스스로 무너지지 않는 한 어느 누구도, 그 무엇도 그 사람을 추락시킬 수 없는 법이라고 생각한다. 결국 불행은 스스로 날아오르기를 포기할 때 생기는 것이다. 나오미가 귀향한 후에 이웃들에게 자신을 소개한 대목은 이 점을 여실히 나타내고 있다. "더 이상 나를 나오미라고 부르지 말고 마라라고 불러라."룻기 1장 20절 나오미라는 뜻은 '사랑스러운 자'임에 반해 마라는 '비통한 자'를 뜻한다. 나오미의 말은 낯선 이국땅에서 고난의 가시밭길을 온몸으로 겪은 한 여인의 절망적인 고해성사라고 할 수 있다. 이런 나오미에게 보여준 룻의 따뜻한 사랑은 인간성을 회복하기 위한 최선의 처방이 무엇인지를 일깨워주며, 더불어 살아가는 것의 의미를 깨닫게 해준다고 할 수 있다. 이렇듯 룻의 사랑과 실천은 두 여성이 서로 인간이라는 점을 깨닫게 한다는 것에 의미가 있다. 룻은 나오미에게 하느님의 피조물로서 인간이 마땅히 가져야 할 품위와 자긍심, 내면의 성스러움을 되돌려주었다는 것이다. 그리고 이 존엄성은 바로 룻의 것이기도 했다.

룻의 이야기는 예수의 '선한 사마리아 사람'의 비유를 생각나게 한다. "누가 내 이웃입니까?"누가복음 10장 29절라고 어떤 율법사가 예수에게 물었다. 이 질문에 대한 예수의 대답은 강도를 만난 이를 도와준 사람에게 초점이 있는 것이 아니다. 핵심은 바로 그 반대편에 있다고 할 수 있다. 예수는 되묻는다. 강도를 만난 사람에게 이웃은 과연 누구냐고._{누가복음 10장 36절} 그는 바로 강도를 만난 그 사람에게 다함이 없는 친절과 깊은 사랑을 보여준 사람이라고 했다. 사마리아의 이름 없는 어떤 이방인이 실천한 사랑이 이스라엘의 엄격한 율법에 물음표를 달아준 것이다. 이 누가복음의 비유에서 이웃의 주체는 어려움에 처한 사람에게 놓여 있으며, 그를 위해 기꺼이 도움을 준 사람이 바로 그의 이웃이다. 예수는 이를 통해 우리에게 자비를 베푸는 자로서 고난 받는 자의 이웃이 되라는 실천적 행동을 요구하고 있다._{누가복음 10장 37절}

롯과 나오미의 우정과 연대감은 그녀들의 개인적인 삶을 넘어 다른 여성들 또한 고무시키고, 자신들의 운명을 공동체와 역사 안에 당당히 서게 했다. 여성들의 역사를 비개인적인 것으로 만드는 데 기여하며 여성 공동체를 정치화하는 데 한몫한 것이다. 나오미와 룻의 이웃 여성들은 룻의 아들에게 축복을 기원함으로써 이스라엘 후대의 번영을 예언한다. 그리고 이후 이웃의 여성들은 룻의 아들에게 이름을 지어주는데(그가 바로 다윗의 할아버지다), 이는 이스라엘 민족의 계통학에 한 획을 긋는 여성들의 능동적인 행위로 이해할 수 있다. 여성들의 집단행동이 중요한 것은 단순한 동네잔치를 넘어 이스라엘의 운명 공동체에 적극적으로 관여했다는 사실 때문이다. 이스라엘 민족에게 정치와 종교는 따로 생각할 수 없는 것이었다. 이 특수성을 감안한다면 이스라엘 역사에서 다윗이 갖는 정치적·종교적 위상을 통해 그녀들이 정치·종교의 주체자가 되었다고 볼 수 있는 것이다.

성경을 이해하고 해석할 때 중요한 점은 역사적인 사건들을 단순히 전달하고 지난날의 이야깃거리로 보존하는 데에 있지 않다. 성경속 이야기들은 체제와 기득권층의 옹호에 있는 것이 아니라 그 반대라고 할 수 있다. 이긴 자와 가진 자의 역사를 뒤집어보면 다름 아닌진 자와 약한 자의 역사다. 따라서 인간의 역사를 새롭게 볼 수 있고다르게 이해할 수 있다(참고로 억압 받는 계층의 역사를 통해 억압하는 계층의 지배구조와 이데올로기를 분석할 수 있다. 성적 소수자들을향한 다양한 형태의 '억압의 역사'는 바로 이성애가 행한 '횡포의 역사'의 다른 이름이라고 할 수 있다). 성경은 사회를 변화하게 한 이야기를 마음속 깊이 간직하게 한다. 그러므로 모든 억압과 불의에 맞서는 작은 불씨로 거듭 읽히고 새롭게 이해되어야 한다. 이런 점에서 성경 해석은 때때로 하느님의 계시를 알리는 선지자적인 예언의 한 모습이라고 할 수 있다.

이웃을 긍휼히 여겨 온몸으로 다가간 룻은 여호와에게 긍휼히 여겨져 오늘에 이르기까지 회자되고 있다. 룻의 실천적 사랑 이야기는 예수를 따르는 오늘의 우리들에게 다음과 같은 준엄한 말을 생각하게 한다.

지극히 작은 자에게 한 것이 곧 내게 한 것이다.

마태복음 25장 40절

역사를 마주보고, '지금, 여기'를 사는 것

_일본에 살고 있는 한 사람의 레즈비언으로서, 기독인으로서

호리에 유리 堀江有里

나의 '지금, 여기'

나는 지금 '일본'에서 태어나 '일본' 국적을 갖고, '일본'인으로서 사는, 그리고 결국에는 이 '일본'에서 생을 마감하게 될 사람으로서 글을 쓰려고 한다. 일본에 사는 한 사람의 레즈비언으로서, 그리고 한 사람의 기독인으로서.

나는 세대에 따라서 다르게 받아들일 수 있는 '일본'이라는 말을 처음부터 연달아 썼다. 어떤 사람은 일본이라는 말이 줄지어 나오는 것만으로도 이 글을 읽고 싶은 마음이 사라졌을지 모를 일이다('일본'

이란 단어는 다양한 문제를 내포하고 있다. 현재 일본에는 식민지 지배를 거쳐 류큐오키나와의 옛 지명와 아이누홋카이도의 소수 민족의 땅도 편입되어 있다는 것을 잊어서는 안 된다). 또 어떤 사람은 여기서 역사를 중심으로 다루는 것도 아니거니와 바다 너머 소중한 프로젝트에 참여할 수 있게 된 것을 있는 그대로 기뻐하면 될 것을, 하고 생각할지도 모르겠다.

그러나 이것은 내 자신이 먼저 마주하지 않으면 안 되는 일이다. 내가 속해 있는 일본기독교단이라고 하는 교파는 다양한 교파가 연합해 만든 일본 개신교 중 가장 큰 교단이다. 일본기독교단은 1941년 일본제국주의와 식민지주의의 국가 정책에 의해 탄생했다.[1] 재물과 토지는 물론 사람의 마음과 목숨까지 앗아갔던 체제에 적극적으로 가담해 온 집단이었다는 뜻이다. 내 자신이 레즈비언이라는 것을 공표하고 이 교파 안에 머물고자 했을 때 그 역사는 내 앞날에 커다란 그림자를 드리웠다. 이곳에 머물고자 한 이상 내가 속해 있는 교파가 일본제국주의와 식민지주의의 한복판에서 출발했다는 '빚'의 역사는 내가 마주 보고, 짊어지고 가야 할 책임 또는 부담이라고 여겼기 때문이다.

나의 '지금, 여기'에는 그러한 출발점이 있다. 그렇기 때문에 이 책에 내 목소리를 더할 수 있게 된 기회를 얻은 것은 내게 매우 커다란 경

1_ 일본기독교단은 1969년에 오키나와기독교단과 합치면서 두 번의 통합을 거쳐 형성된 교파다. 과거 일본기독교단은 전쟁 때 오키나와 교회를 버렸지만(구체적으로 말하면 일본 본토로부터 건너간 목사가 전쟁이 나자 철수했고 오키나와 교회의 등기를 말소했다), 전쟁 후 오키나와는 독자적으로 오키나와기독교단을 만들었고 후에 일본기독교단과 합치게 되었다.

힘이다. 한일 기독교의 연대라는 모색의 과정이 '동성애자' 또는 '성소수자'라고 하는 키워드에서 시작되려 한다는 것, 아니 이미 시작되고 있다는 것, 이러한 일들로부터 내가 얻을 수 있는 힘이란 분명 내가 짐작하고 있는 것보다도 훨씬 더 큰 것이리라 생각한다. 점과 점이 만나 선이 되고, 선이 어울려 면이 되고 그리고 면이 모여 공간이 되듯, 우리들의 연결 또한 그러하길 바라면서 일본의 한편에 있는 현장을 소개해보고자 한다.

일본의 기독인과 성적 소수자

일본 그리고 기독교

일본의 기독교 인구는 가톨릭천주교, 서방교회, 동방정교회동방교회, 개신교를 합쳐 총인구의 1퍼센트에 못 미치는 소수자다. 물론 일반적으로 호텔 등에서 하는 상업적인 결혼식(당연히 대략 100퍼센트가 이성 간의 결혼식이다)은 약 70퍼센트가 기독교식 예식이며, 크리스마스 시즌이 되면 거리는 전등 장식으로 물든다. 또한 기독교 계통 학교도 '상품(브랜드)'으로서의 인기가 높다. 그렇다고 해서 사람들이 예배나 미사 그리고 교회라는 조직에 흥미나 관심을 많이 갖고 있는 것은 아니다.

예를 들어 내가 처음 만난 사람으로부터 직업에 대한 질문을 받을 때 "목사입니다"라고 대답하면 놀라는 경우가 많다. 때로는 "네? 여자도 목사가 될 수 있어요?"라는 소박한 질문이나 "기독교는 동성애자를 박해해온 종교죠? 왜 굳이 그런 곳에 있어요?"라는 근원적인 질문을 던지는 경우도 적지 않다. 기독교 자체가 일본 사회에 커다란 의미를 갖는 일이 거의 없다는 것은 엄연한 현실이다. 기독교의 이미지는 상업적인 혹은 청렴, 순백, 친절(때로는 위선적인) 등으로 형용되는 어딘가 '나와는 먼' 이미지로 묘사되는 경우가 대부분이다.

그러나 기독교 교회에도 분명 동성애자나 성적 소수자(트랜스젠더, 양성애자 등)는 존재한다. 그중에는 일상 속에서 고뇌하다 "수고하며 무거운 짐을 진 사람은 모두 내게로 오너라. 내가 너희를 쉬게 하겠다" 마태복음 11장 28, 29절라는 간판을 보고 새롭게 교회 문을 두드린 사람도 있다. 그렇다고 기독교가 동성애자에 대해 배타적인 태도를 갖는 것을 무시할 수는 없는 일이다.

동성애자 커뮤니티가 만들어지다

일본 기독교 내에서 동성애자레즈비언, 게이 커뮤니티가 생겨난 것은 1990년대부터다. 1980년대 후반의 일본 사회에는 동성애자의 인권 문제가 화두로 떠올랐다. 이전에도 동성애자들의 커뮤니티는 있었지만 이때부터 크게 달라진 것은 동성애자들이 스스로 목소리를 내며 사회를 향해 인권을 주제로 내걸기 시작했다는 점이다. 그런 사회 흐름에 커다란 영향을 받아 기독교 내에서도 동성애 커뮤니티

활동이 시작되었다. 그 가운데 하나가 현재 교토에서 활동 중인 '신앙과 섹슈얼리티를 생각하는 기독인 모임Ecumenical Community for Queer Activism: ECQA'이다.

ECQA는 동성애자를 비롯한 성적 소수자가 안심하고 활동할 수 있는 장 만들기, 성적 소수자에 대한 차별을 (재)생산하는 기독교 안에서의 차별에 대항할 힘 키우기라는 두 가지 축을 그 활동 목표로 한다. 이러한 목표 아래 정보 수집과 정보 제공, 뉴스레터와 소책자 발행, 동성애자 지원, 정기 모임(성서 연구) 또는 독서 모임 등 개최, 학습 모임 등에 발제자를 내보내는 것 등의 활동을 하고 있다.

현재 종이 매체로 인쇄된 뉴스레터를 발행하고 있는 기독교 내 성적 소수자 단체는 ECQA밖에 없다(도쿄에는 그리스도의 바람이라는 예배 모임이 있고, 삿포로나 나고야 등에도 동성애자 커뮤니티가 있지만). 인터넷에 연결할 수 있는 사람들은 많은 정보를 얻을 수 있지만 그렇지 못한 환경에 있는 사람들은 여전히 거의 정보를 얻을 수 없다. 그렇기 때문에 ECQA에서는 종이 매체로 정보를 전달하는 것에 비중을 두고 대략 연 4-5회, 각 160부를 발행해 100명 정도의 회원들에게 배포하거나 집회 등에서 판매해왔다(이렇게 표현하면 큰 단체처럼 보이겠지만 회원들 대부분은 성적 소수자의 상황에 마음을 실어주는 지지자들로, 실질적으로 활동하는 사람은 몇몇이다. 계속 이어가는 것이 힘이라는 신념을 갖고 근근이 활동을 해나가고 있다고 하는 것이 솔직하겠다).

ECQA가 발족하게 된 것은 1994년 8월 HIV/AIDS 관련 인권 운동에 몸담고 있는 사람들의 초대에 의해 교토에서 개최된 기도회가 계기가 되었다. 그곳에는 각지로부터 레즈비언, 게이, 바이섹슈얼 여성 등 여섯 명의 성적 소수자도 모였다. 나도 참가자 중 한 사람이었는데 그곳에서 잊을 수 없는 만남을 가졌다. 한 게이(당시 HIV에 감염되어 AIDS가 발병한 A씨)와의 만남이었다. 자기소개를 하던 중 A씨와 나는 이미 서로의 이름을 알고 있다는 것을 깨달았다. 그는 아시아 지역 관련 운동 담당자였고 나는 에큐메니컬 Ecumenical 청년 운동과 관계를 맺고 있었는데, 뉴스레터 등을 통해 서로의 이름을 알고 있었던 것이다. 그때 우리들은 '동성애자'로서(그는 게이로서 그리고 나는 레즈비언으로서) 새롭게 다시 만났다. 그가 헤어질 때 했던 말은 지금도 내 마음속에 남아 있다.

"이제부터는 우리들이 시작하지 않으면 안 되는 거야."

우리들은 각자의 무리 속에서 다양한 차별과 인권 문제를 접했고, 이에 자극을 받아 그 무리 속에서 활동을 해왔다. 그 활동은 누군가 만들어온 것이었다. 그러나 이제부터는 동성애자로서 자신들이 놓여 있는 상황을 제대로 마주하며 스스로 '첫걸음'을 내딛지 않으면 안 된다. 이미 만들어진 길 따위는 어디에도 없다. 다른 누군가가 아닌, 여기 있는 우리들이 새로운 '만남'을 만들어가는 길을 걸어가야 한다…… . 그때 나는 그의 한마디가 이러한 메시지였다고 생각했다. 그리고 이듬해 나는 그의 죽음을 알게 되었다. 그는 이제 없다. 그리고 내 앞에는 그와의 약속만이 커다란 과제로 남겨져 있다.

한편 그 기도회를 계기로 만난 우리들은 같은 해 11월에 '성 소수자와 함께 축하하는 크리스마스 예배' 준비위원회를 발족했다. '함께'라고 표현한 것은 참가 자격이 '성적 소수자'로 한정되지 않고 이성애자도 포함되었기 때문이다. 그 후 멤버들은 정기적으로 모임을 가질 필요성을 느꼈고 한 달에 한 번씩 만나 각 교회 및 신앙생활, 섹슈얼리티, 가족 등을 주제로 이야기를 나누었다. 그 자리에 모인 동성애자들 다수가 이야기했던 것은 그곳에 오기까지의 고립감이었다. 1990년대 중반의 일본에는 큰 도시를 중심으로 다양한 커뮤니티가 있었고 게이 남성을 대상으로 한 '동료들과의 만남'을 갖는 장소가 늘기 시작했다. 그러나 그곳에서 교회나 신앙생활에 대해 이야기를 나누기는 어려웠다(이러한 어려움은 기독교 인구가 1퍼센트 미만인 일본의 특징일까? 아니면 종교와 그 '외부'를 둘러싸고 있는 벽이 두꺼운 곳의 공통점일까?).

흥미롭게도 정기 모임에 기독교와 관련 있는 사람들만 오는 건 아니었다. 다양한 동성애자 커뮤니티에 가보아도 좀처럼 익숙해지지 않았다거나 바bar와 같은 곳에서는 느긋하게 진지한 이야기를 할 수 없기 때문에 ECQA 정기 모임에 참가하는 사람들도 적지 않았다. 기껏해야 열 명 정도의 규모였지만 모임은 이렇게 다양한 사람들이 함께하는 장이 되었다. 다양한 배경을 가진 사람들이 자신의 생각을 진지하게 이야기할 수 있는 공간, 굳이 말하자면 제도적인 교회 공동체에 '본래 있어야 할 모습'으로 바라왔던 자리가 그곳에 있었던 것일지도 모른다.

ECQA을 통해 '비안ビアン교회'가 만들어져 활동하기도 했다. '비안'이라는 것은 '레즈비언'의 줄임말로 일본의 레즈비언 커뮤니티에서 자주 사용되어온 말이다. 레즈비언은 동성애자로 뭉뚱그려 표현되는 경우가 많았고 독자적으로 존재가 인식되는 경우가 드물었다. 그래서 레즈비언의 가시성을 높이자는 의도와 목사였던 내가 레즈비언이라는 것, 그리고 어감이 좋다는 점을 감안해 비안이란 이름을 지었다.

이 교회는 기록상 일본에서 처음으로 '성적 소수자' 인권 문제와 씨름하는 것을 가장 중요한 과제로 내건 교회였다. 집회 장소 사용과 관련해 일본기독교단 교토 교구의 협력을 받기도 했고, 장차 정식 교단 교회로 신청하고자 하는 목표도 있었지만, 1998년부터 2년간 활동한 후 중단하게 되었다. 그 이유는 일본기독교단이라는 조직이 안고 있는 제반 문제를 짊어지는 것에 대해 구성원 간 합의가 되지 않았던 것과 게이 남성이 많아져 레즈비언이 참여하기 어렵다는 목소리가 생긴 것, 그리고 다른 교회와의 차이가 커지면 문제 해결이 되지 않는다는 것 등이었다. 이러한 점들에 대해 이야기를 거듭해 나갔지만 결국은 의견 차이를 좁히지 못한 채 중도에 그만두게 되었다. 이는 큰 문제를 남겼다. 그로 인해 참가자들이 뿔뿔이 흩어졌고 아직까지 회합을 재개하지 못하고 있는 것이다(그 후 2000년대에 들어서 성적 소수자가 모일 수 있는 장소를 만들어내고자 하는 것을 하나의 목적으로 둔 교회들이 도쿄와 교토에 생기고 있다는 것을 덧붙여두고자 한다).

여기서 한 가지, '동성애자'라는 같은 속성을 갖고 있어도 젠더의 차이가 존재한다는 것을 간과해서는 안 된다는 점을 말하고 싶다. 페미니즘이 오랫동안 지적해왔다시피, 우리 사회의 남녀 간에는 여러 면에서 권력관계가 개입되어 있다. 그런데 '동성애자'라는 속성은 그 권력관계를 은폐해버릴 때가 있다. 비안교회에서의 활동 역시 '여'와 '남'의 권력관계라는 '당연한 사실'이 지워진 과정이 있었다.[2]

일본기독교단의 '동성애자 차별 사건'

1998년, ECQA에 커다란 영향을 미친 사건이 일어났다. 커밍아웃을 하고 목사고시를 치르려고 했던 게이 남성에 대해 "간단하게 인정할 일은 아니다"라는 일본기독교단의 발언이 있었던 것이다. 이미 이전부터 레즈비언이나 트랜스젠더 목사들이 커밍아웃을 해왔으나 일본 개신교파 대부분이 성적 지향이나 성인식(성에 대해 스스로 시인함)에 관련된 규정을 갖고 있지 않았기에 일본기독교단에서 문제가 된 적은 없었다. 예를 들면 내가 레즈비언으로서 커밍아웃한 것은 목사가 된 1994년 무렵이었지만 그때도 특별히 문제가 되지는

2_ 권력관계를 만들어내는 하나의 예로 자원의 젠더 격차가 있다. 예를 들어 총체로서 레즈비언 커플과 게이 커플 사이에는 커다란 경제적 격차가 생긴다. 한국과 마찬가지로 일본에는 동성 간의 파트너십을 보장하는 법률이 없다. 2004년 일본에서는 처음으로 동성 간 파트너십의 필요성에 대한 조사가 한 시민단체에 의해 실시되었다. 이 조사에서 레즈비언 커플의 경제적 불안과 파트너십 필요성의 상관관계가 드러났다(有田 外, 2006). 그뿐만 아니라 자원의 격차는 잡지나 바(bar) 문화 등 커뮤니티 형성의 존재 방식에 커다란 그림자를 드리우고 있다.

않았다. 당시 나는 일본기독교단에서 동성애자로 커밍아웃한 최초의 목사였다.

동성애자가 목사가 되는 것을 반대하는 사람들, 혹은 적극적으로 저지하려고 하는 사람들이 있다는 것은 지금 세계정세를 보고 있노라면 지극히 흔한 일이었을지도 모른다. 그러나 일본기독교단의 뜻있는 사람들에 의해 이 사건은 '동성애자 차별 사건'으로 이슈화되어 커다란 움직임을 일으켰다(이 사건에 관한 자세한 내용은 (외국어 문헌이라 송구스럽지만) 일본어로는 「堀江」[2006] 영어로는 「Horie」[2004: 2006]에 소개되어 있다. 또한 문제가 된 게이 남성은 결국 목사고시에 합격해 목사로서 활동하고 있다. 좋은 뜻으로든 나쁜 뜻으로든 그가 저항 운동에 참여한 일은 없다는 것을 덧붙여두고 싶다). 하나의 속성을 가지고 '목사로 인정할 수 없다'라고 하는 것은 '차별'이므로 이에 대한 저항 운동이 일어난 것이다. 이 저항 운동은 그간 성차별 문제와 씨름해왔던 여성들이 주요한 역할을 맡으면서 전국적으로 확대되어갔다. 일본기독교단에는 여성들의 투쟁에 의해 1988년에 성차별문제특별위원회가 생겨났다. 물론 이 움직임을 무너뜨리려는 사람들의 세력도 크게 있었지만[3] 문제가 생기면 목소리를 높일 필요성이 회원들 간에 발 빠르게 공유되었고, 목소리를 낸 사람들을

3_ 1988년 설립된 일본기독교단 성차별문제특별위원회는 2002년에 폐지되었다. 그러나 과제를 계승하고자 하는 사람들에 의해 2005년 1월에 일본기독교단성차별문제 연락모임이 결성되어, 이후 자발적인 단체로 활동을 이어가고 있다. 또한 동시에 1990년대부터 전후 보상문제와 관련해 한국정신대문제대책협의회를 지원하기 위한 평화성일 헌금운동을 13년 동안 전개해온 흐름도 있다.

지원하는 네트워크도 있었다. 나도 학생 때부터 이 네트워크에 참여해, 한 사람의 레즈비언으로서 많은 이성애자 여성들과 함께 저항 운동을 만들어갔다.

서양에서는 기독교 내 문제에 대해 동성애자들이 직접 행동에 나서는 것이 일반적이다. 그러나 일본기독교단은 좋든 나쁘든 '우리들 동성애자'라는 주어가 없다는 것이 큰 특징이었다. 많은 이성애자들이 책임을 맡아 전개된 저항 운동은 ECQA의 지원 고리를 넓히는 일이 되었다. 그리고 ECQA로서는 이 현상을 인식해 동성애자나 성적 소수자 단체라기보다는 교회가 갖고 있는 이성애주의라는 규범을 문제시하는 움직임으로서 큰 역할을 해나가게 되었다. 성 차별이나 동성애자 차별이나 같은 뿌리를 갖고 있다는 인식을 바탕으로 말이다. 그리고 그것은 동시에 바로 레즈비언이 처해 있는 상황을 상징적으로 나타내는 것이기도 했다.

이성애주의를 묻다 _ '기독교 비판'의 가능성

이성애주의라는 규범을 갖고 있는 기독교/교회를 마주 대하는 것, 그것은 기독교가 갖고 있는 역사를 마주 대한다는 것을 뜻한다. 기독교는 역사의 흐름 속에서 성과 관련되는 것을 기피하면서 동성애자에게 '죄' 라는 딱지를 붙여왔다. 그리고 이성애 모델을 기초로 한 '하나님의 가족' 을 강조하고 그 무리를 형성해왔다. 문제는 그런 '역사의 흐름' 이다. 나는 여기서 옛날에는 기독교도 동성애자에게 관용을 베풀었다라는 식의 이야기를 하려는 것이 아니다. 지적하고 싶은 것은 더 단순한 것이다.

애초에 '동성애자' 라는 카테고리 자체가 근대의 산물이며 그에 대응하는 형태로 '이성애' 라는 개념도 '발견' 된 것뿐이다. 즉, 기독교가 '동성애자를 배제하게' 된 것은 긴 역사 속에서 정말 짧은 기간에 지나지 않는다. 애초에 '동성애자' 라는 개념 자체가 없었기 때문에 배제하려 해도 할 수 없었다는 것이다. 물론 고대 문서가 모이고 쌓인 성경에도 '동성애(자)' 라는 문자는 없다.[4]

그럼에도 유독 서양을 중심으로 '기독교는 동성애(자)를 받아들일 수 있는가' 를 둘러싼 찬반 의견이 팽팽히 맞서고 있는 상황이며, 거기에는 '성서적 근원' 을 기반으로 한 논의가 있다. 이러한 논의에 어떻게 대처해갈 것인가, 그 방법론을 생각해볼 필요가 있다. 예를 들어 나는 실제 죽음을 택할 수밖에 없었던 동성애자들은 만나보았다. 달리 말하면 '기독교는 사람을 죽인다' 는 게 확실한 사실이란 것이다. 이러한 현실 속에서 긴급 처방으로서 한 사람이라도 더 살리려면 '성

4_ '동성애(homosexuality)' 라고 번역된 말이 영어 성서에 등장하는 경위에 대해서는 데이비드 할퍼린(Halperin, 1989)이 자세히 지적하고 있다. 히브리어, 그리스어 성서에는 존재하지 않는 개념이 사회적 배경에 의해 비집고 들어온 것을 시사하고 있어 흥미롭다. 이와 관련해 일본어 성경에도 동성애라는 번역어는 존재하지 않는다.

서적 근거'에 의해 동성애자 역시 하나님으로부터 축복 받은 존재라는 메시지를 보내는 일이 필요한 일일지도 모른다.

그렇다 하더라도 여전히 나는 더욱 근원적인 물음 앞에 서고 싶다. 그 근원적인 물음이라는 것은 동성애자를 배제하는 사람들에게 대항하기 위해, 그리고 동성애자를 옹호하기 위해 성서적 근원을 꺼내는 것이 과연 현명한 것인가라는 물음이다. 그렇게 하는 것이 오히려 차별의 주체이자 지금껏 이어진 기독교의 현실을 감추는 일이 되는 것은 아닐까. 지금으로서는 이런 의문이 계속 든다. 오히려 기독교 역사에 있는 '죄악'과 마주 서는 곳에 빛이 비치는 통로 또한 있는 것이 아닐지 생각한다.

이성애자 남성인 유대학·성서학 연구자 우에무라 시즈카上村靜는 "종교는 사람을 행복하게 하기 위해서 있는 것인데, 어째서 같은 종교가 종교의 이름으로 태연스럽게 사람을 죽이고 마는가"라는 소박한 질문으로부터 출발해, 유대교로부터 하나의 '컬트 집단'으로 분파된 기독교 역사를 더듬어간다. 거기에는 여러 역사적 국면이 있는데 그중 한 예로 예수의 '부활' 사건을 들고 있다.

예수의 제자들은 당연히 죽어 있어야 할 예수를 '보는' 경험을 통해 도리어 자신을 인식하고, 이러한 계기가 된 예수에게 그리스도론적인 칭호를 적용하였다. 제자들의 체험을 상징하는 것으로 '예수=그리스도'는 의미 있는 상징임에는 분명하나, 그들은 자신이 만들어낸 이 표상을 실체화, 절대화해버렸다. 그것은 예수를 버린 부담을 부담으로 떠안지 못해, 자기 정당화 수단으로 그 표상을 이용하려고 하는 '자아❀'가 끼어들었기 때문이다.

우리들은 '예수의 삶의 방식'으로 돌아가려 한다. 그러나 그 작업은 그것을 전해온 기독교 역사에 의해 늘 막히게 된다는 모순을 안고 있다. 우리들이 돌아가려 하는 예수의 삶의 방식이란, '예수를 버린' 사람들이 '자기 정당화'를 위해 꺼낸 이미지에 불과한 것이다. 그 모순과 마주 대하는 것을 통해 무엇이 보일는지 나는 아직 모른다. 그러나 그로부터 도망치지 않고 그 모순(벗어나고파 하는 내 약함을 포함해)과 마주 대하며 가는 수밖에 없다.

> 역사적 예수가 현대인의 다양한 관심사에 대한 책임을 부담할 의무는 없다. 그러한 활동을 하고 싶은 사람은 자기 몫을 감당해야지, 그 책임을 예수에게 전가해서는 안 된다. 그러나 여전히 예수가 특별하다면 그것은 자신을 비판하는 자로, 자신을 상대화하는 계기로서 그 앞에 서야 하는 것이다.
>
> - 우에무라 시즈카, 『예수, 사람과 하나님과 (イエス, 人と神と)』(2005)

모순을 안고 있는 역사를 마주 대하는 한편 우리들이 '예수의 삶의 방식'을 따라야 할 이유는 많다. 설령 그것이 '예수를 버린' 사람들이 '자기 정당화'를 위해 만든 이미지에 불과하더라도. 그리고 그보다 더 중요한 것은 역사적 예수의 삶의 방식을 찾아 구하면서 '자기비판을 하는 자', '자기를 상대화하는 계기'로 예수라는 인물을 계속 바라보는 일일지 모른다.

역사의 흐름 속에 '지금, 여기'에 서는 것

내가 살고 있는 '일본'이라는 나라의 역사를 묻는 것과 기독교 역사를 묻는 것은 내게 똑같이 중요한 일이다. 기독교의 모순을 마주 대하고 자기모순을 마주 대하는 것, 중첩되어 있는 차별에 저항해나가는 것, 그것은 피곤한 작업이기는 하다. 그러나 나는 다양한 모순을 깨닫고 그 하나하나에 마음을 기울이며 싸우는 동지들로부터 소중한 것을 많이 배웠다. '이상', '진실', '해방'이란 이 세상에 없는 것일지도 모르지만 그것을 모색해나가는 것, 그것을 위해 나는 '지금, 여기'에 있는 현실을 마주하며 저항하고 있다.

이 과정을 통해 얻게 된 사람들은 지금 나에게 바꿀 수 없는 '재산'이다. 내가 기독교 커뮤니티를 통해 많은 사람들로부터 건네받은 그 재산을 다시금 다른 누군가에게 건네줄 수 있다면 얼마나 좋을까하고 생각한다. '슬픔'이나 '고통스러움'으로부터 안이하게 도망치려고 하지 않는 것. 그리고 안일하게 '도움'을 바라는 것이 아니라

머뭇거리며 가는 것, 때로는 혼자서 때로는 동지들과 격려해가면서 갖가지 벽을 넘어 공동체가 이어져가는 것을 계속 꿈꾸고 싶다.

｜인용 참고 문헌｜

有田啓子, 藤井ひろみ, 堀江有里. 2006.「交渉・妥協・共存する『ニーズ』―同性間 パートナーシップの法的保障に関する当事者ニーズから」. 日本女性学研究会 『女性学年報』第27号, 4－28頁.

堀江有里. 2007. "〈レズビアン・アイデンティティ〉の可能性 ―日本におけるレズビア ン研究の構築に向けて". 日本国立大阪大学大学院人間科学研究科・2006年 度博士学位論文(社会学).

――. 2006. "Possibilities and Limitations of 'Lesbian Continuum': The Case of a Protestant Church in Japan". *Journal of Lesbian Studies*, Vol. 10, No.3/4, pp. 145～159.

――. 2006. 『「レズビアン」という生き方 ― キリスト教の異性愛主義を問う』. 新教出 版社.

――. 2004. "Power in Relation to the Structure of 'Heterosexism': Through the Perspective of Lesbian/Gay Ch ristians in Japan". Christian Confer- ence of Asia. *CTC Bulletin*, Vol. XX, N o. 3, pp. 88～92.

掛札悠子. 1992. 『「レズビアン」である、ということ』. 河出書房新社.

血縁と婚姻を越えた関係に関する政策提言研究会. 2004. 「同性間パートナーシップ の法的保障に関する当事者ニーズ調査・報告書」 (http://www.geocities.jp/seisakuken2003/tyosa/title.html)

上村静. 2005.『イエス — 人と神と』(fad叢書No. 1). 関東神学ゼミナール発行.

——. 2008.『宗教の倒錯 — ユダヤ教・イエス・キリスト教』. 岩波書店.

Wilcox, Melissa M. 2003. *Coming Out in Christianity: Religion, Identity, and Community.* Indiana University Press.

Brash, Alan. A. 1995. *Facing Our Differences? The Church and Their Gay and Lesbian Members.* WCC Publications.

Halperin, David M. 1989. *One Hundred Years of Homosexuality: And Other Essays on Greek Love.* New York and London: Routledge.

아! 사랑해 다윗, 정말…… 사랑해!

고상균

    이 글은 성서 중 사무엘(상)에 등장하는 이스라엘의 초대^{初代} 왕 사울과 그의 아들 요나단, 딸 미갈과 다윗의 이야기를 중심으로 재구성한 것이다. 이 이야기는 일반적으로 하나님의 명령을 거스른 사울왕의 실각과 다윗의 등장 그리고 정치적 이해관계를 뛰어넘는 사울의 아들 요나단과 다윗의 우정으로 해석되어왔다. 하지만 주요 등장인물들이 서로에게 느끼는 감정을 모두 '사랑하다(히브리어 원문으로는 아하브)' 라는 동일한 단어로 나타내고 있는 점을 눈여겨볼 때, 여성인 미갈이 다윗에게 가지는 감정을 '연정', 사울이 다윗에게 품은 마음을 군주와 신하 간의 '신뢰', 요나단과 다윗 간의 애틋함을 '우정'으로 단순하게 인식하는 것은 유대교와 기독교의 역사를 통해 강화된 이성애 중심적 사고에서 기인하는 해석이라 할 수 있다.

이 글은 이들의 감정이 다윗을 향한 '사랑' 혹은 '사랑에서 기인한 집착'이었다는 인식에서 출발한다. 이렇게 볼 때 다윗에 대한 사울과 요나단, 그리고 미갈의 심정은 모두 '아하브'였음을 느낄 수 있을 것이며, 이를 통해 이성애 중심적 성서 해석에 대한 다른 시각을 가져볼 수 있었으면 한다. 내용 중 성서를 직접 인용하거나 큰 변화 없이 대화체로 수정을 가한 정도의 인용은 해당 성서 구절을 각주를 통해 명시해 성서와 본문의 연관관계를 더욱 쉽게 이해할 수 있도록 하였다. 한편 이와 같은 관점에 대해 더욱 상세한 설명은 『성서가 말하는 동성애, 신이 허락하고 인간이 금지한 사랑』2003을 참조하기 바란다.

1

'내가 왜 이러는 거지?'

사울[1]에게 이런 감정은 처음이었다. 존경받는 예언자 사무엘[2]의 계시를 통해 이스라엘의 초대初代 왕이 된 후, 모압과 블레셋 등 이웃 강대국들의 끊임없는 침략과 호시탐탐 왕권 찬탈을 기도하는 부족장들로 인해 단 하루도 마음 편히 지내본 적이 없었던 사울이다. 이전에 비해 더할 나위 없이 풍성해진 식탁을 매일 마주하지만 베냐민[3]의 들판에서 소를 몰아 밭일을 한 후 일꾼들과 함께 먹었던 거친 음식만큼 먹음직스럽게 느껴지지도 않고, 온몸에 감기는 감촉 좋은 이부자리에 누워서도 예전 소박했던 잠자리에서 누렸던 편안한 단잠은 찾아오지 않았다. 그렇게 사울은 왕좌에 앉아 있는 시간만큼 점점 더 우울해졌고 의심이 많아졌으며 자기 스스로도 통제할 수 없을 만큼 괴팍하고 난폭해져갔다.[4]

이웃 강대국과의 힘겨운 싸움을 승리로 이끌고 당당하게 돌아오던 영웅 사울은 이제 악신에 들려 미쳤다는 흉흉한 소문의 주인공이 되어갔고, 급기야 대신들은 왕의 곁에서 그를 달래줄 미동美童을 수소문해 데려오기에 이른다. 빛나는 낯빛에 발그스름한 볼, 총명한 눈빛과 붉은 입술, 가지런한 하얀 이, 노동으로 단련된 단단한 근육과 날렵한 몸매…… 그는 미소년美少年 다윗이었다.[5]

1_ 성서에 등장하는 고대 이스라엘의 초대왕. 사무엘의 기름부음 의식을 통해 이스라엘의 왕으로 추대된 후, 블레셋·아말렉 등과의 전투를 승리로 이끈다. 하지만 신의 명령과 제사에 대한 규정을 어긴 죄로 왕권이 흔들리게 되고 결국 블레셋과의 전투에서 아들 요나단과 함께 죽음을 맞는다. 이후 그의 왕국은 다윗이 계승하게 된다.
2_ 왕정이 시작되기 전 활동했던 최후의 사사판관이며 예언자다. 신탁을 통해 사울과 다윗을 왕으로 추대한 인물로 등장한다.
3_ 성서가 말하는 사울의 부족.
4_ "여호와의 영이 사울에게서 떠나고 여호와께서 부리시는 악령이 그를 번뇌하게 한지라." (사무엘상 16장 14절)
5_ "…… 그의 빛이 붉고 눈이 빼어나고 얼굴이 아름답더라……." (사무엘상 16장 12절)

2

'이 나이에 부끄럽긴 하지만 다윗을 생각하면 정말이지 손발이 오그라드는 것 같아.'

신하들에게 불려와 조금은 긴장된 표정으로 자신 앞에 서 있는 이 매혹적인 소년을 보는 순간 사울은 방금 전 전령이 다급하게 전한 심상치 않은 블레셋군의 움직임도, 몇 가지 일로 말다툼을 벌였던 아들 요나단의 문제도, 틈만 나면 불만을 토로하는 지방 실권자들의 교묘한 비아냥거림도 더 이상 기억나지 않았다. 요나단과 미갈을 낳아준 부인과는 다른 짜릿한 첫 느낌에 사울의 피폐한 정신과 육체는 다시 생동감을 느끼며 살아 움직이기 시작했다.

사울은 언제부턴가 기습적으로 찾아오기 시작한 두통에 고통스러워할 때가 많았다. 그러나 그때마다 '얼마나 아프실까? 자, 이리 와서 편히 쉬세요'라는 표정으로 수줍은 듯 눈앞에서 조용히 하프를 연주하는 다윗의 목덜미와 우아하게 감은 두 눈, 그리고 현 위에서 섬세하게 오가는 손가락들과 그에 따라 매혹적으로 움직이는 두 팔의 근육을 바라보며 사울의 무시무시한 두통은 어느덧 씻은 듯이 사라지고, 마음속 깊은 곳에서 시리도록 설레는 사랑이 일렁이기 시작하는 것을 느꼈다.

이제 왕은 다윗 없이는 단 하루도 견딜 수 없을 것 같았다. 사울은 그렇게 점점 다윗에 집중하게 되었고 평상시에는 아무도 들지 않는 왕의 처소에 다윗을 들게 해 하프를 켜게 하고, 전시戰時에는 목숨과도 같은 사울의 병기를 들고 곁을 지키는 근위대원으로 언제나 다윗을 곁에 있도록 했다.[6]

3[7]

"쥐새끼 같은 이스라엘은 나와서 나의 노예가 되어라!"

오랜만에 찾아온 사랑에 평화롭고 설레던 사울의 행복은 블레셋의 명장名將 골리앗의 포효 앞에 흔들렸다. 사실 블레셋의 군사적 도발은 오래전부터 감지되고 있는 터였다. 그래서 각 부족들로부터 차출한 병사들로 나름의 대비를 하지 않았던 것은 아니었으나 강대국 블레셋의 정규군을 상대하는 것은 언제나 힘에 겨운 일이었고, 특히나 오랜 전쟁 경험이 있는 맹장猛將을 중심으로 일사분란하게 움직이는 대규모 정예군의 이번 침공은 이스라엘의 국운을 좌우할 만한 위기를 몰고 왔다. 블레셋의 폭풍 같은 공격에 이스라엘의 방어진들은 하나둘 무너져 갔고, 패퇴를 거듭한 끝에 마침내 이스라엘은 왕의 은신처마저도 안전을 보장할 수 없는 절체절명의 상황에 처하게 되었다.

6_ "다윗이 사울에게 이르러 그 앞에 모셔 서매 사울이 그를 크게 사랑하여 자기의 무기를 드는 자로 삼고……." (사무엘상 16장 21절)
7_ 3번 단락의 이야기는 사무엘상 17장의 이야기를 중심으로 엮은 것이다.

"이젠 우리에게 블레셋을 상대할 수 있는 더 이상의 힘이 없다는 말이오?"

절규와도 같은 왕의 추궁 앞에 신하들은 고개를 숙이고 있었고, 이를 바라보는 왕에게는 또다시 두통이 사신死神과 같이 엄습하고 있었다.

"두려워 마세요. 제가 군을 지휘하겠습니다."

통증과 두려움으로 인해 두 손으로 머리를 감싸 쥔 사울의 귀에 다윗의 낭랑한 목소리가 들렸다.

"걱정하지 마세요. 저들은 우리를 이길 수 없을 겁니다. 전 왕과 함께하기 전 들판에서 양을 지키며 사자와 곰과 싸우기도 했어요. 전 골리앗이 두렵지 않습니다. 당신 대신 전투에 나서 당신의 근심을 없애드리고 싶어요."

평상시처럼 부드러운, 하지만 단호함이 깃들어 있는 연인의 매혹적인 목소리는 사울을 위로하고 있었다. 그리고 그것이 단지 달콤한 위로에 불과한 게 아니었음이 밝혀지는 데는 그리 많은 시간이 걸리지 않았다. 오합지졸과 같은 이스라엘군을 업신여기며 성급한 전승戰勝의 단꿈에 젖어 있던 블레셋은 이스라엘의 기습에 혼비백산했고, 급기야 야전사령관 골리앗과 수많은 전사들의 주검을 엘라 평지에 버려둔 채 황망하게 철수하게 되었다. 이 결정적 전투를 선두에서 지휘한 다윗은 왕뿐만이 아니라 그 자리에 있었던 많은 이의 마음을 송두리째 흔들었고, 특히 그 가운데 한 남자는 적장의 피로 물든 왕의 칼을 치켜들고 승리에 환호하는 아름다운 청년에게서 이글거리는 시선을 거두지 못하고 있었다. 그는 바로 사울의 대를 이어 이스라엘을 통치할 왕의 아들, 요나단이었다.[8]

4

'근래 왕의 곁을 거의 지키고 있었다는데, 왜 나는 이제야 다윗을 알게 된 것일까? 그렇지. 수년 전 블레셋과의 전투에서 금식령禁食令을 어긴 문제로 아버지와 다툰 후 왕의 처소에 발걸음을 끊었었기 때문이구나.[9] 아…… 그날 이후로 단 한 번도 그를 생각하지 않은 밤과 그를 떠올리며 의식이 돌아오는 아침을 맞이하지 않은 적이 없어. 다윗…….'

요나단의 불같은 사랑은 다윗이 아버지 사울의 연인이라는 사실도 가로막지 못했다. 다윗은 왕의 아들이 자신에게 다가오는 것을 느끼며

8_ "… 요나단의 마음이 다윗의 마음과 하나가 되어 요나단이 그를 자기 생명같이 사랑하니라." (사무엘상 18장 1절)

9_ 사울이 전투 중 음식을 먹지 말 것을 지시하였으나, 이를 미처 듣지 못한 요나단이 숲에서 획득한 벌꿀을 취식한 사건이다. (사무엘상 14장 24~46절 참조)

당황했고, 사울이 있는 자리임에도 자신만을 바라보는 그의 뜨거운 눈길에 커다란 부담을 느꼈다. 하지만 요나단의 헌신적이고 적극적인 구애 앞에 그리고 자신과 몇 살 차이 나지 않는 청년의 풋풋함에 차츰 마음이 흔들렸다. 결국 다윗은 '나의 모든 것은 당신 것'임을 상징하는 요나단의 겉옷과 군복, 칼과 활이 든 선물을 받고 마침내 그의 진심을 마음속 깊이 받아들이게 되었다.[10]

"보고 싶었어."

사울이 대신들과의 회의를 주관하는 틈을 타 둘은 처소에서 은밀히 밀회를 가지곤 했다. 요나단이 보고 싶었다고 수줍게 말하면 다윗은 고개를 끄덕이며 환한 웃음을 지었다. 비록 발각될 경우 죽음까지도 각오해야 하는 위험한 사랑이었지만, 사랑하는 이와 함께한다는 행복은 그와 같은 위험까지도 짜릿한 기쁨이 되게 하고 있었다.

"언젠가부터 너에게 들려주고 싶었어."

연인의 품에서 나직이 속삭인 다윗은 왕에게 들려주던 하프를 꺼내 연주하기 시작했다. 황홀한 표정을 얼굴 가득 담은 채, 요나단은 연인의

10_ "요나단은 다윗을 자기 생명같이 사랑하여 더불어 언약을 맺었으며 요나단이 자기가 입었던 겉옷을 벗어 다윗에게 주었고 자기의 군복과 칼과 활과 띠도 그리하였더라." (사무엘상 18장 3~4절)

모습을 바라본다. 이때 이러한 두 사람을 노려보는 시선이 두 사람의 머리 위 창 너머에서 이글거린다. 이는 급작스러운 두통으로 회의를 중도에 파하고 연인의 연주를 듣고자 기별도 없이 다윗의 침소에 찾아온 사울이었다.

5

'그때 알아봤어야 하는데…….'

사울은 골리앗을 쓰러뜨리고 한달음에 달려와 승전을 전하는 자리에서 다윗을 바라보던 요나단의 눈길을 떠올리며 이를 대수롭지 않게 여겼던 당시의 자신을 원망하고 있었다. '그 후 요나단을 전방 사령관으로 보내기만 했더라도, 다윗을 좀 더 내 옆에 가까이 있게만 했더라도, 내가 좀 더 젊기만 했더라도…….'

어제까지만 해도 사랑스럽기만 했던 연인 다윗은 이제 죽이고 싶도록 미운 사랑의 배신자가 되었고, 자신의 아들은 그와 눈이 맞은 연적戀敵이 되어버린 참담한 상황 앞에서 사울은 평정심을 잃고 난폭해져갔다. 게다가 지난번 골리앗과의 전투에서 얻은 기적과 같은 승리 이후 그 공로가 왕에게 돌아왔던 이전과 달리 백성들은 새로운 전쟁 영웅 다윗을 기억하고 있었고, '사울이 전쟁에서 쓰러뜨린 군인은 수천 명인데 다윗은 수만 명이다' 라는 노래를 퍼뜨리며 사울의 왕권을 흔들려고 하는 부족들도 생겨났다. 평소처럼 눈앞에서 하프를 켜며 사랑스러운 미소를 지어 보이고 있는 다윗을 바라보며 사울은 끓어오르는 애증으로 자리에서 벌떡 일어났다.

"차라리 죽어버려!"

누가 말릴 틈도 없이 단창을 뽑아든 사울은 어리둥절한 표정으로 자신을 바라보고 있던 다윗을 향해 창을 던졌다. 하지만 정말로 다윗을 죽일 수는 없었던 것일까? 전쟁으로 단련된 왕의 투창 솜씨에도 불구하고 창끝은 가까이에 있던 다윗을 피해 갔다. 사울이 벽에 박힌 창을 뽑아 다시 던졌을 때 다윗은 벌써 그 방을 뛰쳐나가고 있었다.[11]

'내가, 내가 무슨 짓을 한 거지?'

두려운 표정으로 자신을 지켜보고 있는 신하들과 부들거리는 자신의 두 손을 바라보며 사울은 귀신 들린 듯 혼자 중얼거렸다. '이제 왕의 정신병이 다시 도졌다는 소문이 온 나라에 돌겠구나. 저 부족장 놈들은 좋다고

11_ "…… 그가 스스로 이르기를 내가 다윗을 벽에 박으리라 하고 사울이 그 창을 던졌으나 다윗이 그의 앞에서 두 번 피하였더라." (사무엘상 18장 11절)

손뼉을 치겠지. 그런 건 아무래도 좋아. 이제 다윗을 어떻게 만나지? 다윗…… 나에게서 도망쳐 요나단에게라도 간 것일까? 내가 정말 무슨 짓을 한 거지? 사울은 표적을 비껴간 단창처럼 자신의 운명이 다윗을 향한 사랑과 왕의 대로大路, 그 영화로운 길에서 점점 멀어지고 있음을 느꼈다.

6

"이제 출발하겠습니다. 왕이시여, 부디 건강하세요."

얼마 전 있었던 소동 이후, 요나단과 다윗의 사이를 갈라놓기로 작정한 사울은 다윗을 국경 수비대장으로 명했다. '다시는 그러지 않겠다고, 이제 요나단 따위는 아무것도 아니라고, 다시 나에게 돌아오겠다고, 그렇게 말해주면 안 되겠니? 난 너를 보내고 싶지 않아……' 마음속의 절절한 외침에도 불구하고 사울은 다윗의 인사에 차갑게 고개만 끄덕인다.

"지난번 패배한 블레셋이 전열을 가다듬고 있다는 첩보가 있으니 아마도 조만간 큰 싸움이 있을 것이다. 얼마 전 아말렉과의 전투로 전국의 전력을 국경에 집중할 여력이 없으니 현지의 전력으로 적을 저지하도록 하라. 이번 싸움에서 승리한다면 내 딸 미갈을 아내로 맞이하도록 해주겠다."

씨늘하도록 냉정한 왕의 말이 떨어지자 다윗은 놀란 마음을 감추지 못하고 고개를 들어 사울을 쳐다보며 휘둥그레 커진 눈으로 외쳤다.

'온 나라가 전력을 기울여도 막아내기 어려운 블레셋을 한 줌도 안 되는 변방 수비대로 방어하라니. 그리고 미갈과 혼인을 하라고? 나에게 는 전장에서 죽거나 마음에도 없는 결혼을 하는 것밖에는 선택할 수 있 는 게 없잖아!'

하지만 다시 고개를 숙인 다윗은 총총히 왕의 앞을 떠나 정원에 세워둔 말에 올랐고 이어 흙먼지를 일으키며 빠르게 왕의 처소를 빠져나갔다. 왕 의 집무실과 왕자의 침소에서 뻗어 나온 두 개의 시선이 각각 날씬한 허리 에 질근 동여맨 다윗의 전투용 가죽옷을 안타깝게 따라가고 있었다.[12]

7

"아버지 정녕 다윗을 죽이려 하십니까?"

"그게 무슨 소리냐! 난 블레셋으로부터 국경을 지키는 데 적임인 다

12_ "여호와께서 사울을 떠나 다윗과 함께 계시므로 사울이 그를 두려워한지라. 그러므로 사울이 그를 자기 곁에서 떠나게 하고 그를 천부장으로 삼으매 그가 백성 앞에 출입하며." (사무엘상 18장 12~13절)

윗을 현지에 보냈을 뿐이다."

"장수에게 필요한 아무런 지원도 하지 않은 채 명령만 내리는 것은 책임을 지고 죽으라는 것이 아닙니까?"

"너는 지금 왕인 내가 틀렸다는 말을 하는 것이냐? 무엄하다!"

"솔직히 말씀해보세요. 이는 다윗과 저의 관계에 대한 질투가 아닙니까?"

"네 이놈!"

이른 아침부터 요나단이 들이닥쳐 추궁하자 분노한 사울은 벽에 걸린 창을 집어 들려 했다.

"왜요? 저에게도 지난번 다윗에게 던졌던 그 창을 쓰시렵니까? 좋아요. 어차피 다윗을 만날 수 없다면, 그를 전쟁터에서 죽이시겠다면 저도 죽이세요!"

"다윗, 다윗, 다윗, 제발 그 이름을 그만 부를 수 없겠느냐?"

힘없이 창을 바닥에 떨어뜨리곤 왕좌에 털썩 쓰러진 후, 분노와 애증으로 떨리는 두 손에 얼굴을 묻는 사울이었다.

"아버지, 신하로서 다윗은 왕이신 아버지께 충직한 부하가 아닙니까? 그 어려운 여건 속에서도 지난 수개월 동안 블레셋의 공세를 필사적으로 막아내고 있지 않습니까? 그가 자기 생명을 바쳐서 충성을 다하고 있는데 어찌 무고한 이를 사사로운 일로 죽이려 하십니까?"[13]

"……."

"아버지, 다윗을 살려주십시오. 저에게 돌아오지 않아도 좋으니 제발 다윗을 죽이지 마세요."

이때 문이 열리며 전령이 급하게 들어와 외쳤다.

"전하, 기뻐하십시오. 이스라엘의 하나님이 우리와 함께하셨습니다. 다윗 장군과 국경 수비군이 힘을 합쳐 마침내 블레셋을 철수시켰습니

13_ "요나단이 그의 아버지 사울에게 다윗을 칭찬하여 이르되 원하건대 왕은 신하 다윗에게 범죄하지 마옵소서 그는 왕께 득죄하지 아니하였고 그가 왕께 행한 일은 심히 선함이니이다. 그가 자기 생명을 아끼지 아니하고 블레셋 사람을 죽였고 여호와께서는 온 이스라엘을 위하여 큰 구원을 이루셨으므로 왕이 이를 보고 기뻐하셨거늘 어찌 까닭 없이 다윗을 죽여 무죄한 피를 흘려 범죄하려 하시나이까?" (사무엘상 19장 4~5절)

다. 이는 임금님과 우리 모두의 경사이옵니다."

'다윗, 너를 어찌하면 좋겠니? 아, 다윗!' 사울은 점점 궁지에 몰리는 자신을 느끼며 힘없이 요나단에게 고개를 끄덕여 보였다.

8

'어찌해야 할까?'

미갈은 벌써 몇 시간째 침실에서 서성이고 있다. 골리앗을 꺾고 개선하는 다윗을 처음 보던 날, 준수한 외모와 용맹함까지 갖춘 저 눈앞에 있는 청년에게 호감을 가졌던 미갈이었다.[14] 하지만 그가 자기의 아버지 사울의 연인이었고 최근에는 자신의 오라비인 요나단과 친하게 지내고 있는 것 같다는 이야기를 시종으로부터 듣고 이루 말할 수 없는 충격을 받았다. 더더욱 용서할 수 없었던 것은 그러한 아버지가 자신의 의사는 물어보지도 않은 채 다윗과의 혼인을 강행했다는 것이었다.

14_ "사울의 딸 미갈이 다윗을 사랑하매 어떤 사람이 사울에게 알린지라 사울이 그 일을 좋게 여겨"
(사무엘상 18장 20절)

'아버지는 요나단과 다윗을 떨어뜨리려는 구실이자 백성들로부터 엄청난 신망을 받고 있는 다윗을 지척에 두려고 혼인을 추진한 것이지, 결코 나나 다윗을 위한 것은 아닐 거야.'

블레셋과의 전투에서 승리를 거둔 후, 더욱 많은 사람들이 다윗을 연호하고 그의 무리에 자원하는 이들이 늘어가고 있지만, 늦은 밤 미갈의 처소에 찾아오는 다윗의 표정은 오히려 더욱 어두워 보였다.

"미갈, 실은 당신에게 하고 싶은 말이 있어요."

거의 말이 없던 다윗이 무거운 표정으로 입을 열었다.

"알아요. 당신 마음…… . 당신이 무슨 말을 하려고 하는지도 알고요. 난 아버지와 오빠, 그리고 당신들의 마음이 어떻게 얽혀 있는지 다 알고 있어요. 그래서 나를 정략 결혼시킨 아버지와 침묵했던 오빠, 그리고 그 결정을 따른 당신 모두를 증오했어요. 하지만 어떤 면에선 당신도 피해자일 수도 있다는 생각이 들었어요. 사실 그런 점에선 아버지와 오빠 모두 불쌍한 사람이기도 하지요. 내가 원해서 이루어진 결혼은 아니었지만 정말 당신이 싫었다면 아마도 난 분명하게 의사표현을 했을 거예요. 당신과의 결혼은 어느 정도 나의 결정이기도 해요. 너무 미안해하지 마세요."

놀란 다윗의 눈이 미갈에게 고정된 채 촛불 앞에서 커다랗게 흔들렸다. 그리고 눈동자 가득 눈물이 고였다가 양 볼을 타고 떨어졌다.

"미안해요, 미갈. 정말 미안해요. 난 두려웠고 나약했어요. 창을 들고 나를 죽이려 했던 당신 아버지의 모습을 보며 살기 위해 시키는 건 다 할 수밖에 없었어요. 사람들은 나의 무공을 칭송하지만 그것 역시 살아남기 위한 그 이상도 그 이하도 아니었어요. 난 요나단을 사랑하지만 살기 위해 당신과 결혼하는 것 말고는 다른 방법을 찾을 수 없었어요. 미안해요, 미갈. 정말 미안해요."

"그래요. 이해해요. 누구라도 그런 상황에서는 어쩔 수 없었을 거예요."

"고마워요. 그리고 미갈, 실은 오늘 내게 매우 난처한 일이 생겼어요. 왕의 처소에서 열린 승전 축하연에서 만취한 사울이 내게 또 창을 집어 던지면서 죽여버리겠다고 소리를 질렀어요. 여기 있다가는 아마도 당신이나 나나 모두 위험해질 것 같아요. 어쩌면 좋을까요?"

"축하연에서 불미스러운 일이 있었다는 소식은 전해 들었어요. 실은 당신이 들어오기 전 우리 집을 경호하는 이들이 집 주변을 서성이는 무리가 있다는 말을 전했답니다. 아마도 아버지가 보낸 사람들이 분명한 것 같아요. 내가 아버지를 속일 테니 당신은 오늘 밤 이곳을 떠나세요."

"당신은 위험하지 않을까요?"

"난 왕의 딸입니다. 설마 나를 어찌하진 않겠지요. 현관은 그들이 지키고 있을 테니 내실 창문을 통해 은밀하게 나가도록 하세요."

"미갈, 너무 고마워요. 그리고 미안해요."

"너무 미안해하지 마세요. 그리고 잊지 마세요. 당신은 아버지의 정략에 의해서가 아니라 내가 선택한 남편입니다. 부디 건강하게 돌아오세요."

내실의 불을 끄고 얼마간의 시간이 흐른 뒤, 다윗은 말없이 눈빛으로 마중하는 미갈의 시선을 느끼며 창문을 넘었다.[15]

15_ "미갈이 다윗을 창에서 달아 내리매 그가 피하여 도망하니라." (사무엘상 19장 12절)

아! 사랑해 다윗, 정말…… 사랑해!　335

"이 멍청한 것들! 정녕 다윗을 놓쳤단 말이냐?"

숙취가 가시지 않은 무거운 머리를 흔들며 사울은 자객들의 보고를 받고 있었다.

"전하의 명령대로 집을 에워싸고 다윗이 들어가는 것을 확인했습니다. 그리고 주변 집들의 불이 꺼지고 잠이 들었을 때쯤 들어가 왕이 부르시니 나오라는 말씀을 전했습니다. 그런데 전하의 따님이신 미갈 공주님이 '장군은 지금 몸이 좋지 않아 누워 있으니 아침에 오라'고 하셨습니다. 새벽이 되어 다시 처소에 가니 공주님이 같은 말을 했고 더 이상 기다릴 수 없었던 저희들은 미갈 공주를 밀치고 침상에 달려갔습니다. 그런데 그곳에는 다윗이 없었고, 신상神像과[16] 염소털이 놓여 있었습니다."

"미갈, 이런……."

16_ 성서의 오랜 이야기 중에 신상 혹은 수호신상에 대한 언급이 나타나는 장면이 있는데, 본문과 함께 야곱이 장인에게서 떠날 때 부인 라헬이 친정의 수호신상을 훔치는 장면(창세기 31장 22~42절) 등이 대표적인 예이다. 이는 고대 종교가 지닌 공통적인 특성으로 생각해볼 수 있으며, 유대교 혹은 기독교 역시 보편적인 종교 발전의 단계를 거쳤음을 알게 해주는 성서의 흔적이다.

사울은 왕좌에 주저앉으며 다시금 마음속으로 다짐을 한다.

'그래 딸년마저 내 편이 아니란 말이지. 다윗 너는 나에게서 아들도 모자라 딸까지 빼앗았구나. 얼마 후에는 저 부족장 놈들과 민심을 이용해 내 나라까지도 내놓으라 하겠지. 내 반드시 너를 죽여주마. 그래서 내 사랑에 대한 배신과 왕권에 대한 도전이 얼마나 큰 잘못인지를 죽어서도 잊지 않게 해주겠다.'

10^{17}

"얼굴이 많이 상했네. 어디 다친 건 아니니? 보고 싶었어."

오랜만에 만난 연인의 초췌한 모습에 마음이 무너지는 요나단이었다. 벌써 수개월째 왕의 눈을 피해 암반 지역에 은거하고 있던 다윗은 유일하게 믿고 의지할 수 있는 연인 요나단에게 만나자는 연락을 전했던 것이다. 오랜만에 만나는 연인은 서로의 눈을 응시하며 부둥켜안고 눈물을 흘렸다.

17_ 10번 단락의 이야기는 사무엘상 20장 1~24절의 이야기를 중심으로 엮은 것이다.

"요나단, 나도 당신이 너무 그리웠어. 그리고 미갈은 어때? 당신 여동생은 당신과 나의 관계를 다 알고 있으면서도 나를 도와주었어. 당신을 만나지 않았다면 난 그녀를 사랑하게 되었을지도 모른다는 생각을 했어."

"그날 이후 왕이 미갈을 만나지 않긴 하지만 다른 위험은 없는 것 같아."

"당신과 만나는 것이 이렇게까지 죽을죄인가? 비록 그의 마음을 받아주지 못한 건 미안하지만 생각해보면 당신 아버지와 내가 연인은 아니었잖아. 그리고 신하로써 그 수많은 전투에서 앞장서 승리를 거두었는데 어떻게 이럴 수 있어? 난 정말 슬프고 억울해."

다윗의 이야기에 요나단은 마음이 아팠다.

"지금 아버지는 이성을 잃고 흥분해 계셔. 네가 자기의 마음을 받아주지 않은 것과 그 이유가 당신의 아들 때문이라는 것, 그리고 너의 명성이 흔들리는 당신의 권좌를 위협한다고 느끼면서 분노가 더 커진 것 같아."

"그럼 요나단, 이제 나는 어찌해야 할까? 평생 이렇게 도망 다닐 수는 없잖아?"

"그래 언제까지나 이럴 수는 없지. 그럼 이렇게 하자. 내일은 왕과 내가 정기적으로 궁술弓術을 연마하는 날인데 너는 그곳 표적 부근 바위 뒤에 숨어 있도록 해. 내가 너에 대해 잘 이야기해보도록 할게. 난 일부러 과녁을 비껴가게 활을 쏠 거야. 만약 왕이 너를 해할 뜻을 거두게 된다면 시종에게 큰 소리로 '너무 멀리 갔다. 이쪽으로 오면서 주워라'라고 외칠 것이고, 왕이 계속해서 뜻을 굽히지 않는다면 '거기가 아니야. 더 멀리 가야 해'라고 외칠게. 넌 그 소리를 듣고 상황을 판단하면 될 거야."

"알겠어. 그렇게 할게. 부디 당신도 조심해. 이 일로 당신이 다친다면 난 정말이지 너무 슬플 거야."

앞날을 알 수 없는 안타까운 연인은 말없이 부둥켜안고 서로의 체온을 느끼고 있을 따름이었다.

$$11^{18}$$

"아버지, 드릴 말씀이 있습니다."

궁술 연마장에서 자신의 활시위에 활을 재운 요나단이 문득 뒤를 돌

18_11번 단락의 이야기는 사무엘상 20장 24~42절의 이야기를 중심으로 엮은 것이다.

아보면서 왕에게 말을 걸었다.

"갑자기 무슨 할 말이 있다는 것이냐?"

"얼마 전 대신들과의 식사자리에 다윗이 나오지 않은 것을 보고 사람들이 그 이유를 궁금해하자, 아버지께서는 부정이 있어 몸을 깨끗하게 하고 있는 것 같다고 말씀을 하셨지요.[19] 하지만 아버지께서는 다윗이 모습을 보이지 않는 진짜 이유를 잘 알고 계시지 않습니까?"

"지금 무슨 말을 하려고 하는 것이냐?"

"아버지, 다윗은 그날 이후 신변의 위협을 느껴 피신을 하고 있습니다. 아버지는 정녕 그를 죽이려 하십니까?"

한편으로는 다윗이 걱정되었지만 그보다 아들의 입에서 다윗의 이름이 나오는 것만으로도 이미 애증으로 분노가 치밀어 오르는 사울이었다.

"감히 내 앞에서 그 더러운 이름을 들먹이다니 넌 아직도 그를 두둔

19_ 이스라엘에는 신의 이름으로 전해지는 정결의 법이 있는데, 시체나 부정한 동물에 손을 댔을 경우와 같이 금기시되는 행동을 범한 이들은 일정 시간 동안 사람들과의 접촉을 차단하는 조치를 취했다고 성서는 전한다.

하고 있는 것이냐? 이 더러운 자식 같으니라고, 네가 아직도 그 놈과 단짝이 되어 놀아나는 줄 내가 모를 줄 아느냐? 그런 녀석과 놀아나다니 너에게도 부끄러운 일일 뿐만 아니라 이는 너를 낳은 네 어미를 발가벗기는 망신이다."[20]

요나단은 일순간 숨을 멈추었다. 아버지가 자신이나 다윗에게 좋지 않은 감정을 가지고 있다는 것은 익히 알고 있었지만 그 감정의 골이 이만큼이나 깊을 줄은 생각하지 못했기 때문이다.

"아버지 말씀이 너무 지나치십니다."

"지나쳐? 흥! 네가 하고 다니는 일에 비하면 이쯤은 아무것도 아니지. 그리고 너는 이 땅의 왕자면서 우리를 위협하는 부족장들의 움직임을 알고나 있는 것이냐? 이새[21]의 아들이 이 세상에 살아 있는 한 너도 안전하지 못할 뿐 아니라 너의 나라 역시 위태하게 될 것이야. 빨리 가서 그 녀석을 당장에 끌고 오너라. 다윗은 반드시 죽어야 한다."[22]

"제가 이을 왕위 따위는 아무렇지도 않아요. 그리고 다윗이 지방의 부족장들과 결탁했다는 증거도 없지 않습니까? 오히려 다윗은 아버지와

20_ 사무엘상 20장 30절 인용.
21_ 성서에 등장하는 다윗의 아버지이다.
22_ 사무엘상 20장 31절 인용.

이스라엘을 위해 험한 전쟁터의 선두에서 공을 세우지 않았습니까? 저와의 일을 빼고는 도대체 그가 무슨 못할 일을 하였기에 죽여야 한다는 말씀이십니까?"

"네 이놈! 다윗보다 너를 먼저 죽여야겠구나!"

분노에 부들거리는 사울의 손에는 창이 쥐어 있었다. 요나단은 문득 자신의 아버지가 정말 다윗을 죽이려고 한다는 것과 이제는 더 이상 오래 사시지 못할 것 같다는 생각이 들어 몸이 굳어졌다.

"알겠습니다. 아버지. 당신의 뜻을 잘 알겠습니다. 이제 그만 창을 내려놓으세요."

요나단은 무거운 표정으로 뒤돌아 활을 들고 과녁을 응시했다. 요나단의 슬픈 마음을 담은 화살은 과녁의 오른편으로 비껴 광야 풀숲으로 날아갔다. 이 어두운 분위기를 털어버리려는 듯 요나단은 큰 소리로 시종을 향해 말했다.

"이제 과녁과 주변에 떨어진 화살을 주워 오너라. 마무리하고 처소로 돌아가야겠다."

달려가는 시종의 뒤에서 요나단은 숨을 몰아쉰 뒤 외쳤다.

"아직도 덜 갔다! 화살이 더 먼 곳에 있지 않느냐? 빨리빨리! 서 있지 말고 빨리 달려!"

사울과 요나단의 어린 시종은 요나단의 마지막 말에 이상하게 울음기가 배어 있다는 생각을 했다.

'다윗, 이제 우리는 어떻게 되는 것일까? 아버지는 너를 정말 죽이려 하시는구나. 어서 빨리 달려 이 자리를 피하렴. 다윗 내 사랑…….'

12

"이제 우리는 아마 다시 만나기 어려울 거야."

다시 만난 다윗은 전보다 더 야위었으며 힘든 기색이 역력했다. 사실 몸이 크게 상하기는 요나단도 마찬가지였다. 아버지는 전보다 더욱 화를 자주 내고 있었고, 무엇보다 다윗을 더 이상 받아들이지 않을 거라는 안타까운 확신은 이제 요나단의 몸과 맘을 지치게 하고 있었다.[23] 다윗은 자신만큼 수척한 요나단의 얼굴을 만지며 그의 이야기가 사실이란 생각을 했다.

"그렇구나. 그럼…… 우리는 이제 각자의 길을 가야겠네? 당신의 아버지가 나를 죽이려 한다면 싫든지 좋든지 그에 대항해 싸워야 할 테니까."

눈물이 그렁그렁한 채 하늘을 바라보며 요나단은 애써 울음을 참으며 말했다.

"난 이제 곧 블레셋과의 국경으로 가야 해. 하하! 우리 다윗 장군님께서 계시지 않으니 나라도 가야겠지. 블레셋은 그동안 하도 번번이 패배를 당했기 때문에 그 분노와 기세가 대단하다네. 너 때문에 나만 힘들게 생겼어. 하하…… 흑…… ."

요나단은 말을 끝맺지 못하고 울음을 터뜨렸다. 연인의 상심과 사랑하는 사람을 다시 볼 수 없다는 슬픔에 다윗의 눈에서도 눈물이 흘렀다.

"비록 이렇게 슬픈 상황이 되었지만 난 너를 사랑해, 요나단."

23_ "…… 심히 노하여 식탁에서 떠나고 그 달의 둘째 날에는 먹지 아니하였으니 이는 그의 아버지가 다윗을 욕되게 하였으므로 다윗을 위하여 슬퍼함이었더라." (사무엘상 20장 34절)

"너를 행복하게 해주고 싶었는데 나 때문에 오히려 네가 더 힘들어진 것 같아 그게 너무 마음이 아프고 미안해. 내가 참 사랑하는 당신, 사랑해요. 그리고 정말 미안해요."

"아니야. 내가 더 미안해. 당신이 아니었다면 누군가를 기다리는 행복, 어떤 이를 떠올리는 설렘 그리고 그와 함께하는 기쁨을 나는 영원히 알지 못했을 거야. 요나단, 나를 만나줘서 그리고 나에게 먼저 다가와줘서 너무 고마워."

안타까운 이별에 두 사람은 서로를 부둥켜안고 하염없이 눈물을 흘렸다.

"비록 이렇게 헤어지지만 우리가 신의 이름으로 맺은 언약은 잊지 말자. 신께서는 우리뿐만 아니라 이후 우리를 기억하는 많은 이들 속에서 대대로 증인이 되어주실 거야.[24] 아! 사랑해 다윗, 정말 사랑해."

마지막 순간이 서서히 다가오자 두 사람은 끝을 알 수 없는 이별의 길 앞에서 눈물을 머금은 채 서로의 얼굴을 감싸 쥐고 깊은 키스를 나누었다.

24_ "요나단이 다윗에게 이르되 평안히 가라 우리 두 사람이 여호와의 이름으로 맹세하여 이르기를 여호와께서 영원히 나와 너 사이에 계시고 내 자손과 네 자손 사이에 계시리라 하였느니라 하니 다윗은 일어나 떠나고 요나단은 성읍으로 들어가니라."(사무엘상 20장 42절)

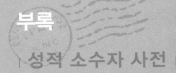

| 성적 소수자 사전 |

레즈비언 *lesbian*

여성 동성애자를 지칭하는 말.

게이 *gay*

1960년대 미국의 동성애자 커뮤니티에서 스스로를 긍정하기 위해 만든 은어(隱語)였으나 지금은 전 세계 공통적으로 동성애자를 뜻하는 용어로 쓰이고 있다. 최근엔 남성 동성애자만을 지칭해서 쓰는 경우도 많다.

양성애자 *bisexual*

정서적, 애정적, 육체적, 낭만적 끌림을 이성과 동성 모두에게 느끼는 사람. 흔히 양성애자는 이성과 동성에게 늘 양다리를 걸치는 바람둥이로 오해되지만, 이는 사랑하는 사람이 여성일 수도 있고 남성일 수도 있다는 가능성을 뜻하는 것일 뿐, 반드시 양성 모두를 동시에 사귄다는 의미는 아니다.

성적 지향 *sexual orientation*

한 사람이 다른 사람에게 느끼는 자발적이고 지속적인 정서적, 애정적, 육체적, 낭만적 끌림을 뜻한다. 성적 지향은 한 사람의 정체성을 구성하는 요소 중 하나로 자연스럽게 타고나는 것이며, 이 성적 지향 간에 우열을 따질 수는 없다. 성적 지향은 어느 특정한 시기에 발현되는 것이 아니며, 자신의 성적 지향에 대해 스스로 인지하고 수용하게 되는 시기는 사람마다 다를 수 있다.

성 정체성 *sexual identity*

자신의 성적 지향을 스스로 인식하고 받아들이는 것을 뜻한다. 동성애자, 이성애자, 양성애자, 무성애자 등으로 나눌 수 있다. 자신이 누군가에게 끌리고 있다는 성적 지향을 처음 느끼고 그런 반복되는 끌림에 대해 탐구하고, 검토하고, 고민하는 과정을 거치면서 마침내 자신을 동성애자, 양성애자, 혹은 이성애자로 정체화하게 되는 것이다.

트랜스젠더 *Transgender*

성전환수술을 한 동성애자로 착각하는 경우가 많지만 완전히 다른 용어다. 트랜스젠더는 갑자기 성별을 바꾸고 싶은 충동을 느껴 수술을 하는 사람이 아니라, 사회가 출생 시 부여한 성별과 주변 사람들이 기대하는 성역할이 스스로 인식한 성별과 맞지 않아 어려움을 겪는 사람이라고 할 수 있다. 트랜스젠더는 인류의 역사 속에 어느 시대, 어느 사회에나 항상 존재해왔다.

호모포비아 *homophobia*

동성애자에 대한 무조건적인 거부감과 비합리적인 혐오감을 뜻하며 '동성애 혐오증' 또는 그런 혐오증을 가진 사람, 단체 등을 지칭한다. 호모포비아는 동성애자들을 괴롭히거나 폭력을 휘두르고, 심지어 잔인하게 살해하는 혐오범죄로 이어지기도 한다.

커밍아웃 *coming out*

'벽장에서 나오다(come out of closet)'라는 구절에서 유래한 것으로 동성애자들이 자신의 성 정체성을 밝히는 것을 말한다. 가족이나 친구, 동료 들에게 자신이 동성애자임을 알리는 것뿐 아니라, 자신이 동성애자임을 스스로 받아들이는 것 또한 커밍아웃이라고 볼 수 있다.

이성애주의 *Heterosexism*

이성애만을 정상이라 전제하고 인간은 모두 '이성애자여야만 한다'는 강제 아래, 비이성애적 행위나 이와 관련된 정체성, 교제관계, 공동체를 거부하고, 모욕하고, 낙인찍는 이데올로기를 뜻한다. 이성애주의는 사회의 전반적인 관습과 제도 내에 뿌리 깊게 내려져 있으며, 남성우월주의적 태도와 전통적인 성역할을 강화시킨다. 사회 · 문화와의 상호작용 내에서 의식적으로 혹은 무의식적으로 배우게 된다.

출처

성적소수자사전, http://kscrc.org

Copyright (C)한국성적소수자문화인권센터, 2002-2010)

저자 소개 (수록순)

한 채 윤

이 땅에서 '동성애자로서 살아가는 것' 의 의미를 생각하다가 인권과 문화 운동에 관심을 갖게 되었다. 1998년에 한국 최초의 동성애전문지 《BUDDY》를 창간하는 사고를 친 후, 2002년에 한국성적소수자문화인권센터(kscrc.org)를 창립해 지금까지 즐겁고 행복하게 살기를 원칙으로 삼아 여러 친구들과 함께 재미난 활동을 벌이고 있다. 혁명을 꿈꾸진 않지만 이 세상 모든 사람은 존중 받을 가치가 있음을 믿기에, 사람을 사람답게 살지 못하게 하는 사회에 저항하는 것은 멈추지 않을 작정이다.

펴낸 책으로 『한채윤의 섹스 말하기』와 공저로 『성적 소수자의 인권』, 『섹슈얼리티강의, 두 번째』, 『여성주의 학교 '간다'』 등이 있고, 『성서가 말하는 동성애』, 『젠더의 채널을 돌려라』, 『우리는 지금 미래를 만들고 있습니다』 등의 기획 편집에 참여했다. 퀴어문화축제(kqcf.org)의 기획단이기도 하다.

임 보 라

서울 토박이로 우물 안 개구리처럼 살다가 1987년 5월과 6월, 눈에 덮인 비늘이 떨어지는 경험을 하면서 자신을 포함한 주변 사람들이 예상치 못한 길로 접어든 이래 쭉 한길을 가고 있다. 보수적인 교회에서 자랐으나 진보적인 교단으로 알려져 있는 한국기독교장로회에서 목사 안수를 받았다. 현재 명동에 있는 향린교회에서 부목사로 목회를 하고 있으며, 차별없는세상을위한기독인연대 공동대표를 맡고 있다. 사람이 밀집해 있는 곳에서 '목사님!' 하고 부르는 소리가 들리면 절로 고개가 돌아가면서도, 애용하는 액세서리와 옷차림 탓인지 실제로는 '목사 같지 않다' 라는 말을 더 많이 듣고 산다. 무지개의 색처럼 다양한 정체성이 서로 공존하고, 생명 있는 모든 것들이 존중받는 세상이야말로 하나님 나라라고 믿고 있으며, 그 실체를 구현해내기 위한 방법에 골몰해 있다.

박 총

글쟁이, 사역자, 기독교 생태주의자. 10년간의 연애 끝에 한 몸을 이룬 안해 및 네 아이와 더불어 다복하게 살고 있다. 월간 『복음과상황』의 필자이자 편집위원이며, 세상에서 가장 아름다운 책 『밀월일기』와 심각하면서도 유쾌한 책 『욕쟁이 예수』를 썼다. 변두리 동네에 둥지를 틀고 자본(맘몬)과 국가(권세)의 지배를 거스르는, 생태적이고 정의로우며 자유롭고 영성 깊은 삶을 벗님네들과 더불어 꾸려가는 꿈을 꾼다. 나이 마흔에도 '포에버 영(forever young)'을 외치며 레게 머리를 하고, 자식을 주렁주렁 달고도 현실보다 꿈을 좇는 자신의 모습을 들어, 삶의 모습이 너무나 획일적인 한국 사회와 교회에 한 줄기 숨통이 트이길 기대하고 있다.

유연희

어린 시절부터 지금까지 울보, 진상, 조폭 마누라 등의 별명을 가졌다. 여성들과의 리더십 세미나 때 가장 신나며 강력한 에너지를 발산한다. 노력이 필요한 분야는 음악이다. 주로 구약성서, 영어 예배, 리더십이라는 키워드를 가지고 활동한다. 페미니스트 해석, 퀴어 해석 등 새로운 성서 해석 방법론과 차세대 여성, 아시아 여성의 글로벌 리더십에 관심이 많다. 감동을 주는 삶을 사는 사람들을 보면서 자신도 그런 사람이 되고 싶다는 꿈을 꾸기 시작했다. 펴낸 책으로 『아브라함과 리브가와 야곱의 하나님』이 있으며, 옮긴 책으로 『하나님과 성의 수사학』, 『수사비평: 역사, 방법론, 요나서』 등이 있다.

고성기

교회에 다니면 모두 목사가 되어야 하는 줄 알고 재미있게 신앙생활을 하다 목사가 되었다. 하나님을 만나면 만날수록 인간을 더 깊이 알아가는 즐거움에 빠져 살고 있다. 교회라는 생명의 텃밭에서 이리저리 구르다 성문밖교회에서 목회하게 되었다. 성문밖교회는 예수 그리스도의 죽으심과 부활을 믿고 고백하는 신앙공동체다. 또한 돈과 권력, 명예에 지배당하지 않도록 경계하며, 말씀에 따른 나눔과 섬김을 지향하고, 중심이 아니라 변두리에서 정치·경제·문화·인종·성적으로 소외된 사람들과 어깨동무하며 살면서 하나님 나라를 꿈꾸는 공동체다. 단 한 발의 총성도 울리지 않는 하루를 꿈꾸며, 오늘도 하나님께서 그런 날을 주실 것이라 믿으며 살고 있다.

이경

대학 이반모임 친구들과 함께 대형 무지개 깃발을 학교 외벽에 부착하며 처음으로 가슴 뛰는 자긍심을 느꼈다. 대학 졸업과 동시에 동성애자인권연대를 찾아갔다. 그 후 지금까지 길바닥에서 무지개 깃발을 펼치며 다양한 사람들과의 연대를 꿈꾸고 있다. 동네에서 만난 작은 교회에 우연찮게 발을 들여놓은 것을 계기로 예수님을 생각하면 가슴이 두근거리는 그리스도인으로 살게 되었다. 동네일에 관심 많은 성소수자, 노동자들의 파업을 지지하고 전쟁에 반대하는 성소수자, 이주민 차별과 모든 혐오에 반대하는 오지랖 넓은 성소수자로 살고자 한다. 언젠가 육로로 유라시아를 일주하고야 말겠다는 꿈을 갖고 있으며, 만나는 이에게 맛있는 커피 한 잔 내려주는 것을 행복으로 여기는 삼십 대 여자다.

이은

글쟁이이며 언니네트워크 활동가. 서른이 되어서야 여성주의와 퀴어로서의 자신에 대해 두 눈을 번쩍 뜬, 비교적 늦된 사람이다. 연기하고, 춤추고, 노래하며, 이를 통해 세상에 작은 목소리를 내는 일을 좋아한다. 날마다 조금은 다르지만 연결된 꿈을 꾼다. 그것은 어쩌면 두 눈을 감는 순간까지 계속될 것 같다. 소심하지만 털털하기도 하다. 상반된 무언가를 품고 있는 사람인 탓에 자신이 누구인지, 어떤 사람인지 설명하는 것을 무척 어려워하면서도 쉬워한다. 잘 떠나지만 쉽게 돌아오고 싶어 하는, 그러한 자신을 채찍질하는 걸 즐긴다.

크리스

경기도 지역에 있는 여성 단체에서 활동가로 일하며 생활 정치인을 꿈꾼다. 지역 시민들과 지역의 제를 찾아 그것을 시정에 반영함으로써, 정치가 현실 참여적인 것임을 실현하고 싶어 한다. 동성애에 대한 열린사회를 꿈꾸며 차별없는세상을위한기독인연대 활동을 하고 있다. 언젠가 동성애자 목사로서 직·간접적으로 목회에 참여했으면 좋겠다는 바람을 가지고 있다. 최근에는 동성애자를 인정하는 교단을 세우는 것도 그 중의 한 가지 방법이란 생각이 들어 지인들과 열띤 논의를 벌이고 있다. 1인 독립 기업가를 꿈꾸는 파트너, 그리고 양가 부모님과 함께하는 삶도 꿈꾸어 본다.

양지 陽址

동성애자이며 기독교인. 양지는 하나님과 5년간의 씨름 끝에 비전과 계시(?)와 함께 굴러들어온 복덩이 '언니'와 한 몸을 이루어 깨가 쏟아지게 살고 있다. 다니던 학교를 그만두고 신학을 공부하면서 다양한 하나님의 모습을 알게 되었고, 최근 머리만이 아니라 몸으로 공부하며 삶을 바꾸어가는 멋진 친구들을 만나면서 좀 더 많이 행복해졌다. 다양한 성 정체성을 가진 사람들이 서로 사랑하며 더불어 살아가는, 온전한 하나님 나라가 이 땅에 이루어지길 꿈꾸고 있다. 오늘 하루가 바로 그 하나님 나라에서의 삶이라 믿고 즐기는 한편, 그 꿈이 볕바른 터(陽址)에 생명이 약동하는 아름다운 공동체 마을로 구체화되기를 소망하고 있다.

도임방주

산 자와 죽은 자의 경계인인 장례지도사로 활동하고 있으며, 억울하게 돌아가신 한국와 일본의 민간인 학살 피해자들의 원한 풀기를 인생 중반기의 과제로 고민하고 있다. 야학 교사를 하며 대학생활의 시작과 끝을 보내던 중, 문익환 목사님과 배갈을 마신 뒤 신학을 공부하기로 결심, 이후 한신대학교 신학대학원에서 1년 동안 공부하고 성공회대학교신학전문대학원의 Th.M.(신학석사과정)을 마쳤으나 목회자의 길에서 고민하다 결국 '평신도'로 남기로 '결정 당했다'. 차별없는세상을위한기독인연대의 시작부터 현재까지 함께하고 있으며, 인생의 중요한 길동무들을 만나 즐겁게 여행 중이다.

김진욱

성경을 사랑하며, 성경을 통해 삶을 이야기하기를 좋아한다. 사람의 마음을 이해하고 상처를 보듬어주는 데 관심이 있다. 그동안 안과 밖이 다른 삶을 살았다. 두 사람 몫(기독교인으로서, 동성애자로서)을 사느라 꽤 피곤했다. 이제는 천천히, 뚜벅뚜벅 안과 밖을 통합하려고 한다. 그동안 잘못을 많이 했지만 그 중에서 가장 큰 잘못은 '나'로서 살지 못했다는 것이라 생각한다. 이제 '나'로서 살기 위한 첫발을 내밀고 있다.

구미정

인문학적 상상력을 바탕으로 글 쓰고 가르치는 일을 즐거워하는 구미정은 기독교 윤리학자요, 생태여성신학자로 알려져 있다. 계명대학교, 대구대학교, 연세대학교 등에서 생명윤리학과 기독교개론을 가르쳤으며, 현재는 숭실대학교 기독교학과 겸임교수로 재직 중이다. 생명과 평화, 여성과 자연을 화두로 한 여러 지면의 글쓰기를 통해 대중과 소통하고 있다.『이제는 생명의 노래를 불러라』,『생태여성주의와 기독교윤리』,『한 글자로 신학하기』,『야이로, 원숭이를 만나다』,『호모 심비우스』,『핑크 리더십』등의 책을 썼으며,『교회 다시 살리기』,『기초생명윤리학』,『생명의 해방』,『작은 교회가 아름답다』등의 책을 옮겼다.

조순애

사회적 소수자를 위한 모퉁이의 돌 교회 목사.

호리에 유리 堀江有里

일본 교토에 살고 있는 일본기독교단 소속 목사. 1994년부터 신앙과 섹슈얼리티를 생각하는 그리스도인 모임(Ecumenical Community for Queer Activism: ECQA)에서 활동하고 있다. 그리고 파트타임 강사로 젠더론, 섹슈얼리티론, 인권론, 차별론, 사회학 등을 강의하며 대학생들과 함께 울고 웃으며 지내고 있다. 뜻있는 사람들과 함께 2007년, 일본 퀴어학회를 창립했다. 분주한 일상 속에서도 오토바이로 거리를 질주하며 느끼는 바람과, 뜻밖에 만나게 되는 석양에 마음이 치유되는 일이 많은 요즘을 살고 있다. 정신적인 여유가 없을 때는 일본기독교단에서 함께 투쟁했던 친구들이 가르쳐준 대로 하늘을 올려다본다. 머리 위로 끝없이 펼쳐지는 하늘을 올려다보고 있노라면 아직도 우리에겐 가능성이 많다는 것을 깨닫는다.

고상균

한국의 대표적 진보교회 중 하나인 향린교회에서 매주 청소녀·소년들과 만나는 교역자이며, '한국적 성소수자 신학'의 출발을 위해 한신대학원에서 구약의 바다를 허우적대고 있는 박사 과정생이기도 하다. 다양성이 공존하는 '쫌(!)만 더 재미있는 세상'을 꿈꾸며 학문과 경건, 그리고 실천의 조화를 고민하고 있다. 한국기독교사회문제연구원과 제3시대그리스도교연구소 등에서 상임연구원을 지냈고, 2008년 겨울에는 마음을 나누는 이들과 함께 차별없는세상을위한기독인연대의 빗장을 열어 지금껏 활동하고 있다. 펴낸 책으로는『차별금지법 국면에서 인권으로 신학하다』가 있다.

하느님과 만난 동성애

ⓒ 숨 프로젝트, 2010

엮은이 ┃ 숨 프로젝트
펴낸이 ┃ 김종수
펴낸곳 ┃ 한울엠플러스(주)

초판 1쇄 발행 ┃ 2010년 12월 13일
초판 2쇄 발행 ┃ 2018년 3월 30일

주소 ┃ 10881 경기도 파주시 광인사길 153 한울시소빌딩 3층
전화 ┃ 031-955-0655
팩스 ┃ 031-955-0656
홈페이지 ┃ www.hanulmplus.kr
등록번호 ┃ 제406-2015-000143호

Printed in Korea.
ISBN 978-89-460-6457-7 03230

＊ 책값은 겉표지에 표시되어 있습니다.